Difference-in-differences

대체로 해롭지 않은 이중차분법

강창희 · 박상곤

經文社

서문

1990년대 초부터 실증 경제학계에서 시작된 '신뢰성 혁명(credibility revolution)'은 사회과학 연구에 자연과학의 실험 기반 접근법을 도입하려는 획기적인 시도였다. 1990년대 내내 많은 경제학자들은 이 새로운 접근법에 대해 깊은 의심의 눈초리를 보냈다. 그러나 시간이 흐름에 따라 실험 기반 접근법은 점점 더 많은 사람들에게 공감을 얻었고 2020년대 현재 이 접근법은 실증 경제학 연구의 주류 방법론으로 자리 잡았다. 지난 30여 년 동안 신뢰성 혁명을 주도했던 세 명의 경제학자(Joshua Angrist, David Card, Guido Imbens)에게 2021년에 수여된 노벨 경제학상은 실험 기반 접근법이 가지는 현재의 확고한 위상을 대변한다.

이들이 제안했던 실험 기반 인과효과 추정법은 크게 네 가지이다. 첫째는 무작위 배정에 기반한 처치-통제집단 비교법, 둘째는 이중차분법, 셋째는 도구변수법, 넷째는 회귀단절모형이다. 이들 네 가지 방법 중 최근 가장 빈번하게 사용되고 있는 인과효과 추정법은 이중차분법이다.

Card(1990)와 Card and Krueger(1994)가 이중차분법을 처음 경제학계에 소개한 이래 이 방법은 다양한 주제들을 탐구하는 경제학 및 사회과학 전체의 표준적인 방법론이 되었다. 처치집단의 처치 전후 차분 값과 그에 대응하는 통제집단의 차분 값을 다시 한번 차분한다는 아이디어의 간결함과 명료함이 이중차분법의 최고 매력이다. 이런 매력 때문에 이중차분법은 경제학뿐만 아니라 사회과학 전반에 매우 빠르고 폭넓게 확산될 수 있었다. 이중차분법은 심지어 대학입시 준비생들이 응시하는 2023년 6월 대학 수능

모의평가에도 등장했다. (검색창에 '2023학년도 6월 모의평가 이중차분법'이라고 입력하면 쉽게 해당 문제를 확인할 수 있다.) 이제 이중차분법은 대입 준비생들에게도 유명한 사회과학 연구방법론이 되었다.

그러나 이중차분법의 간명함은 동시에 이 방법이 오용되고 남용되는 원인이기도 하다. 적절히 사용하면 이중차분법은 여러 사람에게 강한 설득력을 갖는 견고한 실증분석 방법이 되지만, 그렇지 않으면 이중차분법은 많은 사람을 호도하는 주술이 될 수도 있다. 이중차분법이 얼마나 쉽게 오용될 수 있는지를 살펴보기 위해 가상의 연구 사례 하나를 생각해 보자.

한 연구자가 기본소득(basic income)의 경제적 효과를 검증하기 위해 기본소득 실험을 디자인했다. 총 1,000명의 사람들을 모집해 이들을 무작위로 나누어 집단 A(600명)와 집단 B(400명)를 구성했다. 그리고 집단 A에 속한 600명에게는 각자가 1년 동안 사용할 수 있는 기본소득으로 1,000만 원짜리 체크카드를 지급하였다. 반면 집단 B의 400명에게는 모집 과정에 참여한 것에 대한 답례로 1인당 일시금 10만 원만을 지급하였다. 1년 후 연구자는 설문조사를 진행해 이들 1,000명 모두에 대해 지난 1년 동안의 경제활동(노동 시간, 노동 소득, 자산 소득, 소비, 건강 상태, 행복도 등)에 관한 정보를 수집하였다. 이 정보는 기본소득의 경제적 효과를 측정하기 위한 성과변수(종속변수)로 사용될 예정이다.

1년 전에 지급한 1,000만 원 짜리 체크카드의 사용 내역을 확인해 보니 집단 A에 속한 600명 중 550명은 체크카드로 지급된 1,000만 원 전액을 사용하였다. 그런데 무슨 이유 때문인지 나머지 50명은 지난 1년 동안 체크카드를 전혀 사용하지 않았다. 기본소득 금액 전부를 사용한 전자의 550명을 집단 A-1, 그리고 이 금액을 전혀 사용하지 않은 후자의 50명을 집단 A-2라고 부르자. 기본소득 체크카드가 지급되지 않았던 나머지 400명은 집단 B이다.

연구자는 기본소득이 개인의 여러 경제활동 변수(즉 노동 시간, 노동 소득, 자산 소득, 소비, 건강 상태, 행복도 등)에 어떤 영향을 미치는지를 파악하기 위해 위의 실험 자료를 분석하고자 한다. 기본소득이 개인들에게 미치는 인과효과를 추정하기 위해 이 연구자는 처치집단과 통제집단 사이에서 각 성과변수의 평균 차분 값을 구하고자 한다. 이 연구자가 비교해야 하는 두 개의 집단은 무엇일까? 아래 보기에서 하나를 골라 보라.

(1) 집단 A-1 vs. 집단 B
(2) 집단 A-1 vs. 집단 A-2
(3) 집단 A-1 vs. (집단 A-2 + 집단 B)
(4) (집단 A-1 + 집단 A-2) vs. 집단 B
(5) 집단 A-2 vs. 집단 B

기본소득의 인과효과를 추정하기 위해 이들 5개의 보기 중 어느 두 집단을 비교해야 하는지 결정하기 어렵다고 느낀다면 당신은 이중차분법을 적용해 정확한 인과효과를 구하지 못할 가능성이 있다. 당신이 이들 5개 중 하나를 확실히 정했다고 하더라도 당신이 이중차분법을 적절히 적용할 수 있을지는 두고 봐야 한다. 확신을 가지고 정답을 선택할 수도 있지만, 같은 정도의 확신을 가지고 오답을 선택할 수도 있기 때문이다.

위 문제의 정답을 선택하는 것이 어려운만큼 이중차분법이 오용될 가능성이 있다고 볼 수 있다. 겉보기에 쉽게 사용할 수 있을 것 같은 이중차분법이지만 그것을 제대로 사용하려고 하면 정확히 이해하고 결정해야 하는 사항들이 많다. 위의 보기에서 고른 당신의 정답을 이 책의 중간쯤에서 저자들이 제안하는 정답과 비교해 보라. 얼마나 많은 연구자들이 이중차분법에 대해 오해하고 있는지를 발견할 수 있을 것이다.

우리는 이 책에서 이중차분법을 **대체로 해롭지 않게** 사용하는 방법과 최근 개발되고 있는 강건형 이중차분법에 대해 설명하고자 하였다. 코로나 시기 이전에는 단순형과 일반형 이중차분법만으로도 충분히 처치의 인과효과를 구할 수 있다고 여겨져 왔다. 그러나 코로나 시기를 거치면서 이들 모형의 문제점이 하나둘씩 드러나기 시작했고, 그에 따라 강건형이라는 새로운 유형의 이중차분법이 추가되었다. 전통적인 2원 고정효과(two-way fixed effects, TWFE) 모형의 한계점이 명확히 드러남에 따라 향후 이중차분법은 강건형을 중심으로 재편될 것으로 예상된다. 우리는 이런 최근 경향을 감안해 경제학계에서 제안되고 있는 여러 가지 강건형 이중차분 추정법들을 소개하였다. 최근 여러 연구들이 서로 다른 종류의 강건형 이중차분법들을 제안하고 있다. 우리는 이들 중 가장 대표적인 방법 몇 개를 중심으로 강건형 이중차분법을 설명하였다.

독자들에게 이중차분법의 구체적인 실행 방법을 보다 명확히 전달하기 위해 우리는 이 책에서 활용한 Stata 코드 및 원 데이터 파일을 경문사의 웹사이트(https://kmsp.co.kr)와 강창희의 네이버 블로그 경제학자의 연구실(https://blog.naver.com/c-kang)에 게시하였다. 독자들은 이 사이트로부터 컴퓨터 코드와 데이터 파일들을 다운받아 자신의 컴퓨터에서 직접 명령어들을 실행해 볼 수 있다. 이 과정을 통해 이중차분법에 대한 독자들의 이해가 한층 높아지기를 희망한다.

저자들의 이해가 깊지 못하고 설명력이 부족해 우리가 독자들에게 이중차분법의 올바른 사용법을 효과적으로 전달하고 있는지 걱정스러운 마음이다. 이중차분법에 대한 저자들의 이해가 부족해 이 책의 일부 내용에 오류나 불명확한 서술이 있을 수 있다. 이런 오류들은 독자들의 제안을 참고해 향후 수정 보완해 나갈 예정이다. 현재 이중차분법은 하루가 다르게 발전하고 있다. 오래지 않아 이 책의 내용을 수정하고 추가할 필요성이 생길 듯하다. 그때까지 발견된 오류들은 수정본에서 반영할 예정이다. 독자들의 건설적인 제안을 부탁드린다.

2025년 5월

저자 일동

감사의 글

이 책은 한국조세재정연구원의 2023년도 재정전문가 네트워크 정책연구 방법론분과 보고서 「조세 · 재정제도 분석 관련 방법론의 학습 및 활용」의 제7장(강창희·박상곤·이환웅(2023), "이중차분법의 최근 동향")에 수록된 내용에 기반을 두고 있다. 이 보고서에서 우리는 **이중차분법의 최근 동향**을 소개하고자 하였다. 그런데 보고서를 발간한 이후 다시 살펴보면서 우리는 보고서에 보완하고 추가할 점이 여전히 많이 남아 있음을 느끼게 되었다. 이 보고서를 수정·보완하는 작업을 하다 보니 어느새 책 한 권 분량으로 내용이 길어졌다. 한국조세재정연구원에서 이중차분법의 최근 발전에 대해 정리해 달라는 요청을 하지 않았다면 우리는 아마 이 책을 시작하지 않았을지도 모른다. 게으른 저자들이 이중차분법을 정리해볼 수 있도록 권유하고 이 책의 출판을 허락해 준 한국조세재정연구원과 김문정, 김정환 박사께 감사드린다.

최근 우리 경제학계에는 실험 기반 접근법을 활용해 실증분석 연구를 진행하는 많은 연구자들이 있다. 우리는 이들과 교류하면서 학계 안팎에서 한국의 사회정책과 실증분석 방법론에 관해 많은 것들을 배우고 있다. 이들의 연구 방법과 연구 결과가 이 책의 내용을 채우는 데 큰 도움이 되었다. 이 지면을 빌어 우리에게 지적인 자극과 열정을 불어 넣어 준 많은 동료 학자들께 감사드린다.

이 책의 많은 내용은 우리가 곳곳에서 진행한 강의들로부터 그 아이디어를 얻었다. 특별히 중앙대학교 경제학과 대학원 학생들은 우리의 강의를 듣고 이 책의 초고를 꼼꼼히 읽으면서 건설적인 제안을 해주었다. 질서가 잡히지 않았던 초고를 읽고 자세한 수정사항을 전달해 준 정유경, 최훈, 현보훈 박사와 박소현, 박지혜, 허성윤, 차수연 학생에게 감사드린다.

마지막으로 이 책을 집필하는 동안 연구비(과제번호 NRF-2023S1A5C2A03099544)를 지원해 준 대한민국 교육부와 한국연구재단에도 감사드린다.

차례

대체로 해롭지 않은

이중차분법

강창희 · 박상곤

I
들어가며

2021년도 노벨 경제학상은 미시 실증경제학자 3인(David Card, Joshua D. Angrist, Guido W. Imbens)에게 수여되었다. 노벨상 위원회는 D. 카드에 대해서는 **노동경제학에 대한 실증적인 기여**, 그리고 J.D. 앵그리스트와 G.W. 임벤스에 대해서는 **인과관계 분석에 방법론적으로 기여**한 공로를 인정하고 있다. 이들의 노벨경제학상 수상은 사실 오래전부터 예견되어 왔다. 1990년대 초반부터 미시 실증경제학의 방법론은 설문조사 기반 관측 데이터를 통계적으로 분석하는 패러다임으로부터 실험에 기반한 인과효과 분석 패러다임으로 전환되어 왔다. 이런 분석 패러다임의 전환에 가장 크게 기여한 학자들이 바로 이들 3인이라고 평가할 수 있다. Alan Krueger도 이들과의 공동 연구를 통해 실험적 접근법을 발전시켜 왔으나, 불행하게도 2019년 세상을 떠나는 바람에 2021년의 노벨 경제학상을 함께 수상하지는 못했다.

이들 4인의 미시 실증경제학자들이 개척한 실험(experiments) 및 준실험(quasi-experiments) 기반 인과효과 분석법은 크게 네 가지 형태를 취한다. 첫째는 처치의 무작위 배정(random assignment)에 기반한 처치-통제집단 비교법이다. 이 방법은 의학이나 생물학 분야에서 흔히 사용되는 무작위 배정 실험과 같다. 둘째는 이중차분법(difference-in-differences, DID)으로서 이 방법은 처치집단의 처치 전후 차분 값과 통제집단의 처치 전후 차분 값을 한 번 더 차분하는 방법을 통해 인과효과 추정치를 계산한다. 셋째는 도구변수법(instrumental variables method, IV)으로서, 이 방법은 횡단면 자료나 패널 자료에서 내생적 처치변수에 영향을 미치는 외생적 도구변수를 찾아내 인과효과 추정에 활용하는 추정법이다. 넷째는 회귀단절모형(regression discontinuity design, RDD)으로서 이 방법은 배정변수(running variable)의 특정 임계값(cutoff)에서 처치 적용 상태가 외생적으로 구분되는 현상을 활용해 처치의 인과효과를 추정한다.

위에 제시한 네 가지의 실험 기반 인과효과 추정법 중 우리는 이중차분법에 대해 자세히 다루고자 한다.[1] Card(1990) 및 Card and Krueger(1994)에 의해 이중차분법의 아이디어가 경제학계에 소개된 이후, 이중차분법은 지난 30여 년 동안 가장 빈번하게 사용되어 온 인과효과 추정법이다. 이중차분법은 처치집단의 차분 값과 통제집단의 차분 값을 단순하게 한 번 더 차분하는 매우 직관적이고 간단한 추정법이기 때문에 많은 연구자들에 의해 매우 폭넓게 활용되어 왔다. 최근 이중차분법은 경제학계를 넘어 제반 사회과학 분야에서도 매우 폭넓게 활용되고 있다. 그런데 이중차분법은 그 간결함으로 인해 자주 남용되거나 오용되고 있는 추정법이기도 하다. 우리는 이 책에서 이중차분법의 핵심적인 아이디어를 설명하면서 이중차분법이 오용될 가능성을 검토해 볼 예정이다. 이 책이 독자들이 이중차분법을 그 용도에 맞게 정확히 사용할 수 있도록 인도하는 안내서 역할을 할 수 있기를 기대한다.

2020년 이전까지 이중차분법은 크게 단순형과 일반형으로 구분되었다. 단순형 이중차분법은 (2×2) 표에 기반해 수치들을 실제로 이중차분함으로써 처치의 인과효과를 구하는 추정법이다. 일반형 이중차분법은 집단이 3개 이상, 시점이 3개 이상인 경우에 적용되는 이중차분법으로서, 수치들을

1) 이중차분법 외 다른 세 가지 추정법에 대한 자세한 내용은 강창희·이정민·이석배·김세움(2013), Angrist and Pischke(2009, 2014), Imbens and Wooldridge(2009), Athey and Imbens(2017) 등을 참고하라.

실제로 이중차분하지는 않고 패널 자료에 대해 2원 고정효과(two-way fixed effects, TWFE) 모형을 적용해 인과효과를 구하는 추정법이다. 수치들에 실제로 이중차분을 적용하지는 않지만 내용적으로 이중차분의 아이디어를 반영하고 있기 때문에 이 추정법은 패널 고정효과 추정법이라는 이름 대신 일반형 이중차분법이라는 이름으로 불려 왔다.

2020년대 초반 코로나 시기를 거치면서 기존 2개 유형의 이중차분법에 강건형이라는 제3의 유형이 추가되었다. 최근 이중차분법 연구자들은 처치가 집단별로 순차적으로 시작되어 지속되는 경우(순차 지속형, staggered adoption), 2원 고정효과 패널 모형을 통해 계산한 처치효과 추정치가 인과효과를 적절히 보여주지 못할 가능성이 있음을 발견하였다. 강건형 이중차분법은 일반형 이중차분법의 이와 같은 결함을 극복하기 위해 고안된 추정법이다. 이중차분법이 적용되는 상황은 대체로 단순형보다는 일반형의 경우가 훨씬 더 흔하기 때문에 2원 고정효과 모형의 결함 가능성은 연구자들에게 이중차분법의 적용에 있어서 상당한 주의가 필요함을 환기시킨다. 2원 고정효과 모형이 부적절한 상황에서는 강건형 이중차분법을 사용해야만 하기 때문에 향후 강건형 이중차분법은 이중차분법의 표준 모형이 될 가능성이 높다. 우리는 이 책에서 기존의 단순형, 일반형과 더불어 최근 개발되고 있는 강건형 이중차분법도 소개함으로써 독자들에게 이중차분법의 최근 발전 경향에 관한 정보를 제공하고자 한다.

아래에서 우리는 이중차분법을 단순형, 일반형, 강건형의 순서로 설명한다. 이 책을 통해 독자들이 이중차분법의 적절한 사용법에 대해 명확히 이해하고, 정확하고 과학적으로 여러 사회정책의 인과효과를 구할 수 있기를 희망한다.

Ⅱ
단순형 이중차분법

1. 개요

이중차분법을 경제학 실증연구에 유행시킨 선도적인 연구는 Card and Krueger(1994)이다. 이 논문은 미국 뉴저지(New Jersey, NJ) 주에서 1992년 4월 1일부터 인상된 시간당 최저임금이 사업체의 고용 규모에 미친 영향을 추정하기 위해 이중차분의 아이디어를 적용하였다. 저자들은 미국의 뉴저지(New Jersey, NJ) 주와 펜실베이니아(Pennsylvania, PA) 주 접경 지대에 위치한 패스트푸드 체인점(Burger King, KFC, Wendy's 등) 410개를 선정해 자료를 구축한 후 실증분석을 진행하였다. 이들의 분석 표본 구성 방법에서 **펜실베이니아(Pennsylvania, PA) 주**, **접경 지대**, **패스트푸드 체인점**에 주목할 필요가 있다.

첫째, 저자들이 패스트푸드 체인점을 선정한 이유는 전통적으로 이들 사업체가 최저임금 근로자들을 주로 고용하고 있어 최저임금 인상이 사업체 고용규모에 미친 영향을 선명하게 보여줄 것으로 예측되기 때문이다.

---

* 이 책은 한국조세재정연구원 2023년도 재정전문가 네트워크의 지원을 받아 수행된 정책연구방법론분과 보고서 「조세· 재정제도 분석 관련 방법론의 학습 및 활용」의 제7장(강창희·박상곤·이환웅(2023), "이중차분법의 최근 동향")을 대폭 수정 보완하여 작성되었다.

둘째, 저자들이 뉴저지 주에 대한 비교집단으로서 펜실베이니아 주를 선택한 이유는 1992년 3월 31일까지 펜실베이니아 주의 시간당 최저임금은 $4.25로서 뉴저지와 동일한 수준을 유지했고, 뉴저지 주의 시간당 최저임금이 1992년 4월 1일에 $5.05로 인상된 이후에도 여전히 $4.25 수준을 유지했기 때문이다. 펜실베이니아 주의 체인점들은 뉴저지 주의 최저임금이 1992년 4월 1일부터 인상되지 않았을 가상적인 반사실적 상황(counterfactual)에 대한 정보를 제공할 수 있다.

셋째, 저자들이 뉴저지 주 전체와 펜실베이니아 주 전체가 아니라 두 주의 접경 지대에 위치한 체인점들만을 실증분석에 사용한 이유는 최저임금 인상의 충격을 제외한 다른 모든 면에서 뉴저지의 체인점들과 가장 유사한 펜실베이니아 체인점들을 확보하기 위해서이다. (이는 경제학에서 한계효과를 도출할 때 사용하는 **다른 모든 조건이 동일할 때**(ceteris paribus)라는 가정이 성립하도록 분석 표본을 구성하기 위함이다.) 최저임금 인상의 충격에 노출된 뉴저지 체인점들과 지리적으로 멀리 떨어져 있는 펜실베이니아 체인점들은 최저임금의 차이 이외에도 여러 가지 측면(예를 들어, 날씨, 주민들의 경제적 수준, 인적 구성 등)에서 서로 다를 가능성이 있기 때문이다.

저자들은 위와 같이 선별된 총 410개의 패스트푸드 체인점에 대해 최저임금 인상 이전 시점인 1992년 2~3월과 이후 시점인 11~12월 두 차례에 걸쳐 방문 설문 및 전화 설문을 실시해 각 체인점이 각 시점에 고용한 전일제 환산 종업원 수(Full-time Equivalent, FTE) 정보를 구축하였다.

〈표 II-1〉은 Card and Krueger(1994)의 Table 3(p.780)을 보다 일반화된 형식으로 구성한 표이다. 논의를 단순화하기 위해 〈표 II-1〉의 수치들은 1992년 제1차 조사(2~3월)와 제2차 조사(11~12월)에서 모두 종업원 수 정보를 응답한 체인점들만을 대상으로 계산되었다고 가정하자.

표 II-1

사업체별 평균 종업원 수(Full-Time Equivalent, FTE)

시점 / 지역	NJ	PA	NJ-PA
인상 이전 시점(0)	$\overline{Y}_{NJ,0}$	$\overline{Y}_{PA,0}$	$\overline{Y}_{NJ,0}-\overline{Y}_{PA,0}$
인상 이후 시점(1)	$\overline{Y}_{NJ,1}$	$\overline{Y}_{PA,1}$	$\overline{Y}_{NJ,1}-\overline{Y}_{PA,1}$
이후 - 이전	$\overline{Y}_{NJ,1}-\overline{Y}_{NJ,0}$	$\overline{Y}_{PA,1}-\overline{Y}_{PA,0}$	$\overline{Y}_{NJ,1}-\overline{Y}_{NJ,0}-\left(\overline{Y}_{PA,1}-\overline{Y}_{PA,0}\right)$

위 식에서 $\overline{Y}_{NJ,0}$와 $\overline{Y}_{PA,0}$는 제1차 조사 시점(즉 최저임금 인상 이전) 현재 NJ와 PA 사업체들의 평균 종업원 수를 각각 표시한다. 그리고, $\overline{Y}_{NJ,1}$과 $\overline{Y}_{PA,1}$은 제2차 조사 시점(즉 최저임금 인상 이후) 현재 NJ와 PA 사업체들의 평균 종업원 수를 각각 표시한다.

NJ의 시점 간 차분 값 $[\overline{Y}_{NJ,1}-\overline{Y}_{NJ,0}]$를 가장 단순한 최저임금 인상의 고용효과 추정치로서 생각해볼 수 있다. 그러나 $[\overline{Y}_{NJ,1}-\overline{Y}_{NJ,0}]$는 (i) 최저임금 인상의 고용효과뿐만 아니라 (ii) NJ와 PA 접경지대에 공통적으로 영향을 미치는 거시경제적 효과를 포함하고 있다. 차분 값$[\overline{Y}_{NJ,1}-\overline{Y}_{NJ,0}]$로부터 (i)의 최저임금 인상의 고용효과를 분리해 내기 위해서는 (ii)의 공통적인 거시경제 효과를 제거해 주어야만 한다.

Card and Krueger(1994)는 PA의 차분 값 $[\overline{Y}_{PA,1}-\overline{Y}_{PA,0}]$를 이용해 공통적인 거시 효과를 제거한다. PA의 체인점들은 NJ의 체인점들과 인접해 있어서 공통적인 거시경제적 영향에 노출되지만 최저임금 인상의 영향은 받지 않기 때문이다. 그러므로 NJ 최저임금 인상의 고용효과 추정치는 $[(\overline{Y}_{NJ,1}-\overline{Y}_{NJ,0})-(\overline{Y}_{PA,1}-\overline{Y}_{PA,0})]$와 같이 이중차분(difference-in-differences)을 취함으로써 도출할 수 있다. $[(\overline{Y}_{NJ,1}-\overline{Y}_{NJ,0})-(\overline{Y}_{PA,1}-\overline{Y}_{PA,0})]$는 $[(\overline{Y}_{NJ,1}-\overline{Y}_{PA,1})-(\overline{Y}_{NJ,0}-\overline{Y}_{PA,0})]$와 같이 다시 쓸 수 있으므로, 추정치는 $[\overline{Y}_{NJ,1}-\overline{Y}_{PA,1}]$에서

$[\overline{Y}_{NJ,0} - \overline{Y}_{PA,0}]$을 차분하는 방식으로도 계산할 수 있다.

이중차분을 통해 인과효과(또는 처치효과) 추정치를 구하기 위해 필요한 핵심적인 가정은 **평행 추세(parallel trends)** 또는 **공통 추세(common trends)**의 가정이다. 〈그림 II-1〉은 평행 추세의 가정을 표현한다. 〈그림 II-1〉의 수평축은 시점을 표시한다. Pre는 처치(즉 최저임금 인상) 적용 이전 시점을, Post는 처치 적용 이후 시점을 표시한다. 〈그림 II-1〉의 수직축은 성과변수의 평균값으로서, 최저임금 인상의 사례에서는 사업체당 평균 종업원 수를 의미한다. 〈그림 II-1〉에 표시된 4개의 점은 각각 $\overline{Y}_{NJ,0}$, $\overline{Y}_{NJ,1}$, $\overline{Y}_{PA,0}$ 및 $\overline{Y}_{PA,1}$이다. $\overline{Y}_{NJ,0}$와 $\overline{Y}_{NJ,1}$를 연결한 선이 아래쪽 NJ 실선이고, $\overline{Y}_{PA,0}$와 $\overline{Y}_{PA,1}$을 연결한 선이 위쪽 PA 실선이다.

평행 추세의 가정은 '만약 NJ의 최저임금이 1992년 4월 1일부터 인상되지 않는 가상적인 상황(counterfactual)이었다면 NJ의 평균 종업원 수 변동은 PA의 평균 종업원 수 변동과 평행(parallel) 또는 동일(common)했을 것이다'라고 가정한다. 이런 가상적인 상황에서 나타날 제2조사 시점 현재 NJ의 평균 종업원 수를 $\overline{Y}_{NJ,1}(0)$라고 표시하자. 괄호 안의 0은 NJ에 제2조사 시점 현재 최저임금 인상이 없는 (가상적인) 상황을 표현한다. $\overline{Y}_{NJ,1}$은 제2조사 시점에 실제 관측되는 수치이지만, $\overline{Y}_{NJ,1}(0)$는 가상적인 상황에 대해 정의되는 수치이므로 현실에서 관측되지는 않는다. 참고로, $\overline{Y}_{NJ,1}(1)$는 NJ에 최저임금이 인상된 상황에서 나타날 제2조사 시점 현재 NJ의 평균 종업원 수이다. $\overline{Y}_{NJ,1}(1) = \overline{Y}_{NJ,1}$의 관계가 성립하므로, $\overline{Y}_{NJ,1}(1)$은 실측치 $\overline{Y}_{NJ,1}$를 통해 관측된다.

$\overline{Y}_{NJ,1}(0)$와 $\overline{Y}_{NJ,1}(1)$와 같이 괄호 안에 수치가 있는 변수는 **잠재적 성과(potential outcomes)**이고, 이 값들은 이론적 수치로서 현실에서 관측될 수도 있고 관측되지 않을 수도 있다. 반면, $\overline{Y}_{NJ,0}$와 $\overline{Y}_{NJ,1}$는 현실에서 자료를 이용

그림 II-1

평행 추세(parallel trends, common trends)의 가정

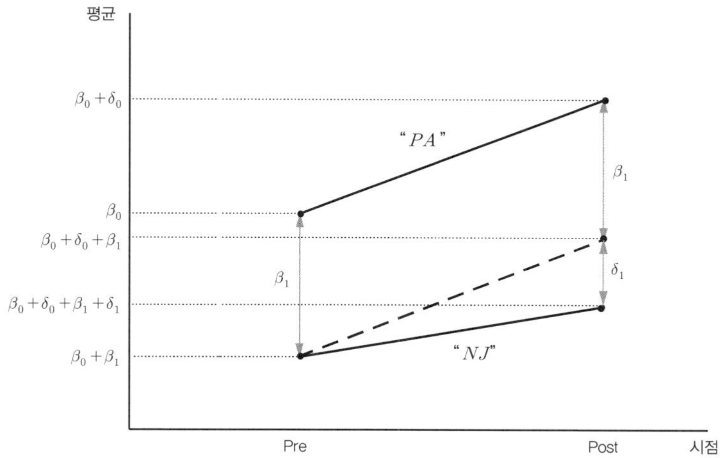

해 실제 관측되는 수치로서 **실현된 성과**(realized outcomes)라고 부른다.

평행 추세의 가정에 의해 $(\overline{Y}_{NJ,1}(0)-\overline{Y}_{NJ,0})=(\overline{Y}_{PA,1}-\overline{Y}_{PA,0})$의 관계가 성립한다. 좀 더 엄밀하게 정의하면, 평행 추세의 가정은 잠재적 성과의 관점에서 표현되고 그 식은 다음과 같다.

$$E[Y_{NJ,1}(0)-Y_{NJ,0}(0)]=E[Y_{PA,1}(0)-Y_{PA,0}(0)] \qquad \text{(II-1)}$$

식 (II-1)의 평행 추세 가정이 성립하는 경우 이중차분 추정치에 대해 아래의 관계가 성립한다.

$$\begin{aligned}&(\overline{Y}_{NJ,1}-\overline{Y}_{NJ,0})-(\overline{Y}_{PA,1}-\overline{Y}_{PA,0})\\&=[(\overline{Y}_{NJ,1}-\overline{Y}_{NJ,1}(0))+(\overline{Y}_{NJ,1}(0)-\overline{Y}_{NJ,0})]-(\overline{Y}_{PA,1}-\overline{Y}_{PA,0})\\&=\overline{Y}_{NJ,1}-\overline{Y}_{NJ,1}(0)=\overline{Y}_{NJ,1}(1)-\overline{Y}_{NJ,1}(0)=\widehat{ATT}\end{aligned} \qquad \text{(II-2)}$$

위 식에서 $\overline{Y}_{NJ,1}=\overline{Y}_{NJ,1}(1)$의 관계가 성립하므로, 종국적으로 이중차분 추정치는 최저임금 인상의 평균 처치효과 추정치로서 해석될 수 있다. 좀 더 엄밀히 말하면, 이중차분 추정치는 **처치집단에 미치는 평균 처치효과**(**average treatment effects on the treated, ATT**)의 추정치로서 해석된다.

만약 평행 추세의 가정이 성립하지 않는다면 $(\overline{Y}_{NJ,1}(0)-\overline{Y}_{NJ,0})=(\overline{Y}_{PA,1}-\overline{Y}_{PA,0})$의 관계가 성립하지 않게 되므로, 이중차분 추정치는 최저임금 인상의 평균 처치효과로서 해석되지 못한다. 이중차분 추정치의 적절성을 판단하기 위해서는 평행 추세의 가정이 성립하는지를 반드시 확인할 필요가 있다. 평행 추세의 가정 식에는 관측되지 않는 가상적인 수치 $\overline{Y}_{NJ,1}(0)$가 포함되어 있으므로 이 가정을 자료를 이용해 직접 검증하기는 불가능하다. 처치 이전 시점의 정보를 활용해 평행 추세의 가정이 성립하는지를 간접적으로 검증할 수 있을 뿐이다.

2. 통계모형

앞 소절에서는 4개의 평균값을 이용해 이중차분 추정치를 계산하는 방법을 살펴보았다. 동일한 분석 표본에 대해 다음 식을 추정하는 방법으로도 이중차분 추정치를 구할 수 있다.

$$Y_{it}=\beta_0+\delta_0 Post_t+\beta_1 NJ_i+\delta_1(NJ_i\cdot Post_t)+u_{it} \qquad \text{(II-3)}$$

위 식에서 Y_{it}는 개체 i의 시점 t 현재 성과변수 값을 표시한다. Card and Krueger(1994)의 연구에서 개체 i는 사업체($i=1,2,\cdots,N$)이고, 시점 t는

2개 조사 시점($t=1,2$)을 의미한다. $Post_t$는 시점 t가 처치(즉 최저임금 인상) 이전 시점이면 0, 이후 시점이면 1을 취하는 더미변수이다. NJ_i는 개체 i가 NJ에 위치해 있으면 1, PA에 위치해 있으면 0을 취하는 더미변수이다. $NJ_i \cdot Post_t$는 교차항으로서 $NJ_i=1$과 $Post_t=1$이 동시에 성립하는 경우에만 1을 취하고, 나머지 경우에는 0을 취하는 더미변수이다.

NJ의 최저임금 인상이 자연실험(natural experiment)과 같이 갑작스럽게 결정되어 NJ_i와 $Post_t$가 모두 외생성을 만족한다고 가정하면 아래의 관계가 성립한다.

ⓐ $M_{NJ,1} \equiv E[Y_{it} \mid NJ_i = 1, Post_t = 1] = \beta_0 + \delta_0 + \beta_1 + \delta_1$

ⓑ $M_{NJ,0} \equiv E[Y_{it} \mid NJ_i = 1, Post_t = 0] = \beta_0 + \beta_1$

ⓒ $M_{PA,1} \equiv E[Y_{it} \mid NJ_i = 0, Post_t = 1] = \beta_0 + \delta_0$

ⓓ $M_{PA,0} \equiv E[Y_{it} \mid NJ_i = 0, Post_t = 0] = \beta_0$

ⓔ $DID = (M_{NJ,1} - M_{NJ,0}) - (M_{PA,1} - M_{PA,0}) = (\delta_0 + \delta_1) - \delta_0 = \delta_1$

이중차분 모수는 $(M_{NJ,1} - M_{NJ,0}) - (M_{PA,1} - M_{PA,0})$이고 이는 식 (II-3)의 δ_1에 해당한다. 즉 회귀분석을 이용해 식 (II-3)을 추정하는 경우 OLS 추정치 $\hat{\delta}_1$이 바로 이중차분 추정치이다. 식 (II-3)에서 설명변수 NJ_i와 $Post_t$가 모두 더미변수인 경우, $\hat{\delta}_1 = [(\overline{Y}_{NJ,1} - \overline{Y}_{NJ,0}) - (\overline{Y}_{PA,1} - \overline{Y}_{PA,0})]$이라는 산술적 관계가 성립한다.

식 (II-3)의 다른 모수들은 아래와 같이 해석할 수 있다. 〈그림 II-1〉은 각 모수에 대한 해석을 그래프에 표시하고 있다.

ⓕ $\delta_0 = M_{PA,1} - M_{PA,0}$

ⓖ $\beta_1 = M_{NJ,0} - M_{PA,0}$

ⓗ $\beta_0 = M_{PA,0}$

즉, δ_0는 시간효과의 모수이고, β_1는 지역효과의 모수이고, β_0는 $M_{PA,0}$이다. 식 (II-3)에 개체 특성변수 벡터 X_{i0}를 추가하더라도 δ_0, β_0, β_1의 해석은 크게 달라지지 않고, δ_1은 여전히 이중차분 모수로 해석할 수 있다.

$$Y_{it} = \beta_0 + \delta_0 Post_t + \beta_1 NJ_i + \delta_1 (NJ_i \cdot Post_t) + \beta_2 X_{i0} + \epsilon_{it} \qquad \text{(II-3)}'$$

식 (II-3)′에서 사용한 개체 특성변수 벡터 X_{i0}은 처치가 적용되기 **이전** 시점에 측정된 값을 사용한다. 그에 따라 X_{i0}은 시점 t에 따라 변동하지 않는다. 처치 적용 이후 시점에 측정된 값들은 처치로부터 영향을 받을 가능성이 있으므로, X_{it}를 사용하지 않고 X_{i0}를 사용한다.

이 절에서 설명한 단순형 이중차분법을 사용한 연구로는 김대일·이정민(2019), 김미루·오윤해(2021), 박윤수·강창희·고영우(2018), 유경준·강창희·최바울(2016), 홍민기(2019, 2020), Kim, Koh and Lyou(2023), Yoo and Kang(2012) 등이 있다.

3. 실습: Stata를 활용한 실증분석

본 소절에서는 Card and Krueger(1994)가 분석한 원 데이터를 사용해 최저임금 인상의 고용효과를 보여주는 이중차분 추정치를 계산해 본다.

먼저 1행에서 원 데이터 파일 `CK1994.dta`을 Stata로 불러들이고, 기술통계량을 확인한다.[2)]

```
1  . use CK1994, clear
2
3  . sum
4
5     Variable ¦        Obs        Mean    Std. dev.       Min        Max
6  -------------+---------------------------------------------------------
7        store ¦        820    246.5098    148.1439          1        522
8        chain ¦        820    2.117073    1.109819          1          4
9     co_owned ¦        820    .3439024    .4752989          0          1
10       state ¦        820    .8073171    .3946469          0          1
   ...
34  ------------+---------------------------------------------------------
35        time ¦        820          .5    .5003052          0          1
```

사업장 내 종업원 수를 표시하는 변수 **fte**를 아래와 같이 생성한 후 〈표 II-1〉에 해당하는 수치들을 계산한다.

```
39  . gen fte=nmgrs+empft+0.5*emppt
40  (26 missing values generated)
41  .
42  . sum fte if state==0 & time==0
```

2) 본 절에서 제시하는 수치들은 Card and Krueger(1994)에 표시된 수치들과는 약간씩 차이가 날 수 있다. 이는 분석 대상 데이터에 약간의 차이가 있어서 발생하는 문제이다. 데이터가 다르더라도 추정 방법의 핵심적인 사항은 변동하지 않으므로 약간의 수치 차이는 무시하기로 한다.

```

    Variable ¦        Obs        Mean    Std. dev.       Min        Max
-------------+---------------------------------------------------------
         fte ¦         77    23.33117    11.85628        7.5       70.5

. sum fte if state==1 & time==0

    Variable ¦        Obs        Mean    Std. dev.       Min        Max
-------------+---------------------------------------------------------
         fte ¦        321    20.43941    9.106239          5         85

.
. sum fte if state==0 & time==1

    Variable ¦        Obs        Mean    Std. dev.       Min        Max
-------------+---------------------------------------------------------
         fte ¦         77    21.16558    8.276732          0       43.5

. sum fte if state==1 & time==1

    Variable ¦        Obs        Mean    Std. dev.       Min        Max
-------------+---------------------------------------------------------
         fte ¦        319    21.02743    9.293024          0       60.5
```

위의 명령어에서 state=1은 NJ, state=0은 PA를 표시한다. 그리고 time=0은 인상 전 시점, time=1은 인상 후 시점을 표시한다. 위 추정치들을 사용해 〈표 II-1〉을 작성하면 〈표 II-2〉와 같다. 〈표 II-2〉에 의하면, 최저임금 인상의 고용효과를 보여주는 이중차분 추정치는 2.753이다.

이제 〈표 II-2〉의 데이터를 이용해 식 (II-3)을 추정해 보자. 식 (II-3)을 추정하는 Stata 명령어는 다음과 같다.

표 II-2

Card and Krueger(1994)의 사업체별 평균 종업원 수(FTE)

시점 / 지역	NJ	PA	NJ – PA
인상 이전 시점(0)	20.439	23.331	−2.892
인상 이후 시점(1)	21.027	21.166	−0.139
이후 – 이전	0.588	−2.165	2.753

```
. gen statextime=state*time

. xi: reg fte state time statextime

      Source |       SS           df       MS      Number of obs   =       794
-------------+----------------------------------   F(3, 790)       =      1.96
       Model |  521.116464         3  173.705488   Prob > F        =    0.1180
    Residual |   69887.878       790  88.4656683   R-squared       =    0.0074
-------------+----------------------------------   Adj R-squared   =    0.0036
       Total |  70408.9944       793  88.7881392   Root MSE        =    9.4056

------------------------------------------------------------------------------
         fte | Coefficient  Std. err.      t    P>|t|     [95% conf. interval]
-------------+----------------------------------------------------------------
       state |  -2.891761   1.193524    -2.42   0.016    -5.234614   -.5489079
        time |  -2.165584   1.515853    -1.43   0.154     -5.14116    .8099912
  statextime |   2.753606   1.688409     1.63   0.103     -.560693    6.067905
       _cons |   23.33117    1.07187    21.77   0.000     21.22712    25.43522
------------------------------------------------------------------------------
```

위의 추정결과에 의하면, $\hat{\beta}_0 = 23.331$, $\hat{\delta}_0 = -2.166$, $\hat{\beta}_1 = -2.892$, $\hat{\delta}_1 = 2.754$이다. 〈표 II-2〉에 의하면, $\overline{Y}_{PA,0} = 23.331$로서 $\hat{\beta}_0$와 같으므로, 관계 ⓗ가 성립함을 확인할 수 있다. $\overline{Y}_{NJ,0} - \overline{Y}_{PA,0} = 20.439 - 23.331 = -2.892$로서 $\hat{\beta}_1$과 같으므로, 관계 ⓖ가 성립한다. $\overline{Y}_{PA,1} - \overline{Y}_{PA,0} = 21.166 - 23.331 = -2.165$로서 $\hat{\delta}_0$와 같으므

로, 관계 ⓕ가 성립한다. (0.001만큼의 수치 차이는 계산과정에서 적용하는 반올림 때문에 발생한다.) 마지막으로, 이중차분 추정치 $DID=2.753$로서 $\hat{\delta}_1$과 같으므로, 관계 ⓔ가 성립한다.

Card and Krueger(1994)의 Table 4(p.780)에서는 우리의 식 (II−3)을 1계 차분하여 아래 식을 추정하였다.

$$
\begin{aligned}
Y_{it} - Y_{i,t-1} &= \delta_0 (Post_t - Post_{t-1}) \\
&\quad + \delta_1 NJ_i \cdot (Post_t - Post_{t-1}) + (u_{it} - u_{i,t-1})
\end{aligned}
$$

위 식에서는 β_0와 $\beta_1 NJ_i$ 항이 사라져 있다. 이들 항은 시간에 따라 변하지 않는 시불변(time-constant) 변수로서 1계 차분 과정에서 상쇄되기 때문이다. 그리고 $(Post_t - Post_{t-1}) = 1 - 0 = 1$이 성립하므로, 위 식은 아래와 같이 다시 쓸 수 있다.

$$
Y_{it} - Y_{i,t-1} = \delta_0 + \delta_1 NJ_i + (u_{it} - u_{i,t-1}) \qquad \text{(II−4)}
$$

Card and Krueger(1994)의 Table 4(p.780)에서 추정한 식은 식 (II−4)이다. 식 (II−4)를 추정하는 Stata 명령어는 다음과 같다.

우선, 식 (II−4)의 좌변($Y_{it} - Y_{i,\ t-1}$)은 최저임금 인상 전·후 사업장 내 종업원 수 차이를 의미하며, 이를 나타내는 변수 `dfte`를 아래 명령어 92번 행과 같이 만든다.

한편, 최저임금 인상의 고용효과를 보여주는 이중차분 추정치 계산을 위해 분석에 사용되지 않는 관찰치들을 삭제한다. 이를 위해 95번 행의 변수 `dwage_st`를 생성하고, 99번 행에서 `dfte`와 `dwage_st`를 활용해 분석과 무관한 최저임금 인상 전 시점(`time=0`)의 관측치들을 삭제한다.

분석에 활용되는 관찰치들의 기술 통계량은 105~110번 행에 제시되어 있다. 70번 행의 관측치 수 794개와는 다르게, 여기에서는 351개의 관찰치가 분석 표본이 됨을 확인하라.

```
85  . xtset store time
86
87  Panel variable: store (strongly balanced)
88   Time variable: time, 0 to 1
89           Delta: 1 unit
90
91  .
92  . gen dfte=fte-l.fte
93  (436 missing values generated)
94
95  . gen dwage_st=wage_st-l.wage_st
96  (450 missing values generated)
97
98  .
99  . drop if dfte==. | dwage_st==.
100  (469 observations deleted)
101
102  .
103  . sum dfte state chain co_owned
104
105      Variable |        Obs        Mean    Std. dev.       Min        Max
106  -------------+---------------------------------------------------------
107          dfte |        351    -.030057    8.747622      -41.5         28
108         state |        351    .8119658    .3912973          0          1
109         chain |        351    2.091168    1.081114          1          4
110      co_owned |        351    .3532764      .47867          0          1
111
```

Card and Krueger(1994) Table 4의 (i)열과 (ii)열의 추정치를 구하는 명령어를 구분하여 제시하면 다음과 같다.

```
. // Card and Krueger's Table 4, column (i)
. reg dfte state, robust

Linear regression                               Number of obs     =        351
                                                F(1, 349)         =       2.46
                                                Prob > F          =     0.1174
                                                R-squared         =     0.0104
                                                Root MSE          =     8.7146

------------------------------------------------------------------------------
             |               Robust
        dfte | Coefficient  std. err.      t    P>|t|     [95% conf. interval]
-------------+----------------------------------------------------------------
       state |   2.276858   1.450472     1.57   0.117    -.5759083    5.129624
       _cons |  -1.878788   1.369786    -1.37   0.171    -4.572862    .8152867
------------------------------------------------------------------------------

.
. // Card and Krueger's Table 4, column (ii)
. xi: reg dfte state i.chain co_owned, robust
i.chain           _Ichain_1-4         (naturally coded; _Ichain_1 omitted)

Linear regression                               Number of obs     =        351
                                                F(5, 345)         =       1.65
                                                Prob > F          =     0.1463
                                                R-squared         =     0.0204
                                                Root MSE          =     8.7205

------------------------------------------------------------------------------
             |               Robust
        dfte | Coefficient  std. err.      t    P>|t|     [95% conf. interval]
-------------+----------------------------------------------------------------
       state |   2.281507    1.45291     1.57   0.117    -.5761694    5.139184
   _Ichain_2 |   .2345508    1.08626     0.22   0.829    -1.901974    2.371076
   _Ichain_3 |  -2.084687   1.150847    -1.81   0.071    -4.348247    .1788734
   _Ichain_4 |  -.7566441   1.636293    -0.46   0.644    -3.975009    2.461721
    co_owned |   .3729144   .8967168     0.42   0.678    -1.390806    2.136634
       _cons |  -1.450031   1.671389    -0.87   0.386    -4.737426    1.837364
------------------------------------------------------------------------------
```

위 추정결과에 의하면, Table 4의 ⓘ열의 처치효과 추정치 $\hat{\delta}_1 = 2.277$(125번 행)이다. 이 값에 대응하는 〈표 II-2〉의 수치는 2.754(82번 행)이다. 이들 두 수치가 서로 다른 이유는 통계 분석에 사용된 표본의 관측치 수가 서로 다르기 때문이다.

Table 4의 ⓘⓘ열의 모형(131번 행)은 ⓘ열의 모형(113번 행)에 2개의 통제변수를 추가하고 있다. 이들 통제변수는 4가지 체인 종류를 식별하는 더미변수 chain과 회사 소유 여부를 식별하는 더미변수 co-owned이다. ⓘⓘ열 모형의 추정치는 $\hat{\delta}_1 = 2.281$(144번 행)으로서 ⓘ열 모형의 추정치 $\hat{\delta}_1 = 2.277$(125번 행)과 큰 차이를 보이지 않는다.

4. 처치집단과 통제집단의 구분

위에서 설명한 바와 같이, 이중차분법의 직관과 추정방법은 매우 간단하다. 이런 간단함 덕분에 이중차분법은 짧은 시간 내에 폭넓게 확산될 수 있었다. 이제 당신이 이중차분법을 제대로 이해하고 있는지를 확인해 보기 위해 아래의 연습문제를 한번 풀어보자.

당신은 2021년부터 시작된 코로나 백신 접종 정책의 효과성을 이중차분법을 활용해 검증하고자 한다. 간소한 논의를 위해 실제 현실을 약간 단순화해 코로나19는 2020년 1월 1일부터 확산되기 시작하였고 코로나 백신 접종은 2021년 1월 1일부터 시작되었다고 가정하자. 2021년 초에는 코로나 백신이 부족했기 때문에 정부는 모든 국민들에게 동시에 백신을 공급할 수 없었고, **지역 가**와 **지역 나** 중 추첨을 통해 **지역 가**에만 먼저 백신 접종을 실시하기로 결정하였다.

표 II-3

인구 1천 명 당 코로나 확진자 수

연도	지역 가 (인구=10만 명)		지역 나 (인구=5만 명)
	접종자(50%)	미접종자(50%)	미접종자(100%)
2020년	A	B	C
2021년	D	E	F

2021년 1월 1일부터 **지역 가**에 백신이 공급되기 시작하였고 **지역 가** 주민들은 본인이 원하는 경우 코로나 백신을 접종받을 수 있게 되었다. **지역 가**에서 백신 접종이 시작되었지만 모든 주민들이 백신을 접종받은 것은 아니었다. 일부 주민들은 백신을 접종받았지만, 다른 일부는 백신 접종을 원하지 않아 백신을 접종받지 않았다. **지역 가**에 거주하는 총 10만 명의 주민들 중 5만 명(50%)만이 백신을 접종받았고 나머지 5만 명(50%)은 백신을 접종 받지 않았다고 가정하자. 〈표 II-3〉은 지역별, 백신 접종 여부별 및 시점별로 인구 1천 명 당 코로나 확진자 수를 표시하고 있다.

〈표 II-3〉에 의하면, **지역 가**에서 2021년에 코로나 백신을 접종 받은 주민 5만 명 중 인구 1천 명 당 확진자 수는 D이고, 이 백신 접종자들을 대상으로 계산한 2020년 기준 인구 1천 명 당 확진자 수는 A이다. **지역 가**의 미접종자 5만 명의 2021년 기준 인구 1천 명 당 확진자 수는 E이고, 이들에 대한 2020년 기준 1천 명 당 확진자 수는 B이다. 그리고 미접종 지역인 **지역 나**에 거주하는 5만 명 주민들의 2021년 기준 1천 명 당 확진자 수는 F이고, 2020년 기준 1천 명 당 확진자 수는 C이다. 위의 정보를 이용해 당신은 코로나 백신 정책이 인구 1천 명 당 확진자 수에 어떤 영향을 미치는지를 추정하고자 한다. 코로나 백신 정책의 효과성을 보여주는 이중차분 추정치는 무엇인가?

〈표 II-3〉을 이용하면 아래와 같이 적어도 5개의 서로 다른 이중차분 추정치를 생각해 볼 수 있다. 이들 중 코로나 백신 정책의 효과성을 보여주는 적절한 이중차분 추정치는 무엇인가? 정답이 여러 개일리는 없으니 정답이라고 생각되는 추정치 하나만을 아래에서 골라보라.

① $DID_1 = (D-A)-(E-B)$

② $DID_2 = (D-A)-(F-C)$

③ $DID_3 = (D-A)-[0.5\times(E+F)-0.5\times(B+C)]$

④ $DID_4 = [0.5\times(D+E)-0.5\times(A+B)]-(F-C)$

⑤ $DID_5 = (E-B)-(F-C)$

먼저, DID_5는 정답에서 제외시킬 수 있다. DID_5는 두 지역의 미접종자 집단을 비교하고 있으므로 코로나 백신의 효과성을 직접적으로 보여줄 것 같지는 않다.

DID_1은 접종 지역의 접종자 집단과 접종 지역의 미접종자 집단을 비교한다. DID_2는 접종 지역의 접종자 집단과 미접종 지역의 미접종자 집단을 비교한다. DID_3은 접종 지역의 접종자 집단과 두 지역의 미접종자 집단 전체를 비교한다. 마지막으로, DID_4는 접종 지역과 미접종 지역을 비교한다. Card and Krueger(1994)의 이중차분 추정치는 위와 같은 상황에서는 어떻게 구해야 할까?

위 소절에서 설명한 바와 같이, 이중차분 추정치는 처치집단의 차분 값에서 통제집단의 차분 값을 차분하는 방식으로 계산한다. 코로나 백신의 사례에서는 처치집단과 통제집단을 어떻게 구분해야 할까? DID_1, DID_2, DID_3는 모두 백신 접종자 집단을 처치집단으로, 미접종자 집단을 통제집단으로 설정한다. 이들과는 달리, DID_4는 백신 **접종 지역**을 처치집단으로, **미접종**

지역을 통제집단으로 설정한다. 이와 같은 두 가지 집단 구분 방법 중 어느 것이 Card and Krueger(1994)의 아이디어에 가까울까?

여기서 우리는 Card and Krueger(1994)가 규정하는 처치집단이 처치 **자격** 집단(treatment-eligible group)인지, 혹은 처치 **수혜** 집단(treatment-received group)인지를 명확히 구분할 필요가 있다. 당신이 DID_1, DID_2, DID_3 중 하나를 적절한 이중차분 추정치로 선택했다면 당신은 처치집단을 처치 **수혜** 집단, 통제집단을 처치 **미수혜** 집단으로 생각하고 있는 것이다. 반면, 당신이 DID_4를 적절한 이중차분 추정치로 선택했다면 당신은 처치집단을 처치 **자격** 집단, 통제집단을 처치 **미자격** 집단으로 생각하고 있는 것이다. Card and Krueger(1994)의 NJ는 처치 **수혜** 집단일까, 처치 **자격** 집단일까?

2021년 노벨 경제학상을 수상한 3인 중 D. 카드의 업적에 대해 노벨상 위원회는 다음과 같이 기술하고 있다.

> **"사회과학의 많은 중요한 질문들은 원인과 결과를 다룬다. [중략] D. 카드는 자연실험을 활용해 최저임금, 이민, 교육의 노동시장 효과를 분석하였다. [후략]"**
>
> (출처: https://www.nobelprize.org/prizes/economic-sciences/2021/card/facts/)

위 문장에서 D. 카드가 최저임금 효과를 분석했다고 언급한 논문은 Card and Krueger(1994)를 의미하고, 이 논문은 자연실험(natural experiment)을 활용해 인과효과를 구했다고 말하고 있다. 그렇다면 Card and Krueger (1994)에서 처치집단과 통제집단은 **자연실험**의 정신에 근거해 구분된 것이라고 이해해야 할 것이다.

코로나 백신의 사례로 돌아가서 Card and Krueger(1994)의 아이디어를 적용해 보자. **자연실험**의 정신에 근거해 집단을 구분한다면, 우리는 처치

수혜 기준을 사용해야 할까, 아니면 처치 **자격** 기준을 사용해야 할까?

위의 코로나 백신 사례에서 처치 **자격** 여부는 접종 지역과 미접종 지역을 정하면서 **추첨**을 통해 결정되었다. 반면, 처치 **수혜** 여부는 미접종 지역의 미접종자의 경우 추첨을 통해, 그리고 접종 지역의 접종자와 미접종자의 경우에는 **개인의 선택**을 통해 결정되었다. 추첨을 통해 전적으로 결정되는 처치 **자격**과 개인의 선택을 일부 반영하고 있는 처치 **수혜** 중 어떤 기준이 더 **자연실험**의 정신에 부합하는가?

당연히 처치 **자격** 기준이 Card and Krueger(1994)의 자연실험 정신에 부합한다고 볼 수 있다. 코로나 백신 정책의 효과성을 검증하기 위해 사용해야 하는 집단 구분의 기준은 처치 **수혜** 여부가 아니라 처치 **자격** 여부가 되어야 한다. 그러므로, Card and Krueger(1994)의 **자연실험** 정신을 적절히 반영한 이중차분 추정치는 DID_4라고 말할 수 있다. DID_1, DID_2, DID_3는 집단 구분에 개인의 선택이 개입되어 있기 때문에 이들 이중차분 추정치는 **선택 편향(selection bias)**에 의해 오염되어 있다. Card and Krueger (1994)의 정신을 따르면 DID_1, DID_2, DID_3는 코로나 백신의 효과성을 보여주는 적절한 이중차분 추정치가 아니다. 당신이 위에서 혹시 DID_1, DID_2, DID_3 중 하나를 적절한 이중차분 추정치로 선택했다면 Card and Krueger(1994)의 핵심적인 아이디어가 무엇인지를 다시 한번 점검해 보기 바란다.

DID_1, DID_2, DID_3는 모두 이중차분을 통해 계산된 추정치이지만, 개인의 선택에 의해 편향된 추정치이므로 인과효과 추정치로서 받아들이기 어렵다. 2021년 노벨 경제학상 수상자들이 제안하듯이, 인과효과 추정치는 처치가 실험적으로 배정된 상황을 통해 도출할 수 있다는 입장을 취한다면, DID_1, DID_2, DID_3는 코로나 백신의 인과효과 추정치로서 받아들이기 어렵다.

Angrist and Pischke(2009)의 용어를 빌리면, DID_1, DID_2, DID_3는 **대체로 해로운(mostly harmful)** 이중차분 추정치이다. 반면, DID_4는 **대체로 해롭지**

않은(mostly harmless) 이중차분 추정치이다. 개인의 선택을 배제하고 온전히 실험적으로 결정된 처치 **자격** 기준을 사용해 집단을 구분하고 있기 때문이다. 결국 Card and Krueger(1994)의 자연실험 정신에 입각한 집단 구분의 기준은 내생적으로 결정된 처치 **수혜**가 아니라 외생적으로 결정된 처치 **자격**이어야 한다. 우리는 아래에서 처치집단과 통제집단을 처치 **자격**을 기준으로 구분할 것이다. 우리는 처치 **수혜** 여부를 기준으로 집단을 구분한 이중차분 추정치는 **대체로 해롭다**고 판정하므로 이 기준을 사용하지는 않을 것이다.[3)]

DID_4가 코로나 백신 정책의 효과성을 보여주는 **대체로 해롭지 않은** 추정치이기는 하지만 보다 엄밀한 추정치를 도출하기 위해서는 처치집단(즉 처치 유자격 집단) 내에서 처치 적용 확률이 100%가 아니라는 사실을 고려해야 한다. 만약 처치집단 내 처치 적용 확률이 100%였다면, 〈표 II-3〉의 B와 E는 현실에 존재하지 않으므로 코로나 백신 정책의 효과성 추정치는 $DID_4' = (D-A)-(F-C)$가 될 것이다. 그러나 실제로는 처치집단 내 처치 적용 확률이 50%에 불과하므로, 우리는 이런 상황을 고려해 다음 식과 같이 백신 정책의 효과성 추정치를 수정해 주어야 한다.

$$DID_4^{IV} = \frac{DID_4}{0.5}$$

위 식은 DID_4를 처치 적용 확률의 이중차분 추정치로 나눈 식이다. 〈표 II-3〉의 수치들이 인구 1천 명 당 확진자 수가 아니라 각 셀의 백신 접종

3) 위와 같은 원리에 의해 이 책의 서문에서 제기했던 질문에 대한 답은 '(3) (집단A-1 + 집단A-2) vs. 집단 B'이다. 무작위 실험에 의해 자격이 구분된 두 개의 집단은 집단 A와 집단 B이기 때문이다. 집단 구분의 기준으로서 처치 **자격**을 사용하는지, 처치 **수혜**를 사용하는지의 관점에서 이중차분법을 사용한 실증 연구들을 한번 살펴보라. 얼마나 많은 연구들이 처치 **수혜** 기준을 사용해 **대체로 해로운** 이중차분 추정치를 제시하고 있는지를 발견할 수 있을 것이다.

확률이라면, 코로나 백신 정책이 백신 접종 확률에 미친 인과효과의 이중차분 추정치는 0.5가 된다. $A=B=C=E=F=0$이고 $D=1$이므로, $DID_4^d=[0.5\times(1-0)+0.5\times(0-0)]-(0-0)=0.5$가 성립하기 때문이다.

DID_4는 처치 의도 추정치(intent-to-treat estimate, ITT)이고, 처치 적용 확률이 100%가 될 때의 처치효과(즉 처치 수혜 효과) 추정치는 DID_4^{IV}이다. 상첨자로 IV를 붙인 이유는 DID_4^{IV}가 도구변수법(instrumental variable method)을 적용해 구한 추정치이기 때문이다. 그러므로, 추정치 DID_4^{IV}는, 엄밀히 말하면 **처치집단에 미치는 평균 처치효과(ATT)** 추정치가 아니라 **처치 순응자 집단에 미치는 평균 처치효과(Average treatment effects on the compliers, ATEC)** 추정치라고 해석할 수 있다. ATEC에 대한 보다 자세한 설명은 강창희 외(2013, 제7장), Angrist and Pischke(2009, Ch.4; 2014 Ch.3)을 참고하라.

5. 이중차분법 적용을 위한 집단 구분의 3가지 원칙

〈표 II-3〉을 통해 설명한 바와 같이, 이중차분법을 대체로 해롭지 않은 방식으로 적용하기 위해서는 처치집단과 통제집단을 적절히 구성해야 한다. 만약 처치 및 통제집단이 적절히 구성되지 못하면 이중차분법을 적용하더라도 인과효과 추정치를 구하지 못한다. 처치 및 통제집단을 어떻게 구분해야 적절하게 집단을 구성한 것일까?

첫째, 이중차분법은 기본적으로 실험 기반 추정법이므로, 집단 구분의 기준은 반드시 실험(또는 준실험) 방식으로 결정된 변수여야 한다. 〈표 II-3〉에서 집단 구분의 기준으로서 처치 수혜 여부가 부적절한 이유는 처치 수혜 여부가 실험적으로 결정된 것이 아니라 개인들의 **선택**에 의해 결정되었기 때문이다. 반면, 처치 자격 여부는 실험의 성격을 갖고 외생적인 방식(추첨)으로 결정되었기 때문에 집단 구분의 적절한 기준이 될 수 있다.

둘째, 이중차분법을 적절히 적용하기 위해서는, 만약 처치가 없는 가상적인 상황이었다면 이중차분법을 적용해 구한 추정치는 0에 가까운 값이 되도록 집단을 구분해야 한다. 처치가 적용되지 않는 **가상적인** 상황에서는 이중차분 추정치가 0에 가까운 값일 것이지만, 처치가 적용된 **실제** 상황에서 계산된 이중차분 추정치가 0과 통계적으로 유의하게 다르다면 우리는 이 추정치를 처치효과 추정치로서 확신할 수 있을 것이다. (만약 실제 상황에서 계산된 이중차분 추정치가 0과 유의하게 다르지 않다면, 이는 처치효과가 0을 기각하지 못함을 의미한다.)

〈표 II-3〉에서 처치 자격 여부는 실험적 기제(추첨)를 통해 구성되었으므로, 만약 코로나 백신 처치가 없는 가상적인 상황이라면 DID_4는 0과 크게 다르지 않을 것이다. 만약 처치가 적용된 실제 상황에서 계산된 DID_4가 0과 유의하게 다르다면, 우리는 처치가 0과 유의하게 다른 인과효과를 유발하고 있다고 판단할 수 있다. 이 원칙을 따르면 〈표 II-3〉에서 이중차분의 대상 집단은 처치 수혜 여부를 기준으로 구성할 수는 없다. 처치가 없는 상황에서는 처치 수혜 여부가 애초부터 정의되지 않기 때문이다. 이중차분의 대상 집단을 처치 수혜 여부를 기준으로 설정하면 이중차분 추정치가 처치효과만을 보여주는지, 아니면 선택 편향(selection bias)도 함께 내포하고 있는지를 구분할 수 없다. 선택 편향을 제거하기 위해서는 집단 구분에서 선택 편향을 유발하는 요인들을 미리 제거해야만 한다. 처치 수혜 여부를 통한 집단 구분은 이들을 제거하지 못한다.

셋째, 처치가 없는 가상적인 상황에서 이중차분 추정치가 0에 근사하도록 집단을 구분하려면 집단 구분의 기준은 반드시 처치 적용 전에 확정된 변수여야 한다. 처치 적용 이후에 그 값이 확정되는 변수는 이중차분법의 집단 구분 기준으로서 적절하지 않다. 따라서 당연히 처치 수혜 기준은 적절하지 않고, 이 외에도 처치 적용 이후에 값이 확정되는 모든 변수들은 집단 구분의 기준으로서 적절하지 않다. 처치 적용 이후에 그 값이 결정되는 변수, 즉 처치로부터 영향을 받을 가능성이 있는 변수는 집단 구분의 기준이 되는 특성변수가 아니라 처치의 성과변수라고 봐야 한다. 이와 같은 점들을 고려할 때, 처치 수혜가 아닌 처치 자격을 기준으로 집단을 구분해야 대체로 해롭지 않은 이중차분 추정법이라 할 수 있다.

이하에서 우리는 위의 세 가지 기준을 통해 판단할 때 이중차분 대상 집단의 구성이 적절히 이루어졌다고 가정할 것이다. 만약 이중차분의 집단 구성이 애초부터 내생적인 특성에 기반해 이루어졌다면 이 책에서 설명한 어느 추정법을 적용하더라도 적절한 처치효과 추정치를 구하지 못한다. 이중차분법을 통해 인과효과 추정치를 구하기 위한 가장 중요한 단계는 외생적인 방식으로 결정된 특성을 이용해 집단을 구분하는 것이기 때문이다.

6. 보론: 성향점수 매칭법과 이중차분법의 결합

이중차분법을 적용한 일부 연구들은 성향점수 매칭을 통해 처치 개체와 통제 개체를 매칭한 후 이 매칭된 표본에 대해 이중차분 추정치를 계산한다. 성향점수 매칭법과 이중차분법을 결합하는 이 방법을 설명하기 위해 〈표 II-3〉을 〈표 II-4〉와 같이 약간 수정해 보자.

〈표 II-4〉는 두 가지 면에서 〈표 II-3〉과 다르다. 첫째, 〈표 II-3〉에서 지역 가 주민의 백신 접종률은 50%였는데 비해, 〈표 II-4〉에서 지역 가 주민의 접종률은 1%라고 가정한다. 즉 코로나 백신 접종자 수는 총 1,000명

표 II-4

인구 1천 명 당 코로나 확진자 수

	지역 가 (인구=10만 명)		지역 나 (인구=5만 명)
연도	접종자(1%)	미접종자(99%)	미접종자(100%)
2020년	A	B	C
2021년	D	E	F

에 불과하다. 둘째, 통계 분석을 적용할 원 데이터에 개인의 주소지 정보는 없고 오직 백신 접종 여부 정보만 있다고 가정한다. 즉 <표 II-4>에서 지역 가 및 나 정보는 정책 평가자가 알 수 없는 정보이다. <표 II-4>에서 평가자가 사용할 수 있는 사전 정보는 오직 개인의 백신 접종 여부와 접종 시기뿐이다.

<표 II-4>의 상황은 실제 정책 평가에서 매우 흔하게 나타난다. 정부는 어떤 정책을 시행하기에 앞서 정책 대상 집단의 개인 혹은 기업들로부터 신청서를 접수받은 후 신청자들 중 일정한 자격을 가진 개체들을 정책 수혜자(즉 처치 수혜 집단)로 선발한다. 이 수혜자 집단에 해당 정책을 시행한 후 정부는 평가 연구자에게 이 정책의 효과성을 데이터 분석을 통해 평가해 달라고 주문한다. 이런 상황에서 평가 연구자에게 가용한 정보는 정책 수혜자의 수혜 시점뿐이다. 즉 평가 연구자는 처치 수혜 집단의 정보만을 보유하게 된다. 이 정책의 효과성을 정확히 판단하기 위해서는 내생적으로 결정된 처치 수혜 집단이 아니라, 외생적으로 결정된 처치 자격 · 미자격 정보가 필요하지만 현실의 많은 정책 평가 상황에서 처치 자격 구분은 매우 예외적이다. 더구나 이 평가자에게는 처치 미수혜 집단에 대한 정보도 없다.

<표 II-4>와 같은 상황에서 이중차분법을 적용하고자 하는 평가자는

처치 자격 기준에 의해 집단을 구분할 수 없으므로 어쩔 수 없이 처치 수혜 기준(접종 vs. 미접종)을 사용할 수밖에 없다. 처치 수혜 기준을 사용하면 적절한 처치효과 추정치를 구하지 못할 가능성이 있음을 잘 알지만, 정책 평가의 화급함으로 인해 어쩔 수 없이 평가자는 처치 수혜 기준에 의해 처치 및 통제집단을 구분한다. 이런 집단 구분을 통해 도출되는 이중차분 추정치는 다음과 같다.

$$DID_6 = \frac{1}{150,000}\{1,000(D-A) - 149,000[average(E,F) - average(B,C)]\}$$

위 식에서 $average(\cdot,\cdot)$는 괄호 안 두 수치의 가중 평균값을 의미한다. 개인에 대한 지역 정보가 없으므로 이 값을 정확히 확정하기는 어렵다.

외생적으로 결정된 처치 자격이 아니라 내생적으로 결정된 처치 수혜 여부를 기준으로 처치집단과 통제집단을 구성했기 때문에 DID_6는 **대체로 해롭지 않은** 인과효과 추정치로 간주하기 어렵다.

집단 구분이 부적절한 점 외에 DID_6에는 하나의 약점이 더 있다. Card and Krueger(1994)의 사례에서 확인할 수 있는 바와 같이, 통제집단이란 처치만을 제외하면 모든 면에서 처치집단과 동일한(또는 매우 유사한) 집단을 의미한다. 최저임금 인상만을 제외하면 접경 지역의 PA쪽에 위치한 사업체들이 NJ쪽에 위치한 사업체들과 매우 유사할 것으로 추측되기 때문에, Card and Krueger(1994)는 PA쪽에 위치한 사업체들을 통제집단으로 선정하였다. 마찬가지 원리에 따라, 〈표 II-4〉의 상황에서 1,000명의 백신 접종자 집단에 대응하는 적절한 통제집단은 이들 1,000명과 백신 접종만을 제외하면 매우 유사한 개체들로 구성해야 한다. 이런 의미에서 149,000명의 미접종자 모두를 통제집단으로 설정해 계산한 이중차분 추정치 DID_6이 인과효과를 적절히 보여준다고 생각하기는 어렵다.

성향점수 매칭법은 이런 약점을 보완하기 위해 접종자의 특성변수, 즉 식 (II-3)′의 X_{i0}를 활용해 각 처치 수혜 개체와 특성이 유사한(또는 성향점수 $\Pr(TrGroup_i = 1 \mid X_{i0})$이 유사한) 통제 개체를 매칭해(1:1 또는 1:m(m>1)) 통제집단을 구성하는 방법이다. 이렇게 매칭된 1,000명의 접종자들(처치집단)과 1,000명의 미접종자들(통제집단)을 대상으로 이중차분법을 적용해 인과효과 추정치를 구하는 것이 성향점수 매칭과 이중차분 결합 추정법이다.

처치 수혜 개체의 수가 매우 적고, 처치 수혜자 집단에 관한 정보만 보유하고 있는 상황에서 평가 연구자에게 성향점수 매칭과 이중차분 결합법은 꽤 매력적인 대안처럼 보인다. 실제로 많은 이중차분 연구에서 이 결합 추정법이 폭넓게 사용되고 있다. 상당히 그럴듯해 보이기는 하지만, 이 결합 추정법은 현대 정책평가론의 핵심적인 아이디어를 적절히 반영한 추정법이라고 평가하기 어렵다. 그 이유는 다음과 같다.

첫째, 현대 정책평가론의 핵심 아이디어는 외생적으로 결정되는 실험적(또는 자연실험적) 기제를 활용해야 적절한 인과효과를 구할 수 있다는 입장이다. 이중차분법은 현대 정책평가론의 실험 기반 추정법 중 하나이므로, 당연히 이중차분법 추정에서도 실험적인 기제가 포함되어 있어야 한다. 우리가 코로나 백신 효과성 평가에서 집단 구분의 기준으로서 처치 수혜가 아니라 처치 자격을 사용해야 한다고 말하는 이유가 여기에 있다. 그런데 성향점수 매칭과 이중차분 결합법에는 실험적 기제가 **없다**. 오직 처치 수혜라는 내생적 구분과 성향점수 매칭이라는 통계학적 기법만 있을 뿐, 외생성을 만들어내는 실험적 기제가 없다. **실험적 기제가 없으면 인과효과 식별은 불가능하다**(**No experiment, No identification**)는 현대 정책평가론의 대원칙에 의하면, 성향점수 매칭과 이중차분 결합법을 통해 구한 추정치는 인과효과 추정치로서 받아들이기 어렵다.

둘째, 성향점수 매칭(또는 X_{i0}만을 활용하는 경우에는 공변량 매칭)을 통해 처치 수혜 개체와 통제 개체를 매칭하면 처치 수혜자 집단의 적절한 비교집단을 구성할 수 있다는 생각은 관측 가능 특성이 같으면 처치 배정이 외생적이라는 가정에 기반을 둔다. 이 가정은 정책 평가 분야에서는 **관측된 특성에 기반한 선택**(selection on observables)이라는 용어로 알려져 있다. 노벨 경제학상 수상자인 Angrist, Card, Imbens의 핵심적인 기여는 관측 데이터(observational data)에서는 **관측된 특성에 기반한 선택**의 가정이 성립하기 어려우므로 평가자가 인과효과를 식별하기 위해서는 실험적 기제를 포함하고 있는 실험 데이터(experimental data)를 활용해야 한다는 아이디어이다. 즉 이들이 제안하는 연구방법론의 중심에는 **관측 특성에 기반한 선택**의 타당성에 대한 근본적인 의심이 자리잡고 있다. 이들이 제안한 현대 정책평가론에서 성향점수 매칭과 이중차분 결합법이 한 자리를 차지하기는 극히 어려워 보인다.

No experiment, No identification이 인과효과 추정의 대원칙이지만, 처치 수혜자 집단만을 보유한 상태에서 화급하게 정책평가를 수행해야 하는 평가자의 입장에서는 대원칙에는 위배되지만 성향점수 매칭과 이중차분 결합법이라도 적용해 인과효과 추정치를 제시해야 하는 절박함이 있다. 화급한 정책평가 연구를 한 번이라도 해야만 했던 연구자라면 누구나 공감할 만한 생각이다. 그러나 기억해야 할 점이 있다. 성향점수 매칭과 이중차분 결합법은 불가피한 경우에 사용하는 **최후의 방법**일 뿐 **최선의 방법**으로 간주되기는 어렵다. **최후**의 추정치는 언젠가는 **최선**의 추정치에 의해 대체될 가능성이 있음을 항상 명심해야 한다.

우리는 **최후**의 방법을 사용할 수밖에 없는 평가 연구자들의 절박함에 십분 공감한다. 필자들 또한 평가 연구를 진행하면서 **최후**의 방법을 쓸 수밖에 없는 현실을 자주 (사실은 매우 자주) 접한다. **최후**의 방법을 사용할 수밖에 없는 평가 연구자들을 위해 두 가지 정도의 팁을 공유하고자 한다.

첫째, 공변량 매칭이나 성향점수 매칭을 위해 사용하는 특성변수 벡터 X_{i0}에 개체의 순수 특성변수들뿐만 아니라 처치 전 성과변수들($Y_{i,-1}$, $Y_{i,-2}$, $Y_{i,-3}$, $\cdots$)을 포함시키는 방안을 제안한다. 이는 이중차분법의 아이디어를 매칭 단계부터 활용하는 방법이다. 처치 이전 시기에 특성변수뿐만 아니라 성과 값 추세의 측면에서도 유사한 통제 개체를 처치 개체와 매칭하면 좀 더 설득력 있는 인과효과 추정치를 구할 수도 있을 것이다. 이 아이디어를 확장하면, 처치 전 시기 동안 성과 값들의 변동 추세와 유사한 처치 개체와 통제 개체를 서로 매칭하면 이중차분법의 평행 추세의 가정을 만족시키는 매칭 표본을 구성할 수도 있을 것이다. 이것은 III.5절의 합성 통제법이나 합성 이중차분법을 활용해 매칭 표본을 구성하는 방법이다.[4] 이 방법은 매칭 표본을 **관측 특성에 기반한 선택**에 의존하지 않고 **평행 (사전) 추세**의 가정에 의존해 구성하는 것으로 이해할 수 있다. **최후**의 방법을 사용하고는 있지만, 그래도 최후까지 이중차분법의 핵심 가정에 충실하고자 하는 평가 연구자의 고민이 이 매칭법에 담겨 있다고 할 수 있다.

둘째, 평가 연구자가 처치 수혜자 집단의 정보만 보유한 상태에서 화급하게 평가 연구를 진행할 수밖에 없는 이유는 평가 대상 정책이 처음부터 평가 연구자와는 무관하게 평가 비전문가들에 의해 디자인되었기 때문이다. 평가 비전문가들은 대개 어떤 정책을 시행한 후 평가 연구자에게 모든 관련 자료를 넘기면 정책의 효과성에 대한 평가가 적절히 이루어질 것이라고 생각한다. 그러나 적절한 평가를 위한 대원칙은 언제나 **No experiment, No identification**이다. 적절한 효과성 평가의 성패는 관련 자료의 가용 여부가 아니라 평가 대상 정책에 실험적 기제가 포함되어 있느냐 그렇지 않느냐에 달려 있다. 실험적 기제가 포함되어 있으면 적절한 효과성 평가가 가능하지

4) 이와 같은 아이디어를 실증 분석에 적용한 연구로는 Acemoglu et al.(2016)과 Donohue et al.(2019) 등이 있다.

만, 그것이 포함되어 있지 않으면 적절한 평가는 애초부터 불가능한 상태였다고 봐야 한다. 평가 연구자가 최선의 방법이 아니라 최후의 방법을 쓸 수밖에 없는 이유가 바로 여기에 있다. 평가 연구자가 실험적 마인드를 가지고 정책의 최초 디자인 단계부터 개입할 수 있었다면 적절한 평가가 가능하도록 다양한 실험적 기제를 정책의 디자인 안에 포함시킬 수 있었을 것이다. 평가 연구자가 정책의 디자인 단계에 참여해 과학적인 평가가 가능하도록 정책을 미세 조정하는 제도적인 기반이 마련될 필요가 있다.

현대 정책 평가론자들의 이런 주장을 들으면 보통 일반인들은 정부 정책의 핵심은 그 현실적인 목표를 달성하는 데 있지, 학자들의 실험 대상이 아니라는 반론을 제기한다. 평가 연구자들이 물정에 어둡지 않은 이상 이런 사실을 모를리 없다. 당연히 정부 정책의 일차적인 목표는 정책을 통해 구현하고자 하는 목적을 적절히 달성하는 것이다. 그런데 정책을 디자인하는 초기 단계에서 원래 목적을 벗어나지 않는 범위 내에서 디자인을 약간만 수정할 수 있다면 **최후**의 평가만 가능했던 정책에 대해 **최선**의 평가가 가능해진다. 이런 디자인 조정은 특정 정책이 개발되는 초기 단계부터 평가 전문가가 참여하지 않으면 구현되기 어렵다. 정부 정책에 대한 **최후**의 평가 결과가 정책의 효과성을 정확히 보여주지 못할 가능성이 있음을 인식한다면, 정책의 효과성을 보여주는 **최선**의 추정치의 중요성은 아무리 강조해도 지나치지 않다.

현실적으로 매우 어려운 작업이지만 일부 평가 연구자들에 의해 평가 연구자가 정부 정책의 디자인 초기 단계에 참여하는 아이디어가 시도된 적이 있다. 오영민·박노욱·강희우(2015), 유경준·강창희·최바울(2016), 박윤수 외(2018), 이영욱 외(2020) 등은 이와 같은 노력의 증거들을 보여 준다. **최후**의 방법을 사용해 정책을 평가해야 하는 연구자는 어떻게 하면 **최선**의 방법을 적용할 수 있도록 정책의 디자인 단계에 참여할 수 있을지를 항상 생각할 필요가 있다. 그렇지 않으면 자신이 제시했던 **최후**의 추정치가 다른 연구자가 제시하는 **최선**의 추정치에 의해 대체될 위험이 있기 때문이다. 이보다 더 심각한 일이지만, 어떤 정부 정책의 효과성에 대해 우리가 알고 있는 **최후**의 평가 결과가 **최선**의 평가 결과가 보여주는 진실과는 정반대일 수도 있기 때문이다. **최선**의 결과를 만들어 내는 작업은 어느 한 사람의 노력에 의해 성취되지 않는다. 정책 당국과 평가 연구자들의 건설적인 협업만이 이 일을 가능하게 한다.

III

일반형 이중차분법

이제 다시 Card and Krueger(1994)의 최저임금 연구를 살펴보자. 우리는 앞에서 식 (II-3)을 추정해 이중차분 추정치를 구할 수도 있음을 확인하였다. 이제 식 (II-3)의 $NJ_i \cdot Post_t$를 d_{it}로 치환해 보자. 더미변수 d_{it}는 $NJ_i = 1$와 $Post_t = 1$이 동시에 성립하는 경우에만 1을 취하고 나머지 경우에는 모두 0을 취한다. 여기서 식 (II-3)은 다음 식과 같이 다시 쓸 수 있다.

$$Y_{it} = \beta_0 + \delta_0 Post_t + \beta_1 NJ_i + \delta_1 d_{it} + u_{it} \qquad \text{(III-1)}$$

식 (III-1)은 식 (II-3)을 다른 변수로 표현한 식에 불과하므로, δ_1은 여전히 이중차분 모수 $\delta_1 = (M_{NJ,1} - M_{NJ,0}) - (M_{PA,1} - M_{PA,0})$이다. 식 (III-1)은 지역이 2개(NJ, PA)이고 시점이 2개($t=1,2$)인 경우에 대해 정의되었다. 그러나 식 (III-1)은 〈표 III-1〉과 같이 지역(또는 집단)이 3개 이상이고 시점이 3개 이상인 경우로까지 확장될 수 있다.

표 III-1

처치(자격)의 순차 적용(Staggered Design)

d_{it}	지역(집단)				
시점	A	B	C	D	E
0	0	0	0	0	0
1	0	1	0	0	0
2	0	1	1	0	0
3	0	1	1	1	0
4	0	1	1	1	1

1. 처치 자격의 순차 적용

〈표 III-1〉은 지역(또는 집단)이 5개이고, 시점이 5개인 상황에서 처치 자격이 각 지역에 시차를 두고 순차적으로 부여되고 있는 상황을 표현한다. 최저임금의 사례에서와 같이, 처치 자격이 부여되면 해당 처치가 반드시 적용되어야 하는 경우에는 처치 자격과 처치 적용(수혜) 여부가 일치한다. 그러나 처치 자격이 부여된 지역이 원하는 경우 처치를 적용받지 않을 수도 있는 경우에는 처치 자격과 처치 수혜 여부가 서로 일치하지 않을 수 있다. 논의를 단순화하기 위해 이하에서는 처치 자격과 처치 수혜가 일치한다고 가정한다. 만약 처치 자격과 수혜가 일치하지 않는 경우에는 코로나 백신의 사례에서와 같이 도구변수법을 적용해야 한다.[5]

〈표 III-1〉에 의하면, 시점 0에는 5개 지역 모두에 처치 자격이 부여되지 않았고 그에 따라 처치가 적용되지 않았다. 시점 1에는 지역 B에 처치 자격이 최초로 부여되었고, 시점 1부터 처치가 적용되기 시작했다. 그리고

5) 우리는 책의 후반부 소절 IV.3.다. <2>경사형 이중차분법에서 개체의 처치 자격과 처치 수혜 여부가 일치하지 않는 상황에 적용하는 이중차분법을 다룬다. 그때까지 우리는 처치 자격과 수혜가 서로 일치하는 상황만을 고려한다.

이 처치는 시점 4까지 지속되었다. 시점 2부터는 지역 C에도 처치 자격이 부여되어 처치가 적용되기 시작했다. 이 처치도 시점 4까지 지속되었다. 시점 3부터는 지역 D에, 시점 4부터는 지역 E에 처치 자격이 부여되어 처치가 적용되기 시작했고, 이 처치도 시점 4까지 지속되었다. 이와 같이 특정 지역(또는 집단)에 서로 다른 시점부터 처치 자격이 부여되고 처치 적용이 시작되어 이 처치가 계속 지속되는 상황을 일컬어 처치(자격)의 **순차 적용 디자인**(**staggered design**)이라고 부른다.

처치(자격)가 〈표 III-1〉과 같이 순차 적용되는 디자인에서 평균 처치효과는 식 (III-1)을 약간 변형한 아래 식 (III-2)를 추정함으로써 구할 수 있다.

$$Y_{it} = \beta_0 + \sum_{s=1}^{4} \delta_0^s \cdot 1(t=s) + \sum_{g=B}^{E} \beta_1^g \cdot 1(G_i = g) + \delta_1 d_{it} + u_{it} \qquad \text{(III-2)}$$

이 식에서 $1(\cdot)$는 지표함수로서 괄호 안이 참이면 1, 거짓이면 0을 취한다. $1(t=s)$는 $s=1,2,3,4$에 따라 4개의 더미변수를 생성하고, δ_0^s $(s=1,2,3,4)$는 시점 0을 기준으로 계산한 시점 효과 모수이다. $1(G_i=g)$는 $g=B,C,D,E$에 따라 4개의 더미변수를 생성하고, β_1^g $(g=B,C,D,E)$는 지역 A를 기준으로 계산한 지역 효과 모수이다. 처치 더미변수 d_{it}의 수치는 〈표 III-1〉에 표시된 처치 적용 여부에 의해 결정된다.

식 (III-2)를 Card and Krueger(1994)의 상황으로 축약하면, 시점 0은 최저임금 인상 이전 시점, 시점 1은 인상 이후 시점을 표시한다. 그리고 지역 A는 PA, 지역 B는 NJ를 표시한다. 지역이 2개, 시점이 2개인 경우 식 (III-2)는 식 (III-1)로 축약될 수 있다. 그리고, 지역이 3개 이상, 시점이 3개 이상인 경우 식 (III-1)은 식 (III-2)로 확장될 수 있다. 그러므로, 식 (III-1)의 이중차분법은 **단순형**이라고 부르고, 식 (III-2)의 이중차분법은 **일반형**이라고 부른다. 식 (III−2)의 추정에서는 실제로 이중차분 연산을 하지는 않지만, 식 (III−1)의 확장형이라는 의미에서 식 (III−2)를 (일반형) 이중차분 추정식이라고도 부른다. 전통적인 통계모형의 용어를 사용하면, 식 (III−2)는 시점 고정효과와 지역 고정효과를 포함하고 있는 2원 고정효과(two-way fixed effects, TWFE) 모형이다.[6)]

〈표 III−1〉에 표시한 바와 같이, 처치 자격 및 처치가 지역별로 외생적인 방식으로 순차 적용된 경우, 시점 고정효과, 지역 고정효과, d_{it}는 모두 외생성을 만족하므로, 식 (III−2)의 핵심 모수 δ_1은 아래와 같이 ATT로서 해석될 수 있다.

$$\begin{aligned}\delta_1 &= E[Y_{it} \mid d_{it}=1] - E[Y_{it} \mid d_{it}=0] \\ &= E[Y_{it}(1) \mid d_{it}=1] - E[Y_{it}(0) \mid d_{it}=0] \\ &= E[Y_{it}(1) - Y_{it}(0) \mid d_{it}=1] + \{E[Y_{it}(0) \mid d_{it}=1] - E[Y_{it}(0) \mid d_{it}=0]\} \\ &= ATT\end{aligned}$$

마지막 등식이 성립하는 이유는 d_{it}의 외생성에 의해 $E[Y_{it}(0) \mid d_{it}=1] = E[Y_{it}(0) \mid d_{it}=0]$이 성립하기 때문이다.

식 (III−2)를 좀 더 간단한 일반형으로 다음과 같이 표현하자.

$$Y_{it} = \gamma_0 + \tau_t + G_g + \gamma_1 d_{it} + u_{it} \tag{III−3}$$

위 식에서 τ_t는 (시점 0을 기준으로 한) 시점 고정효과($t=1, 2, \cdots, T$), G_g는 (지역 1을 기준으로 한) 지역 고정효과($g=2, 3, \cdots, G$)를 나타낸다. 이 식에서

---

6) 시점의 특성과 지역의 특성이 각각 고정효과로 처리되기 때문에, 통상적인 패널 자료 분석법 중의 하나인 확률효과 분석법(random effects method)은 일반형 이중차분법으로 해석되지 않는다.

평균 처치효과 모수는 γ_1 이다. 식 (III-3)은 통상적인 패널 고정효과 추정법을 적용해 추정할 수 있다. 식 (III-3)은 다음과 같은 Stata 명령어로 추정할 수 있다.

```
xi: reg y d i.time i.region, robust
```

참고로, 식 (III-3)의 처치변수 d_{it}는 처치 자격 및 처치 적용 여부를 표시하는 더미변수이다. 그러나 d_{it}가 반드시 더미변수일 필요는 없다. d_{it}가 연속형 변수로서 처치 강도를 표현할 수도 있다. 이 경우 $\gamma_1 = \frac{\Delta E(Y_{it})}{\Delta d_{it}}$ 이고 γ_1 은 처치 강도 d_{it}가 1단위 증가할 때 변동하는 $E(Y_{it})$의 단위 수, 즉 한계효과(marginal effect)의 모수로서 해석될 수 있다.

이 절에서 설명한 일반형 이중차분법을 사용한 연구로는 강창희·강지원·김성아(2022), 송경호·이환웅(2021), 이수은·강창희(2018), Ahn(2016), Cho, Chun and Lee(2015), Lee(2013), Lee and Lee(2016), Park and Park(2019) 등이 있다.

가. 실습: Stata를 활용한 실증분석

본 소절에서는 이수은·강창희(2018)가 분석한 원 데이터를 사용해 일반형 이중차분 추정치를 계산해 본다. 이수은·강창희(2018)는 채널 tvN에서 2013년부터 2016년까지 방영한 **꽃보다 시리즈**의 사례를 활용해 TV 프로그램을 통한 관광지 노출이 방문 (한국인) 관광객 수에 미친 영향을 분석한다. 2013년~2014년 사이에 꽃보다 시리즈가 시차를 두고 **순차적으로** 방문한 8개 국가(2013년 프랑스, 스위스, 대만, 터키, 크로아티아; 2014년 스페인, 페루, 라오스)가 처치집단을 구성하고, 같은 대륙 내의 나머지 국가들이 통제집단을 구성한다.

아래 Stata 프로그램은 이수은·강창희(2018)의 분석을 재현한다. 먼저 1번 행에서는 원 데이터 파일 **Lee_Kang.dta**을 Stata 환경 내부로 불러들인다. 그리고 8~33번 행에서는 이수은·강창희(2018)의 [표 1](p.18)에 제시되어 있는 기술 통계량들을 확인한다. 분석에 활용되는 변수는 관광객 수(**number**), 연도(**year**), 1인당 GDP(**gdp**), 1,000원당 환율(**exrate**)이다. 전체 연도(2005년~2014년)에 대한 총 86개국의 기술 통계량은 10~15번 행과 같다. 19~24번 행은 꽃보다 시리즈가 방영되지 않은 8개 연도(2005~2012년)에 대한 기술 통계량이고, 28~33번 행은 해당 프로그램이 방영된 2개 연도(2013~2014년)에 대한 기술 통계량이다.

```
1  . use Lee_Kang, clear
2  .
3  . quietly xi: reg ln_number d ln_gdp ln_exrate i.year
4  . keep if e(sample)
5  (154 observations deleted)
6  .
7  . // Table 1
8  . sum number year gdp exrate
9
10     Variable ¦        Obs        Mean    Std. dev.       Min        Max
11  -------------+---------------------------------------------------------
12       number ¦        736    172290.9    533494.9          1    4800000
13         year ¦        736    2009.571    2.858649       2005       2014
14          gdp ¦        736    18882.86     25415.6        317     178713
15       exrate ¦        736    .6759247    2.499757   .0003996   20.07861
16
17  . sum number year gdp exrate if (2005<=year & year<=2012)
18
19     Variable ¦        Obs        Mean    Std. dev.       Min        Max
```

```
20 -------------+----------------------------------------------------------
21       number |        585    167319.4    541595.6          1    4800000
22         year |        585    2008.559    2.285382       2005       2012
23          gdp |        585    17818.55    23775.71        317     157100
24       exrate |        585    .6596151    2.435243   .0003996   18.51232
25
26 . sum number year gdp exrate if (2013<=year & year<=2014)
27
28     Variable |        Obs        Mean    Std. dev.       Min        Max
29 -------------+----------------------------------------------------------
30       number |        151    191551.3    502133.2          2    4000000
31         year |        151     2013.49    .5015649       2013       2014
32          gdp |        151    23006.21    30704.94        689     178713
33       exrate |        151    .7391111    2.743164    .000484   20.07861
```

본문의 식 (III−3)에 제시된 패널 고정효과 모형을 추정하기 위해 우선 명령어 xtset을 적용해 패널 데이터 구조를 형성한다(35번 행). 그 이후 42~51번 행과 같이 이수은·강창희(2018)의 [표 2]의 추정치들을 계산한다. 이 연구의 핵심 처치변수인 d는 연도 t에 국가 i가 꽃보다 시리즈에 등장했는지를 표시하는 더미변수이다. 꽃보다 시리즈에 등장하지 않는 국가들의 경우 모든 연도에 대해 d=0이다. 꽃보다 시리즈에 등장한 국가들의 경우 등장하기 이전 연도의 d=0이고, 등장한 이후 연도의 d=1이다.

```
35 . xtset id year
36
37 Panel variable: id (unbalanced)
38  Time variable: year, 2005 to 2014, but with gaps
39          Delta: 1 unit
40
41 . // Table 2
42 . quietly xi: xtreg ln_number d                  i.year          , fe vce(r)
43 . estimate store col1
44
```

```
. quietly xi: xtreg ln_number d ln_gdp ln_exrate i.year           , fe vce(r)
. estimate store col2

. quietly xi: xtreg ln_number d ln_gdp ln_exrate i.year i.id*year, fe vce(r)
. estimate store col3
.
. esttab col1 col2 col3, b(%12.3f) se(%12.3f) bracket star(* 0.10 ** 0.05) scalars
(N r2 F) mtitles keep(_cons d ln_gdp ln_exrate ) title("The Effects of Flower series
on Tourists number 2")

The Effects of Flower series on Tourists number 2
------------------------------------------------------------
                      (1)             (2)             (3)
                     col1            col2            col3
------------------------------------------------------------
d                   0.532**         0.504**         0.322**
                  [0.224]         [0.223]         [0.118]

ln_gdp                              0.195           0.600
                                  [0.224]         [0.391]

ln_exrate                          -0.514           0.012
                                  [0.549]         [0.337]

_cons               8.766**         4.865**       370.678**
                  [0.067]         [2.237]         [7.281]
------------------------------------------------------------
N                     736             736             736
r2                  0.283           0.303           0.668
F                  16.168          15.693
------------------------------------------------------------
Standard errors in brackets
* p<0.10, ** p<0.05

. estimates drop col1 col2 col3

```

42~43번 행은 기본 모형을 추정하는 명령어로서, 국가와 연도만을 통제한 상태에서 꽃보다 시리즈 방영이 해당 국가의 한국인 관광객 수에 미치는 영향을 추정한다. 45~46번 행은 기본 모형에 1인당 GDP(gdp), 1,000원당 환율(exrate)을 설명변수로 추가하는 명령어이다. 48~49번 행은 여기에 국가별로 상이한 선형 추세(i.id*year)를 추가하는 명령어이다. 이상의 추정결과를 51번 행의 명령어를 이용해 하나의 표에 요약하면 53~75번 행의 결과표와 같다.

분석 결과표의 (1)열과 (2)열의 추정 모형은 국가별로 한국인 관광객 수의 시간 추세가 동일하다고 가정(평행 추세의 가정)하는 모형이다. 그런데 한국인 관광객 수의 연드별 추세는 국가별로 상이할 수 있다. 즉 평행 추세가 성립하지 않을 수 있다. (3)열은 이런 가능성을 고려하기 위해 추정식에 i.id*year을 추가해 한국인 관광객 수의 선형 추세가 국가별로 상이할 가능성을 허용한다. (3)열에서 사용한 방법에 대해서는 아래 소절 III. 3에서 보다 자세히 설명한다.

이제 처치 더미변수(d)의 계수, 즉 처치효과 추정치를 나타내는 58번 행을 살펴보자. (1)열과 (2)열의 추정치는 각각 0.532와 0.504인 데 반해, (3)열의 추정치는 0.322로 작아졌음을 확인할 수 있다. 이는 서로 다른 국가들의 한국인 관광객 수의 선형 추세가 서로 동일하다고 가정할 경우 인과효과가 과장될 위험이 있음을 시사한다. 평행 추세가 성립하지 않을 가능성을 허용하는 (3)열의 결과에 따르면, 꽃보다 시리즈 방영 이후 해당 국가의 연간 한국인 관광객 수는 약 32.2% 증가하는 것으로 나타난다. 53~75번 행의 수치들은 이수은·강창희(2018)의 [표 2]의 (1), (2), (3)열의 결과를 재현한다.

위 명령어의 42~51번 헝은 **전체 국가들을 대상**으로 꽃보다 시리즈 방영이 국가별 방문 관광객 수에 미친 영향을 추정한 결과이다. 아래 79~94번 행에서는 분석 대상 국가들을 **대륙별(유럽, 아시아, 남미)**로 구분해 위에서와 동일한 분석을 수행한다. 변수 cont는 국가가 속한 대륙을 구분하는 변수로서, cont=2는 유럽, cont=1은 아시아, cont=3은 남미를 표시한다. 이 분석에서는 처치국가와 통제국가들을 동일 대륙으로 한정함으로써 두 집단 사이의 유사성을 높이고자 한다.

```
79  . foreach num of numlist 2 1 3 {
80    2. display "***************** cont=`num' *****************"
81    3. preserve
82    4. keep if cont==`num'
83    5.
84  . quietly xi: xtreg ln_number d                i.year       , fe vce(r)
85    6. estimate store col1
86    7. quietly xi: xtreg ln_number d ln_gdp ln_exrate i.year , fe vce(r)
87    8. estimate store col2
88    9. quietly xi: xtreg ln_number d ln_gdp ln_exrate i.year i.id*year, fe vce(r)
89   10. estimate store col3
90   11.
91  . esttab col1 col2 col3, b(%12.3f) se(%12.3f) bracket star(* 0.10 ** 0.05) scalars
    (N r2 F) mtitles keep(_cons d ln_gdp ln_exrate ) title("The Effects of Flower series
    on Tourists number 2")
92   12. estimates drop col1 col2 col3
93   13. restore
94   14. }
95  ***************** cont=2 *****************
96  (433 observations deleted)
97
98  The Effects of Flower series on Tourists number 2
99  ------------------------------------------------------------
100                    (1)             (2)             (3)
101                   col1            col2            col3
102 ------------------------------------------------------------
103 d                0.537           0.495           0.405**
104            [0.356]         [0.364]         [0.181]
105
```

```
106  ln_gdp                            -0.294          0.503
107                                   [0.430]        [0.572]
108
109  ln_exrate                         -1.296**       -0.303
110                                   [0.419]        [0.289]
111
112  _cons            8.643**           3.999        307.464**
113                  [0.117]          [4.657]       [18.992]
114  ------------------------------------------------------------
115  N                    303             303            303
116  r2                 0.251           0.357          0.663
117  F                 14.090          15.518              .
118  ------------------------------------------------------------
119  Standard errors in brackets
120  * p<0.10, ** p<0.05
```

95~120번 행은 유럽 국가들을 대상으로 꽃보다 시리즈 방영이 국가별 방문 관광객 수에 미친 영향을 추정한 결과이다. 103번 행에 의하면, 위에서와 유사하게 국가별 평행 추세를 가정한 (1)열과 (2)열의 처치효과 추정치들은 국가별로 상이한 추세를 허용하는 (3)열의 추정치에 비해 크게 나타난다. 이는 (1)열과 (2)열의 처치효과 추정치가 국가별로 상이한 추세로 인해 과장될 위험이 있음을 시사한다. 국가별로 상이한 추세를 허용하는 (3)열에 의하면, 꽃보다 시리즈 방영 이후 유럽 5개 국가(프랑스, 스위스, 터키, 크로아티아, 스페인)의 국가별 연간 관광객 수는 평균 40.5% 증가한 것으로 추정된다. 95~120번 행의 수치들은 이수은·강창희(2018)의 [표 2]의 (4), (5), (6)열의 결과를 재현한다.

```
121  ***************** cont=1 *****************
122  (486 observations deleted)
123
124  The Effects of Flower series on Tourists number 2
125  ------------------------------------------------------------
```

```
126                        (1)             (2)             (3)
127                       col1            col2            col3
128 ------------------------------------------------------------
129 d                    0.471*          0.523**         0.147
130                    [0.247]         [0.136]         [0.168]
131
132 ln_gdp                               0.586           1.263**
133                                    [0.356]         [0.465]
134
135 ln_exrate                            0.294           1.226**
136                                    [0.471]         [0.571]
137
138 _cons               10.381**         6.611**       251.406**
139                    [0.090]         [3.191]        [21.748]
140 ------------------------------------------------------------
141 N                      250             250             250
142 r2                   0.457           0.493           0.766
143 F                   15.674          39.106               .
144 ------------------------------------------------------------
145 Standard errors in brackets
146 * p<0.10, ** p<0.05
```

121~146번 행은 아시아 국가들을 대상으로 꽃보다 시리즈 방영이 해당 국가의 방문 관광객 수에 미친 영향을 추정한 결과이다. 129번 행을 살펴보면, 위에서와 유사하게 (1)열과 (2)열의 추정치들이 (3)열의 추정치에 비해 크게 나타난다. 즉 (1)열과 (2)열의 처치효과 추정치들은 국가별로 상이한 추세로 인해 과장될 위험이 있다. 국가별로 상이한 추세를 허용하는 (3)열에 의하면, 꽃보다 시리즈 방영 이후 아시아 두개 국가(대만, 라오스)의 국가별 연간 관광객 수는 평균 14.7% 증가한 것으로 나타났다. 그러나 이 추정치는 10% 수준에서 유의하지 않다. 121~146번 행의 수치들은 이수은·강창희(2018)의 [표 2]의 (7), (8), (9)열의 결과를 재현한다.

```
147 ***************** cont=3 *****************
148 (553 observations deleted)
149
150 The Effects of Flower series on Tourists number 2
151 ----------------------------------------------------------
152                       (1)           (2)           (3)
153                      col1          col2          col3
154 ----------------------------------------------------------
155 d                 0.364**       0.322**        0.246*
156                   [0.132]       [0.120]       [0.142]
157
158 ln_gdp                          1.161**        -0.227
159                                 [0.437]       [0.719]
160
161 ln_exrate                       1.024**        -0.856
162                                 [0.349]       [0.645]
163
164 _cons             6.795**         1.429      -129.419
165                   [0.165]       [2.571]     [115.401]
166 ----------------------------------------------------------
167 N                     183           183           183
168 r2                  0.192         0.318         0.594
169 F                       .             .             .
170 ----------------------------------------------------------
171 Standard errors in brackets
172 * p<0.10, ** p<0.05
```

147~172번 행은 남미 국가들을 대상으로 꽃보다 시리즈 방영이 해당 국가의 방문 관광객 수에 미친 영향을 추정한 결과이다. 여기에서도 (1)열과 (2)열의 추정치들이 (3)열의 추정치에 비해 크게 나타난다. 국가별로 상이한 추세를 허용하는 (3)열에 의하면, 꽃보다 시리즈 방영 이후 남미 1개 국가(페루)의 연간 관광객 수는 평균 24.6% 증가한 것으로 추정된다. 147~172번 행의 수치들은 이수은·강창희(2018)의 [표 2]의 (10), (11), (12)열의 결과를 재현한다.

2. 사건사 분석법

식 (III−3)에서는 처치 적용 시점들 전체를 하나의 처치 후 기간으로 정의하고 처치 전 기간과 비교한다. 이 식은 처치가 시작된 이후 각 시점별 처치효과의 크기가 동일하다고 가정한다. 그러나 처치가 시작된 이후 각 시점별로 처치효과의 크기는 다를 수 있다. 예를 들어, 처치 적용 당해 연도, 1차 연도, 2차 연도별로 처치효과의 크기는 다를 수 있다. 식 (III−3)은 이와 같이 처치효과의 크기가 처치 적용 이후 시점별로 다를 가능성을 반영하지 못한다. 그러나 식 (III−3)을 아래 식 (III−4)와 같이 변형하면 시점별로 상이한 처치효과 추정치들을 구할 수 있다.

$$Y_{it} = \gamma_0 + \tau_t + G_g + \sum_{l=0}^{\bar{l}} \gamma_1^l d_{it}^l + u_{it} \qquad \text{(III−4)}$$

위 식에서 d_{it}^0은 시점 t가 개체 i에 처치가 최초 적용된 시점($l=0$)인지를 표시하는 더미변수이다. (우리는 처치 자격 부여 시점과 처치 적용 시점이 동일한 상황을 가정하므로, $l=0$은 처치 자격이 최초 부여된 시점이기도 하다. 이하에서는 처치 자격과 처치 적용 시점을 따로 구분하지 않고 처치 적용 시점으로 통일해 부르기로 한다.) 마찬가지로, d_{it}^l은 시점 t가 개체 i에 처치가 적용된지 l만큼 경과된 시점인지를 표시하는 더미변수이다($l=0,1,\cdots,\bar{l}$). 즉, $d_{it}^l = 1(t=l)$로서, d_{it}^l은 시점 t가 개체 i에 처치가 적용된지 l만큼 경과된 시점이면 1, 그렇지 않으면 0을 취한다. 그에 따라 γ_1^l은 (처치 적용 이전 기간 전체와 비교할 때) 처치가 적용된지 l만큼 경과된 시점에서의 처치효과의 크기를 표시한다. 〈표 III−2〉는 〈표 III−1〉에 제시된 처치의 순차 적용 양상을 **사건사 분석법 모형**으로 설정하기 위해 각 변수를 정의하는 방식을

표 III-2

사건사 분석법의 변수 설정

d_{it}	지역(집단)				
시점	A	B	C	D	E
0	0	0	0	0	0
1	0	d_{it}^{0}	0	0	0
2	0	d_{it}^{1}	d_{it}^{0}	0	0
3	0	d_{it}^{2}	d_{it}^{1}	d_{it}^{0}	0
4	0	d_{it}^{3}	d_{it}^{2}	d_{it}^{1}	d_{it}^{0}

보여준다.

γ_1^l의 추정치를 l별로 비교해봄으로써 우리는 처치 적용 이후 각 시점별로 처치효과의 크기가 어떤 양상으로 변동하는지를 확인할 수 있다. 이런 의미에서 식 (III−4)의 추정모형을 **사건사 분석법 모형**(**event-study model**)이라고 부른다.

식 (III−4)의 우변에는 처치 적용 이후 각 시점을 식별하는 더미변수들(d_{it}^l, $l=0,1,\cdots,\bar{l}$)만이 포함되어 있다. 그러나 d_{it}^l을 굳이 처치 이후 시점들로만 제한할 필요는 없다. 동일한 아이디어를 응용하면 처치 적용 **이전** 시점들에 대해서도 d_{it}^l을 정의할 수 있다. 이 경우 l은 음수가 될 수 있고, l은 최소값 $\underline{l}(<0)$로부터 최대값 $\bar{l}(>0)$까지의 수치를 취할 수 있다($l=\underline{l}, \underline{l}+1, \cdots, -2, 0, 1, \cdots, \bar{l}$). 처치 이전 시점의 d_{it}^l를 식 (III−4)의 우변에 추가할 때에는 다중공선성 문제를 피하기 위해 $l=-1$은 제외시켜야 한다. $l=-1$이 제외되기 때문에, $l=-1$은 각 상대시점 l의 추정치 $\widehat{\gamma_1^l}$을 해석할 때 기준 시점으로 사용된다.

d_{it}^l를 이와 같이 정의하여 식 (III−4)의 우변에 추가하면 처치 적용 **이후**

시점들뿐만 아니라 처치 적용 **이전** 시점들에 대해서도 처치효과 크기의 변동을 확인해볼 수 있다. 처치 적용 이전 시점들에서는 이론적으로 처치효과가 0일 것이므로, 우리는 처치 이전 시점의 γ_1^l 추정치들($l=\underline{l}, \underline{l}+1, \cdots, -2$)이 0과 유의하게 다른지를 검증해 봄으로써, 식 (III-4)의 핵심 가정인 **평행 추세**가 적절히 성립하고 있는지를 간접적으로 확인해 볼 수 있다.[7)]

처치 이전 시점들에 대해서도 d_{it}^l을 정의하는 경우 식 (III-4)는 아래 식과 같이 고쳐 쓸 수 있다.

$$Y_{it} = \gamma_0 + \tau_t + G_g + \sum_{l=\underline{l}, l \neq -1}^{\bar{l}} \gamma_1^l d_{it}^l + u_{it} \qquad \text{(III-5)}$$

식 (III-5)에서 음수 $\underline{l}$는 l의 최소값이고, 양수 $\bar{l}$는 l의 최대값 $\bar{l}$이다. 이론적으로 l은 $\underline{l}$와 $\bar{l}$ 사이의 모든 정수(-1은 제외)에 대해 정의할 수 있다. 그러나 l이 $\underline{l}$ 및 $\bar{l}$에 가까울수록 $d_{it}^l=1$인 관측치들이 전체 관측치 중에서 차지하는 비중이 매우 작아져 실질적으로 식 (III-5)의 상수항과 구별하기 어려워지는 문제가 발생한다. 이런 문제를 완화하기 위해 연구자들은 종종 $\underline{l}$과 $\bar{l}$을 각각 분석 표본에서 관측되는 l의 최소값과 최대값이 아니라 이들 수치에 각각 충분히 가까운 임의의 수치 $\underline{lc}$와 $\overline{lc}$를 사용하기도 한다. 즉, 개체 i에 처치가 최초 적용된 시점을 t_{i0}로 표시할 때, $l \leq \underline{lc}$인

---

7) 제IV장의 강건형 이중차분법에서 설명하는 바와 같이, 처치 이전 시점의 γ_1^l 추정치들 ($l=\underline{l}, \underline{l}+1, \cdots, -2$)이 0과 유의하게 다르지 않다는 것은 **평행 추세** 외에 **사전 예상 불가(no anticipation)** 가정도 함께 성립할 가능성을 시사한다. **사전 예상 불가(no anticipation)의 가정이란 처치 전 시점 t에 대해 $Y_{it}(1)=Y_{it}(0)$**이 성립한다는 가정으로서, 개체들이 예상치 못하게 처치가 적용되면 처치 전 시점의 처치효과는 0이 될 것이라는 가정이다. 만약 개체들이 특정 시점에 처치가 적용되기 시작함을 예상할 수 있다면, 처치로부터 이익을 누리는 개체들이 처치를 적용받기 위해 미리 전략적 행동을 취하게 되고 이런 내생적 행동들은 이중차분 추정치에 편향을 만들게 된다. 이런 경우 $Y_{it}(1)=Y_{it}(0)$의 관계는 성립하지 않게 될 것이다.

모든 l에 대해서는 $d_{it}^{lc}=1(t \leq t_{i0}+\underline{lc})$, $l \geq \overline{lc}$인 모든 l에 대해서는 $d_{it}^{\overline{lc}}=1(t \geq t_{i0}+\overline{lc})$로 정의해 사용하기도 한다.

〈그림 III-1〉은 Braghieri et al.(2022)에서 여러 가지 추정법의 사건사 분석법 추정치들을 제시한 사례이다. 그림의 □ TWFE OLS 추정치들이 식 (III-5)에 대응하는 모형을 추정한 결과이다. $l=-1$의 추정치는 0에 고정되어 있음에 주목하라. 각 추정치에 겹쳐져 있는 수직선은 추정치의 95% 신뢰구간을 표시한다.

가. 실습: Stata를 활용한 실증분석

본 소절에서는 위에서 구축한 Stata 실습 데이터를 계속 이용해 사건사 분석법 추정치를 구한다. 이들 추정치를 계산하는 Stata 명령어는 아래와 같다.

우선 173번 행과 같이 국가(id)와 연도(year)의 순서로 데이터를 정렬한다. 이후 175~182번 행의 명령어들을 적용해 각 국가별로 처치 시작 연도(Ei) 및 처치 시작 연도 기준 상대시점 변수(K)를 생성한다. 변수 Ei는 개체 i에 처치가 적용된 최초 시점을 표시한다. 꽃보다 시리즈가 방영된 국가의 경우 방영 직전 연도의 K값은 -1이고, 방영 이전 시점들의 K값은 -1 미만의 정수, 방영 이후 시점들의 K값은 0 이상의 정수를 취한다. 꽃보다 시리즈가 방영되지 않은 국가들의 경우 변수 Ei와 K는 모두 결측치로 설정한다.

꽃보다 시리즈 방영 국가들의 최초 처치연도(Ei)와 이 연도 기준 상대시점(K)의 기술 통계량은 187~191번 행과 같다.

그림 III-1

사건사 분석법 추정치

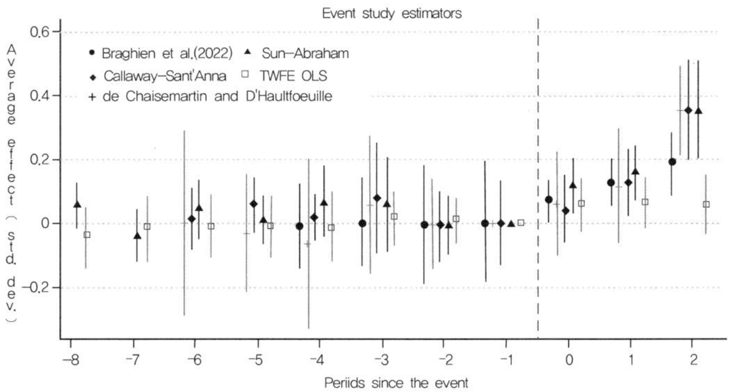

출처: Braghieri et al.(2022), Figure 2, p.3678

```
. sort id year

. bysort id: egen aux = min(year) if d==1
(726 missing values generated)

. bysort id: egen Ei= max(aux)
(670 missing values generated)

.
. gen K = year-Ei  // "relative time"
(670 missing values generated)

. sum Ei K year

  Variable ¦       Obs        Mean    Std. dev.       Min        Max
-------------+---------------------------------------------------------
        Ei ¦        66    2013.545    .5017452       2013       2014
         K ¦        66    -3.80303    2.802305         -9          1
      year ¦       736    2009.571    2.858649       2005       2014
```

이제 각 관측치의 처치 적용 상대시점을 식별하기 위해 192~205번 행까지의 명령어를 적용해 각 상대시점을 식별하는 더미변수들을 생성한다. 처치 이후 시점을 표시하는 더미변수는 **L0event**(처치 당해 연도), **L1event**(처치 1년 후), **L2event**(처치 2년 후)이다. 처치 이전 시점을 표시하는 더미변수는 **F2event**(처치 2년 전)부터 **F9event**(처치 9년 전)까지 총 8개 변수가 생성된다. 처치 적용 직전 연도 변수 **F1event**는 다중공선성 문제를 피하기 위해 제거한다(208번 행).

```
192  . forvalues l = 0/1 {
193    2.         gen L`l'event = K==`l'
194    3. }
195
196  .
197  .     gen L2event = (K>=2)
198
199  .
200  . forvalues l = 1/8 {
201    2.         gen F`l'event = K==-`l'
202    3. }
203
204  .
205  .     gen F9event = (K<=-9)
206
207  .
208  . drop F1event // normalize K=-1 to zero
```

211번 행은 명령어 **reghdfe**를 적용해 꽃보다 시리즈 방영과 해당 국가의 한국인 관광객 수의 관계를 보여주는 상대시점별 사건사 분석 추정치들을 계산한다. 215~249번 행에 제시된 추정치들에 의하면, 처치 적용 당해 연도의 처치효과(236번 행)가 처치 적용 1년 후의 처치효과(237번 행)보다 더 크게 나타난다.

```
. // Event-study estimation
.
. reghdfe ln_number F*event L*event, a(id year) cluster(id)
(MWFE estimator converged in 6 iterations)
note: L2event is probably collinear with the fixed effects (all partialled-out
  values are close to zero; tol = 1.0e-09)

HDFE Linear regression                   Number of obs   =        736
Absorbing 2 HDFE groups                  F(  10,      85) =      10.96
Statistics robust to heteroskedasticity  Prob > F        =     0.0000
                                         R-squared       =     0.9809
                                         Adj R-squared   =     0.9778
                                         Within R-sq.    =     0.0328
Number of clusters (id)     =        86  Root MSE        =     0.4327

                               (Std. err. adjusted for 86 clusters in id)
-----------------------------------------------------------------------
          |               Robust
ln_number| Coefficient  std. err.    t    P>|t|     [95% conf. interval]
---------+-------------------------------------------------------------
 F2event |  -.1066315  .0924717  -1.15   0.252  -.2904901     .077227
 F3event |  -.1713482  .1264591  -1.35   0.179  -.4227827    .0800864
 F4event |  -.3097165  .1715232  -1.81   0.075  -.6507506    .0313176
 F5event |  -.4190902  .2393377  -1.75   0.084  -.8949577    .0567772
 F6event |  -.3823024  .2654954  -1.44   0.154  -.9101783    .1455735
 F7event |  -.4266774  .2782272  -1.53   0.129  -.9798676    .1265127
 F8event |  -.3570108  .3387264  -1.05   0.295   -1.03049    .3164681
 F9event |   -.849583  .1961999  -4.33   0.000  -1.239681    -.459485
 L0event |   .3258925   .141205   2.31   0.023   .0451391     .606646
 L1event |   .0771561  .1734276   0.44   0.658  -.2676645    .4219767
 L2event |          0  (omitted)
   _cons |   9.265315  .0133158  695.81  0.000   9.238839     9.29179
-----------------------------------------------------------------------

Absorbed degrees of freedom:
-----------------------------------------------------+
 Absorbed FE | Categories  - Redundant  = Num. Coefs |
-------------+---------------------------------------|
```

그림 III-2

사건사 분석법 추정치

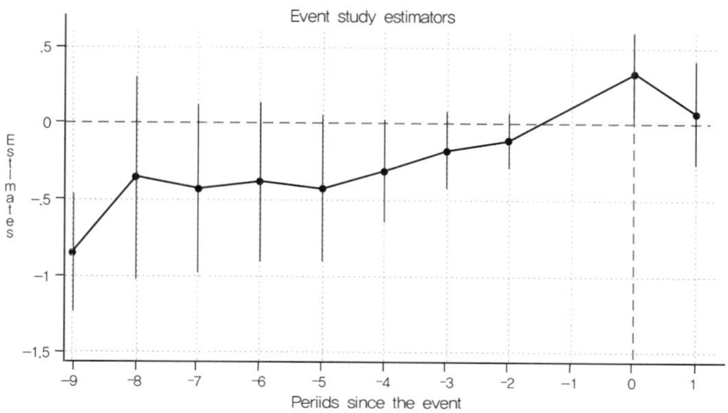


```
246             id ¦          86          86           0     *¦
247           year ¦          10           1           9      ¦
248 ---------------------------------------------------------+
249 * = FE nested within cluster; treated as redundant for DoF computation
250
251 . event_plot, default_look ciplottype(rcap) stub_lag(L#event) stub_lead(F#event) together ///
252 >         graph_opt(xtitle("Periods since the event") ytitle("Estimates")   ///
253 >          xlabel(-9(1)1) title("Event-study Estimates"))
254
255 . graph save "Graph" "$dir1\es_graph1.gph", replace
```

251~255번 행은 event_plot 명령어를 활용해 위에서 구한 사건사 분석법 추정치들을 그래프로 표현하는 명령어이다. event_plot을 적용해 생성한 그래프는 〈그림 III-2〉와 같다. Stata 결과 표와 동일하게 가로축 Period since the event의 값이 0인 처치 적용 당해 연도의 추정치가 처치 적용 1년 후의 추정치보다 높게 나타난다. 추정치에 겹쳐져 있는 수직선은 추정치의 95% 신뢰구간을 표시한다.

3. 평행 추세의 가정

우리는 앞에서 식 (III−1)을 통해 평균 처치효과 추정치를 구하기 위한 핵심적인 가정이 **평행 추세**의 가정임을 확인하였다. 식 (III−3)과 (III−5)는 식 (III−1)의 확장형이므로, 식 (III−3)과 (III−5)의 경우에도 적절한 평균 처치효과 추정치를 구하기 위해서는 **평행 추세**의 가정이 성립해야 한다.

식 (III−1)에서는 두 개 지역 사이에만 평행 추세가 성립하면 충분하였다. 그러나 식 (III−3)과 (III−5)에서는 지역이 3개 이상이고, 시점이 3개 이상이므로, 모든 지역과 모든 시점에 대해 평행 추세가 성립해야 한다. 식 (III−3)과 (III−5)에 적용되는 평행 추세의 가정은 식 (III−1)의 경우보다 훨씬 더 강한 가정이라고 말할 수 있다.

식 (III−1)과 같이 두 개 지역만을 비교하는 단순형 이중차분 모형에서는 처치집단에 대응하는 통제집단을 적절히 선정하면 평행 추세의 가정이 성립할 수 있다. 그러나 일반형 이중차분 모형의 경우에는 모든 집단들에 대해 평행 추세가 성립해야 하므로 평행 추세의 가정이 적절히 성립하지 않을 가능성이 있다. 이 경우에는 평균 처치효과 추정치와 사건사 분석법 추정치들 모두 편향을 갖게 된다. 집단들 사이에 상이한 추세를 고려하기 위해 많은 이중차분 연구에서는 추정식에 아래와 같이 각 집단별로 상이한 선형 추세 $\theta_g \cdot t$(또는 이차형 추세 $\theta_{g1} \cdot t + \theta_{g2} \cdot t^2$) 항을 추가한다.

$$Y_{it} = \gamma_0 + \tau_t + G_g + \sum_{l=\underline{l},\, l \neq -1}^{\bar{l}} \gamma_1^l d_{it}^l + \theta_g \cdot t + u_{it} \qquad \text{(III−6)}$$

위 식에서 θ_g는 각 집단 g별로 상이한 선형 시간 추세를 포착한다. 이때 처치효과는 미처치집단(즉 처치 무자격 집단)에서 성과 값들이 선형 추세로부터 벗어나는 평균적인 정도보다 처치집단의 성과 값들이 선형 추세로부터 벗어나는 정도가 큰 경우에 포착된다. 두 집단의 성과 값들이 각 집단의 선형 추세로부터 벗어나는 정도가 서로 유사하다면 처치효과는 0과 유의하게 다르지 않을 것이다. 식 (III-6)과 유사한 방식으로 각 집단에 고유한 추세를 통제하고자 한 연구로는 이수은·강창희(2018), Cho, Chun and Lee(2015), Priks(2015) 등이 있다. 우리는 소절 III.2 Stata 명령어의 48번 행에서 국가별로 상이한 선형 추세(`i.id*year`)를 추가하는 방식으로 이와 같은 추정법을 적용하였다.

식 (III-6)은 일반형 이중차분 모형에서 이질적인 추세를 고려하기 위해 종종 사용되지만, 처치 이후에 발생하는 성과변수의 추세적인 변동과 처치효과를 완벽하게 분리해 내지 못해 처치효과의 일부를 집단 고유 추세(group-specific trends)에 포함시키는 한계점을 지닌다. 식 (III-6)을 이용해 집단별 추세 모수 θ_g를 추정할 때는 처치 이전 시점의 t들뿐만 아니라 처치 이후 시점의 t들도 함께 포함되기 때문이다.

예를 들어, 처치 적용 시점부터 처치효과가 발생해 처치 이후 시점의 성과 값들이 처치 이전의 선형 추세로부터 예측된 값보다 더 높게 형성된다고 가정해 보자. 추세 예측치보다 더 높은 부분은 처치로부터 발생하는 처치효과로 해석해야 한다. 그러나 식 (III-6)을 추정하는 경우에는 처치효과 $\widehat{\gamma_1^l}$의 일부가 처치집단 g의 추세 추정치 $\widehat{\theta_g}$의 일부로 분류된다. 그에 따라 실제로는 유의미한 처치효과가 발생했음에도 불구하고 추정치 $\widehat{\gamma_1^l}$이 0과 유의하게 다르지 않게 되는 오류가 발생한다. 이런 문제를 완화하기 위해서는 식 (III-6)에서 처치 이전과 이후 시점을 모두 포괄하는 전체 기간이 아니라 각 집단별로 상이한 **처치 전 추세(pre-trends)**만을 통제할 필요가 있다. 이런 아이디어를 반영하는 사건사 분석법 추정식은 아래와 같다.

$$Y_{it} = \gamma_0 + \tau_t + G_g + \sum_{l=\underline{l}, l \neq -1}^{\bar{l}} \gamma_1^l d_{it}^l + \eta(\hat{\theta_g} \cdot t) + u_{it} \qquad \text{(III-7)}$$

위 식에서 $\hat{\theta_g}$는 각 집단 g별로 따로 아래의 식을 추정한 추정치이다.

$$Y_{it}^g = \theta_{g0} + \theta_g \cdot t + e_{it}^g, \qquad \text{for } t < E_g \qquad \text{(III-8)}$$

위 식에서 E_g는 집단 g에 처치가 적용되기 시작한 시점을 의미한다. 집단 g에서 $t < E_g$에 해당하는 관측치들만을 사전 추세의 추정에 사용해 $\hat{\theta_g}$을 구하고 있음에 유의하라. 식 (III−8)을 통해 처치 전 시점 및 처치 후 시점의 예측치 $\hat{\theta_g} \cdot t$를 외삽법(extrapolation)을 통해 구하고 이 값을 식 (III−7)의 우변에 설명변수의 하나로서 포함시키는 방식으로 식 (III−7)은 집단별로 상이한 사전 추세를 통제하고자 한다. (식 (III-7)과 (III-8)에서는 선형 추세만을 고려하고 있지만, 추정 결과의 강건성을 확인하기 위해 2차형 추세($\theta_{g1} \cdot t + \theta_{g2} \cdot t^2$)나 3차형 추세($\theta_{g1} \cdot t + \theta_{g2} \cdot t^2 + \theta_{g3} \cdot t^3$)를 사용해 볼 수도 있을 것이다.)

위와 같이 분석 표본의 모든 시점이 아니라 각 집단의 처치 이전 시점들만을 이용해 집단별로 상이한 사전 추세를 고려한 연구로는 박윤수·강창희·고영우(2018), Bhuller, Havnes and Leuven(2013), Goodman-Bacon(2021), Miller(2023: p.220), Borusyak et al.(2024) 등이 있다.

가. 실습: Stata를 활용한 실증분석

위에서 설명한 바와 같이 집단별로 상이한 사전 추세를 고려하는 Stata

명령어들은 다음과 같다. 여기에서는 위에서 구축한 Stata 실습 데이터를 계속 이용한다. 우선 식 (III-8)을 이용해 국가별로 상이한 방문 관광객 수 사전 추세를 고려하기 위해 변수 hat_ln_number를 구축하는 명령어는 259~273번 행과 같다.

263번 행은 국가별로 처치 이전 연도들을 확인하는 명령어이고, 그 결과는 275~875번 행에 제시되어 있는 바와 같다. 예를 들어, id=1 국가의 경우 279번 행을 통해 처치 이전 연도가 2005년부터 2014년까지임을 알 수 있다. 즉 id=1 국가는 2014년까지 아직 꽃보다 시리즈에 등장하지 않은 국가이다. 265~272번 행의 명령어를 적용해 구축한 변수 hat_ln_ number의 기술 통계량은 883번 행과 같다.

```
255  . gen hat_ln_number=.
256  (736 missing values generated)
257
258  .
259  . foreach num of numlist 1(1)20 22(1)30 32(1)86 88 89 {
260      di "                                          "
261      di "********* dep country id = `num' ********* "
262
263      sum year if id==`num' & year<Ei
264
265      if r(mean)!=. {
266        quietly reg ln_number year if id==`num' & year<Ei
267        replace hat_ln_number=_b[_cons]+_b[year]*year if id==`num'
268      }
269      else {
270        di "                                  "
271        di " ZERO obs  if id==`num' & year<Ei   "
272      }
273  }
274
275  ********* dep country id = 1 *********
```

```
276
277      Variable ¦        Obs        Mean    Std. dev.       Min        Max
278 -------------+---------------------------------------------------------
279          year ¦         10      2009.5     3.02765      2005       2014
280 (10 real changes made)
    ...
870 ********* dep country id = 89 *********
871
872      Variable ¦        Obs        Mean    Std. dev.       Min        Max
873 -------------+---------------------------------------------------------
874          year ¦         10      2009.5     3.02765      2005       2014
875 (10 real changes made)
876
877 . sum ln_number year hat_ln_number
878
879      Variable ¦        Obs        Mean    Std. dev.       Min        Max
880 -------------+---------------------------------------------------------
881     ln_number ¦        736    9.246725    2.904114         0   15.38413
882          year ¦        736    2009.571    2.858649      2005       2014
883 hat_ln_num~r ¦        736    9.241181    2.883888  .9939626   15.21998
```

884번 행은 식 (III−6)과 같이 국가별 한국인 관광객 수의 선형 추세가 상이하다고 가정한 모형을 추정하는 Stata 명령어로서, 위 소절 III.1의 Stata 명령어 48번 행과 동일하다. 896~921번 행의 (1)열에 제시된 바와 같이, 두 명령어의 추정결과는 서로 동일하다. 889번 행은 식 (III−8)과 같이 국가별 상이한 방문 관광객 수 **사전 추세**를 표현하는 변수 hat_ln_ number를 구축한 후 식 (III−7)과 같이 이 변수를 통제하는 명령어이다. 이 명령어를 적용한 결과는 896~921번 행의 (2)열에 제시되어 있다.

국가별 방문 관광객 수의 전체 기간 선형 추세를 고려한 (1)열의 결과보다 국가별 방문 관광객 수의 사전 추세만을 고려한 (2)열의 추정치가 오히려 더 크게 나타난다. 이는 식 (III−6)과 같이 국가별 선형 추세를 **전체 기간**에 대해 고려하는 경우 처치효과의 일부가 추세효과로 분류되는 오류가 발생할 수 있음을 시사한다. 식 (III-7)과 같이 국가별로 상이한 **사전 추세**만을 적절히 고려해야 보다 정확한 처치효과 추정치가 도출될 수 있다. 901번 행 (2)열의 추정치에 의하면, 꽃보다 시리즈 방영 이후 해당 국가의 관광객 수는 평균 38.0% 증가하는 것으로 추정된다.

나중에 이 데이터 파일을 다시 사용하기 위해 923번 행에서는 이 지점까지 업데이트한 데이터 파일을 Lee_Kang2.dta로 저장한다.

```
884 . quietly xi: xtreg ln_number d ln_gdp ln_exrate i.year i.id*year, fe vce(r)
885
886 . estimate store trend1
887
888 .
889 . quietly xi: xtreg ln_number d ln_gdp ln_exrate i.year hat_ln_number, fe vce(r)
890
891 . estimate store trend2
892
893 .
894 . esttab trend1 trend2, b(%12.3f) se(%12.3f) bracket star(* 0.10 ** 0.05) scalars
    (N r2 F) mtitles keep(_cons d ln_gdp ln_exrate hat_ln_number) title("Event-study
    Estimates w/ Country-specific Trends")
895
896 Event-study Estimates w/ Country-specific Trends
897 --------------------------------------------
898                       (1)             (2)
899                    trend1          trend2
900 --------------------------------------------
901 d                  0.322**         0.380**
902                   [0.118]         [0.101]
903
904 ln_gdp             0.600           0.104*
905                   [0.391]         [0.055]
906
907 ln_exrate          0.012          -0.069*
908                   [0.337]         [0.039]
```

```

hat_ln_num~r                          1.001**
                                     [0.016]

_cons                370.678**       -1.283**
                     [7.281]         [0.549]
--------------------------------------------
N                        736             736
r2                     0.668           0.661
F                          .        1805.716
--------------------------------------------
Standard errors in brackets
* p<0.10, ** p<0.05

. save Lee_Kang2, replace
```

4. 처치 강도의 변이를 이용하는 이중차분법

본 절에서는 분석 대상 처치를 다시 바꿔 처치가 〈표 III-3〉과 같이 동일한 시점에 모든 지역(집단)에 적용되는 상황(또는 처치 자격이 동일 시점에 부여되는 상황)을 고려해 보자.

〈표 III-3〉에 의하면, 시점 0과 1에는 5개 지역 모두 미처치 상태에 머물러 있었다. 시점 2에 비로소 처치 자격이 부여되어 처치가 시작되었다. 그런데 〈표 III-1〉과는 다르게 〈표 III-3〉에서는 5개 지역 모두 같은 시점에 처치가 시작되었다. 이와 같이 처치가 동시에 적용되는 상황에서는 처치집단만 존재하고 통제집단은 존재하지 않는다. 그에 따라 처치집단의 처치 전후 성과를 비교하는 1계 차분만 가능할 뿐 〈표 II-1〉과 같은 이중차분은 불가능하다. 처치가 적용되지 않는 통제집단이 분석 표본 내에 존재하지 않기

표 III-3

처치(자격)의 동시 적용

d_{it}	지역(집단)				
시점	A	B	C	D	E
0	0	0	0	0	0
1	0	0	0	0	0
2	1	1	1	1	1
3	1	1	1	1	1
4	1	1	1	1	1

때문이다. 1계 차분만을 통해서는 성과변수의 시간에 따른 추세적 변동과 처치효과를 구분할 수 없으므로 처치가 〈표 III-3〉과 같이 적용되는 상황에서는 적절한 처치효과 추정치를 도출하기가 어렵다. 그럼에도 불구하고, 일부 연구들은 이런 상황에서도 처치효과를 추정할 수 있는 연속형 이중차분법을 제안하였다.

Baek and Park(2018)이 한국에서 2007년부터 시행된 비정규직 보호법이 사업체의 고용규모와 수익성에 미친 경제적 효과를 추정하기 위해 사용한 방법을 예제로 활용해 연속형 이중차분법을 살펴보자. 한국의 비정규직법은 2007년 7월 1일부터 5인 이상 사업체 전체에 대해 전국적으로 동시에 시행되었다. 5인 미만 사업체는 2007년 비정규직 보호법의 적용 대상에서 제외되었기 때문에 5인 미만 사업체 집단이 이중차분법의 통제집단으로 활용될 수 있다. 그러나 Baek and Park(2018)이 사용하는 분석 표본에는 5인 미만 사업체가 없기 때문에 Baek and Park(2018)이 직면하는 처치 적용 상황은 〈표 III-3〉과 유사하다.

Baek and Park(2018)은 〈표 III-3〉의 상황에서 통제집단을 식별하기 위해 새로운 변수 $Treat_i$를 정의하였다. $Treat_i$는 처치 이전 시점인 2005년 현재 사업체 i의 전체 근로자들 중에서 2007년 비정규직법의 적용을 받게 될 근로자들(즉 유기 계약 근로자 및 파견 근로자)의 비중을 표시한다. $Treat_i$는 0에서 1 사이의 값을 취하는 연속변수로서, 2007년 비정규직법이 사업체 i에 미치게 될 처치의 강도(treatment intensity)를 측정하는 대리변수로 해석할 수 있다. $Treat_i$는 사업체의 고정적 특성을 표현하는 변수임에 유의하라. $Treat_i$는 사업체 i가 속한 집단을 표시하는 변수이지, (시점에 따라 변동하는) 처치 적용 여부를 표시하는 변수가 아니다.

예를 들어, 사업체 A의 $Treat_A = 0$인 경우 이 사업체에는 2005년 현재 향후(2007년부터) 비정규직법의 적용 대상이 되는 근로자가 전혀 없다. 그러므로 사업체 A는 비정규직법이 2007년부터 전국적으로 동시에 시행되는 상황에서도 통제집단의 역할을 한다. 2007년에 시행될 비정규직법이 사업체 A에는 실질적으로 적용되지 않기 때문이다. 반면, $Treat_B = 1$인 사업체 B는 2005년 현재 모든 근로자가 향후 비정규직법의 적용 대상이 된다. 그에 따라, 2007년의 비정규직법 처치는 사업체 B에 매우 강력한 영향을 미치게 될 것이고, 사업체 B는 처치집단의 역할을 한다.

$Treat_i$의 값이 0과 1 사이인 사업체의 경우에는 $Treat_i$의 크기에 따라 처치의 강도가 달라진다. $Treat_i$가 0에 가까운 사업체는 비정규직법의 처치가 약한 사업체로서 통제집단에 가깝다. $Treat_i$가 1에 가까운 사업체는 비정규직법의 처치가 강하게 적용되는 사업체로서 처치집단에 가깝다. $Treat_i$의 크기에 따라 처치집단과 통제집단이 연속적으로 분포하게 된다고 생각할 수 있다. 단순형 이중차분법에서는 $Treat_i$가 0 또는 1만을 취하는 더미변수였다. 그러나 연속형 이중차분법에서는 $Treat_i$가 연속형 변수로 교체되었다고 이해할 수 있을 것이다.

위와 같은 아이디어에 기반해 Baek and Park(2018)이 사용한 추정식은 다음과 같다.

$$Y_{ijrt} = \beta(After_t \cdot Treat_i) + X_{ijrt}\Phi$$

$$+ \delta_i + \rho_j - \gamma_r + \tau_t + \lambda_{rt} + \mu_{jt} + \epsilon_{ijrt} \qquad \text{(III}-9\text{)}$$

위 식에서 Y_{ijrt}는 지역 r의 산업 j에 속하는 사업체 i의 연도 t 현재 성과변수 값이다. $After_t = 1(t \geq 2007)$로서 연도 t가 2007년 및 그 이후이면 1, 2006년 및 그 이전이면 0의 값을 갖는다. δ_i는 사업체 고정효과, ρ_j는 산업 고정효과, γ_r는 지역 고정효과, τ_t는 연도(시점) 고정효과, λ_{rt}는 지역별 연도 고정효과, μ_{jt}는 산업별 연도 고정효과를 표시한다.

식 (III−9)에서 $Treat_i$가 더미변수인 경우, $Treat_i$는 단순형 이중차분 식 (II−3)의 NJ_i에 대응하고 $After_t$는 $Post_t$에 대응한다. 식 (II−3)에서 $(NJ_i \cdot Post_t)$의 계수가 이중차분 모수이므로, 식 (III−9)에서 $(After_t \cdot Treat_i)$의 계수도 (실제로 이중차분을 하지는 않지만) 이중차분 모수라고 해석할 수 있다. 식 (II−3)와 (III−9)의 차이는 $Treat_i$가 더미변수인가, 연속형 변수인가에 있을 뿐이다.

여기서 유의할 것은 $Treat_i$는 외생적으로 결정된 처치 자격 변수여야 한다는 점이다. 식 (II−3)의 NJ_i가 외생적으로 결정된 처치 자격 변수이듯이, $Treat_i$도 마찬가지로 외생적으로 결정된 처치 자격 변수여야 한다. Baek and Park(2018)은 이 점을 인식하고 $Treat_i$를 처치 이전 시점인 2005년 현재 측정된 비정규직 근로자 비중으로 적절하게 정의하였다. (Baek and Park(2018) 데이터의 관측 간격이 2년이기 때문에 2007년 조사의 직전 연도는 2005년이다.) 이들이 만약 $Treat_i$를 2007년 시점(처치 이후)에 측정된 수치로 정의했다면, $Treat_i$는 처치의 영향을 받은 내생변수가 되고 식 (III−9)는 **대체로 해로운** 이중차분 추정식이 된다. 연속형 이중차분법에서는 $Treat_i$에 해당하는 변수를 처치의 영향을 받지 않고 처치 적용 이전에 외생적으로 결정된 정보를 이용해 정의해야 **대체로 해롭지 않은** 이중차분 추정식을 설정할 수 있다.

식 (III-9)에서 $Treat_i$가 연속형 변수이므로, 계수 β는 $\frac{\Delta E(Y_{ijrt})}{\Delta Treat_i}$와 같이 연속형 한계효과로 표현할 수 있다. 이 값은 2005년 현재 $Treat_i$가 1인 사업체의 2007년 이후 시점 $E(Y_{ijrt})$ 값과 $Treat_i$가 0인 사업체의 동일 시점 $E(Y_{ijrt})$ 값 사이에는 β 만큼의 차이가 나게 됨을 의미한다. 2007년의 비정규직법이 비정규직 근로자들을 고용한 사업체들에 인과적인 영향을 미치는 경우 추정치 $\hat{\beta}$은 0과 유의하게 다르게 될 것이다. 그리고 이것은 비정규직의 경제적 효과가 유의미한 정도로 존재한다는 증거로 해석될 수 있다.

Baek and Park(2018)과 같이 처치가 모든 개체들에 동일한 (또는 유사한) 시기에 일괄적으로 적용되어 명시적인 통제집단이 없는 상황에서 연속형 처치집단 변수를 구성해 처치효과를 추정한 사례로는 강창희·박상곤(2023), 정희진·강창희(2022), Card(1992), Draca, Machin and van Reenen (2011), Fetzer(2019), Fuest et al.(2018), Huber(2018) 등이 있다.

가. 실습: Stata를 활용한 실증분석

본 소절에서는 Baek and Park(2018)이 분석한 원 데이터를 사용해 연속형 이중차분 추정치를 계산해 본다.[8] 실증분석을 실행하는 명령어들은 다음과 같다.

먼저 1번 행에서 원 데이터 파일 `Baek_Park.dta`를 Stata로 불러들이고, Baek and Park(2018)의 Table 1(p.740)에 제시되어 있는 기술 통계량을 확인한다.

5번 행은 식 (III-9)에서 2007년 이후일 경우 1의 값을 가지는 더미변수

8) Baek and Park(2018)의 실증분석에 사용된 원 데이터와 Stata 코드를 공유해 주신 백지선 교수님께 감사드립니다.

$After_t$를 생성하는 명령어이다. 9번 행은 2005년 현재 사업체 i의 전체 근로자 중에서 2007년 비정규직법의 적용을 받게 될 근로자들(즉 유기 계약 근로자 및 파견 근로자)의 비중(**ratio_fa_worker2005**)을 표시하는 변수(즉 식 (III-9)의 $Treat_i$)를 생성하는 명령어이다. 12번 행은 식 (III−9)의 $After_t \cdot Treat_i$, 즉 처치변수 d_{it}를 생성하는 명령어이다.

19~31번 행은 논문의 Table 1에 있는 설명변수들의 기술 통계량을 확인하는 명령어와 그 결과이다. 23~31번 행의 변수는 순서대로 전체 근로자 수(**total_worker**), 상용직 근로자 수(**perm_worker**), 비정규직 근로자 수(**nonreg_worker**), 비정규직법 적용 대상 비정규직 근로자 수(**fa_total**), 비정규직법 적용 미대상 비정규직 근로자 수(**nonreg_butfa_total**), 비정규직 비율(**ratio_nonreg_worker**), 비정규직법 적용 대상 비정규직 비율(**ratio_fa_worker**), 비정규직법 적용 미대상 비정규직 비율(**ratio_nonreg**)이다.

```
1   . use Baek_Park, clear
2
3   .
4   . *create post dummy
5   . gen after2007 = ( year>=2007 & year<2015 )
6
7   .
8   . *create treatment intensity based on the ratio of fixed-term contract and
    agency workers in 2005.
9   . egen ratio_fa_worker2005 = max(ratio_fa_worker*[year==2005]), by(id)
10
11  .
12  . gen d=after2007*ratio_fa_worker2005
13
14  .
15  . rename ratio_nonreg_butfa_worker ratio_nonreg
16
17  .
```

```
18 . // Table 1
19 . sum total_worker perm_worker nonreg_worker fa_total nonreg_butfa_total ratio_non-
   reg_worker ratio_fa_worker ratio_nonreg
20
21     Variable ¦       Obs        Mean    Std. dev.       Min        Max
22 -------------+---------------------------------------------------------
23 total_worker ¦     5,809    516.8637    1273.326         5      33983
24  perm_worker ¦     5,809    399.5168     998.427         0      30909
25 nonreg_wor~r ¦     5,809    117.3469    457.3592         0      12634
26     fa_total ¦     5,809    63.54433     313.613         0      12634
27 nonreg_but~l ¦     5,809    53.80255    296.9006         0       8271
28 -------------+---------------------------------------------------------
29 ratio_nonr~r ¦     5,809    .1676448    .2180381         0          1
30 ratio_fa_w~r ¦     5,809    .0971579    .1715348         0          1
31 ratio_nonreg ¦     5,809    .0704868    .1446307         0   .9604087
```

본문의 식 (III-9)에 제시된 패널 고정효과 모형을 추정하기 위해 32번 행에서는 명령어 xtset을 적용해 원 데이터를 패널 데이터로 선언한다. 그 이후 아래와 같이 Baek and Park(2018)의 Table 2(p.743)의 추정치들을 계산한다.

비정규직법이 사업체의 고용규모와 수익성에 미친 경제적 효과를 추정하기 위한 Stata 명령어는 39~52번 행에 제시되어 있다. 39번 행과 41번 행은 통제변수의 목록을 지정하는 명령어로서, 통제변수 목록을 크게 acont와 bcont로 구분한다.

acont는 사업체 i의 설립연도(plant_age), 설립연도의 제곱(plant_age_sq), 작년 말 외국인 지분 비율(foreign_share), 관측 연도(year), 소재 지역(reg), 사업체 소속 산업분류(9차)(ind9), 단독/다수사업장 여부(a001), 조직 유형(a102), 국내 경영 체계(a103), 산업별 연도 더미(ind9와 year의 교차항), 연도별 사업체 규모 더미(sangsi_worker2005_dcat과 year의 교차항) 등 11개 변수로 구성된다. bcont는 작년 말 기준 노동조합 존재 여부(labor_union), 정규직에 대한 성과배분제 유무(performance_based_pay) 등 2개 변수로 구성된다.

44번 행은 종속변수(성과변수)의 목록을 지정하는 명령어이다. 성과변수로서 전체 근로자 수의 로그값(ln_total_worker), 상용직 근로자 수의 로그값(ln_perm_worker), 비정규직 근로자 수의 로그값(ln_nonreg_worker), 비정규직법 적용 대상 비정규직 근로자 수의 로그값(ln_fa_total), 비정규직법 적용 미대상 비정규직 근로자 수의 로그값(ln_nonreg_butfa_total), 비정규직 비율(ratio_nonreg_worker), 비정규직법 적용 대상 비정규직 비율(ratio_fa_ worker), 비정규직법 적용 미대상 비정규직 비율(ratio_nonreg) 등 8개 변수를 사용한다.

```
32  . xtset id year
33
34  Panel variable: id (unbalanced)
35   Time variable: year, 2005 to 2011, but with gaps
36           Delta: 1 unit
37  .
38  . *controls
39  . local acont plant_age plant_age_sq foreign_share i.year i.reg i.ind9 i.a001 i.a102
    i.a103 i.ind9##i.year i.sangsi_worker2005_dcat##i.year
40  .
41  . local bcont i.labor_union i.performance_based_pay
42.
43  . *list of outcome variables
44  . local ylist ln_total_worker ln_perm_worker ln_nonreg_worker  ln_fa_total ln_non-
    reg_butfa_total ratio_nonreg_worker ratio_fa_worker ratio_nonreg
45  .
46  . // Table 2
47  . foreach y of local ylist {
48    2. display "***************** Dep var=`y' *****************"
49    3.
50  . quietly xtreg `y' d `acont' `bcont' , fe vce(cluster id)
51    4. estimate store col_`y'
52    5. }
```

53~60번 행에서는 Baek and Park(2018)의 Table 2(p.743)와 동일하게 8개의 성과변수에 대한 분석을 진행한다. 각 성과변수에 대한 분석 결과는 63번 행의 명령어를 적용해 정리한다. 66~82번 행에 이 명령어를 실행한 결과표가 제시되어 있다. 이 결과표는 Baek and Park(2018)의 Table 2의 (1)~(5)열까지의 결과와 동일하다.

(1)~(5)열의 성과변수는 순서대로 전체 근로자 수의 로그값(`ln_toal_worker`), 상용직 근로자 수의 로그값(`ln_perm_worker`), 비정규직 근로자 수의 로그값(`ln_nonreg_worker`), 비정규직법 적용 대상 비정규직 근로자 수의 로그값(`ln_fa_total`), 비정규직법 적용 미대상 비정규직 근로자 수의 로그값(`ln_nonreg_butfa_total`)이다. 각 추정치는 2005년 현재 $Treat_i$가 1인 사업체의 2007년 이후 시점 $E(Y_{ijrt})$ 값과 $Treat_i$가 0인 사업체의 동일 시점 $E(Y_{ijrt})$ 값 사이의 차이를 의미한다.

```
53 ***************** Dep var=ln_total_worker *****************
54 ***************** Dep var=ln_perm_worker *****************
55 ***************** Dep var=ln_nonreg_worker *****************
56 ***************** Dep var=ln_fa_total *****************
57 ***************** Dep var=ln_nonreg_butfa_total *****************
58 ***************** Dep var=ratio_nonreg_worker *****************
59 ***************** Dep var=ratio_fa_worker *****************
60 ***************** Dep var=ratio_nonreg *****************
61
62 .
63 . esttab col_ln_total_worker col_ln_perm_worker col_ln_nonreg_worker  col_ln_fa_to-
   tal col_ln_nonreg_butfa_total, b(%12.3f) se(%12.3f) bracket star(* 0.10 ** 0.05)
   scalars (N r2 F) mtitles keep(_cons d)
64 > title("The Effects of Employment Protection")
65
66 The Effects of Employment Protection
67 ----------------------------------------------------------------------
68               (1)            (2)            (3)            (4)            (5)
```

```
69 col_ln_tot~r   col_ln_per~r   col_ln_non~r   col_ln_fa_~l   col_ln_non~l
70 ------------------------------------------------------------------------
71 d       -0.321**        1.149**       -3.387**       -5.331**        1.013**
72         [0.100]        [0.152]        [0.291]        [0.329]        [0.329]
73
74 _cons    5.121**        4.953**        0.967          1.224**        0.975
75         [0.280]        [0.262]        [0.638]        [0.565]        [0.663]
76 ------------------------------------------------------------------------
77 N         5809           5809           5809           5809           5809
78 r2       0.098          0.127          0.122          0.238          0.092
79 F          .              .              .              .              .
80 ------------------------------------------------------------------------
81 Standard errors in brackets
82 * p<0.10, ** p<0.05
```

성과변수가 비중인 모형의 분석 결과는 83번 행의 명령어로 정리하고, 그 결과는 85~101번 행에 제시되어 있다. 이 결과표는 Baek and Park(2018)의 Table 2의 (6)~(8)열까지의 결과와 동일하다. Stata 결과표의 (1)~(3)열의 성과변수는 순서대로 비정규직 비율(**ratio_nonreg_worker**), 비정규직법 적용 대상 비정규직 비율(**ratio_fa_worker**), 비정규직법 적용 미대상 비정규직 비율(**ratio_nonreg**)이다.

```
83 . esttab col_ratio_nonreg_worker col_ratio_fa_worker col_ratio_nonreg, b(%12.3f)
     se(%12.3f) bracket star(* 0.10 ** 0.05) scalars (N r2 F) mtitles keep(_cons d) ti-
     tle("The Effects of Employment Protection")
84
85 The Effects of Employment Protection
86 ----------------------------------------------------------
87                          (1)            (2)            (3)
88                 col_ratio_~r   col_ratio_~r   col_ratio_~g
89 ----------------------------------------------------------
90 d                   -0.572**       -0.707**        0.135**
91                    [0.038]        [0.032]        [0.026]
92
```

```
_cons                0.054         0.117**       -0.064
                   [0.057]       [0.042]       [0.044]
-------------------------------------------------------------
N                     5809          5809          5809
r2                   0.178         0.343         0.098
F                        .             .             .
-------------------------------------------------------------
Standard errors in brackets
* p<0.10, ** p<0.05
```

5. 합성 통제법과 합성 이중차분법

5.1 합성 통제법

Card and Krueger(1994)의 단순형 이중차분법으로 다시 돌아가 보자. 그리고 관점을 약간 바꾸어 분석 대상 처치를 미국 NJ 주의 1992년 최저임금 인상이 아니라 캘리포니아(CA) 주의 1988년 담배세 인상(1갑당 25센트 인상) 정책 Proposition 99으로 변경해 보자. CA의 담배세 인상이 담배 소비에 미친 영향을 추정하기 위해 사용하는 성과변수는 미국의 주별, 연도별 1인당 담배 판매량이다.

Abadie et al.(2010)은 CA의 1988년 담배세 인상이 담배 소비량에 미친 인과효과를 추정하기 위해 미국의 50개 각 주의 1970년부터 2000년까지의 연도별 1인당 담배 판매량(Y_{it}) 패널 데이터를 구축하였다. 이렇게 구축된 분석 표본에서 개체 i는 개별 주, 시점 t는 연도를 표시한다.

〈그림 III-3〉은 CA와 나머지 주의 연도별 1인당 담배 판매량을 표시한다. 표의 검정색 실선은 처치집단 CA의 연도별 1인당 담배 판매량이다. Card

그림 III-3

단순형 이중차분법의 적용

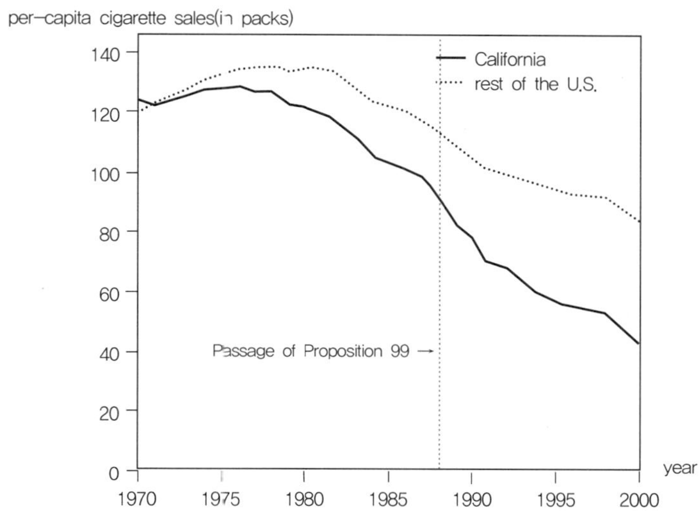

출처: Abadie et al.(2010), Figure 1, p.499

and Krueger(1994)의 NJ가 Abadie et al.(2010)에서는 CA로 바뀌었다고 이해할 수 있다. 그러면 Card and Krueger(1994)의 PA는 Abadie et al.(2010)에서는 어느 주일까? Abadie et al.(2010)는 적절한 통제집단이 어느 주인지 확정할 수 없기 때문에 CA를 제외한 38개 주를 통제집단으로 설정하고, 38개 주의 주별 1인당 담배 판매량의 단순 평균값을 연도별로 계산하였다.[9] (논문의 분석 기간 동안 대규모 담배 억제 정책이나 담배세 인상 정책을 시행한 11개 주는 처음부터 통제집단 구성에서 제외하였다.) 〈그림 III-3〉의 검정색 점선은 통제집단(38개 주)의 주별 1인당 판매량의 단순 평균값을 표시한다.

〈그림 III-3〉에 의하면, 담배세 인상 시점 1988년 이전부터 이미 CA의

9) 각 주의 인구에 비례한 가중치를 이용해 가중 평균값을 구할 수도 있다. 그러나 여기에서는 논점을 확실히 하기 위해 단순 평균값을 사용한다. 인구 규모를 고려한 가중 평균값을 사용하더라도 핵심적인 사항은 변동하지 않는다.

1인당 담배 판매량과 38개 주의 단순 평균값은 서로 상이한 시간 추세를 보이는 듯하다. 1988년 이전부터 38개 주의 단순 평균값은 우하향하는 추세를 보이고 이런 추세가 1989년 이후에도 큰 변화 없이 지속되는 것처럼 보인다. CA의 1인당 담배 판매량도 마찬가지로 1988년 이전부터 우하향하는 추세를 보인다. 그리고 이런 추세는 1989년 이후에 약간 더 가파르게 진행된 것처럼 보인다. 1989년부터 CA의 1인당 담배 판매량이 그 이전 기간에 비해 더 가파르게 하락하는 현상은 1989년의 담배세 인상이 CA의 1인당 담배 판매량을 감소시키는 효과가 있음을 암시한다. 집단별로 상이한 추세를 고려하면서 단순형 이중차분법의 아이디어를 적용하더라도 CA의 담배세 인상의 인과효과를 어느 정도는 유추할 수 있다.

〈그림 III-3〉에서는 처치집단 CA에 대응하는 통제집단으로서 미국 내 38개 주를 모두 사용하고 각 주에 대해 동일한 가중치(1/38)를 부여해 1인당 담배 판매량의 단순 평균 값을 계산하였다. 그런데 Abadie et al.(2010)은 〈그림 III-3〉의 점선과 같이 통제집단의 모든 개별 주에 동일한 가중치를 부여하는 방법에 대해 의문을 제기한다. 처치 이전 기간을 대상으로 처치집단 CA의 성과변수 값과 유사한 추세를 보이는 통제 주에는 높은 가중치를, 그리고 그와는 상이한 추세를 보이는 통제 주에는 낮은 가중치(또는 0)를 부여하면 동일한 가중치를 부여해 구한 단순 평균값보다 더 우수한 통제집단 평균값을 구할 수 있을 것이기 때문이다. (Card and Krueger(1994)는 이와 같은 아이디어에 근거해 처치집단 NJ에 대응하는 통제집단으로서 PA를 사용하였고, PA에는 가중치 1을, 나머지 48개 주에는 가중치 0을 부여하였다.)

Abadie et al.(2010)은 이와 같이 통제집단에 속한 각 주에 서로 다른 **최적의 가중치**를 부여해 통제집단의 **합성 평균값**을 계산하는 방법을 제안하였다. 통제집단의 평균 값을 여러 통제 주들의 수치를 **합성**해 도출하기 때문에 Abadie et al.(2010)이 제안하는 추정법을 **합성 통제법**(**synthetic control method,**

SCM)이라고 부른다. Abadie et al.(2010)은 처치 이후 각 시점에서 처치집단의 성과변수 실측값과 통제집단의 **합성 평균값**을 차분하는 방법을 통해 처치의 인과효과 추정치를 드출한다.

Abadie and Gardeazabal(2003)과 Abadie et al.(2010)이 개발한 합성 통제법의 구체적인 추정방법은 다음과 같다.

먼저, 지수 $j(=1, 2, \cdots, J+1)$는 개별 주를 표시한다. 이때 우리는 CA를 처치집단 $j=1$로 설정하고, 그 외 $J=38$개의 주는 비교 주들로서 **합성 통제집단**(synthetic control group)을 구성하는 데 사용한다. 합성 통제법에서는 후자의 J개 주들의 집합을 **통제 후보군**(donor pool)이라고 부른다.

임의의 주 j의 연도 t 현재 1인당 담배 판매량 Y_{jt}에 영향을 미치는 시불변 특성변수들(상수 포함)로 구성된 $(k\times 1)$ 벡터를 Z_j로 표시하자. CA(Y_{1t}) 및 그 외 주들의 1인당 담배 판매량 $Y_{jt}\,(j=2, 3, \cdots, J+1)$는 모두 총 T개 연도 동안 관측되고, 처치(즉, 담배세 인상) 개시 시점인 1989년은 $t=(T_0+1)$로 표시하자. 여기서 CA의 처치 이전 특성벡터 Z_1, 그리고 연도별 1인당 담배 판매량($Y_{11}, Y_{12}, \cdots, Y_{1T_0}$)의 M개 선형 결합들로 구성된 벡터를 $X_1=(Z_1', Y_1^1, Y_1^2, \cdots, Y_1^M)'$로 정의하자. 이 벡터의 차원은 $((k+M)\times 1)$이다. Z_j에 포함되는 특성변수로서 Abadie et al.(2010)는 주 j의 평균 담배 소비자 가격, 1인당 개인 소득의 로그 값, 15~24세 인구 비중, 1인당 맥주 소비량의 1980년부터 1988년 기간 평균값을 사용하였다.

마찬가지 방식으로, CA 외 다른 주 j의 처치 이전 특성벡터 Z_j와 연도별 1인당 담배 판매량 $(Y_{j1}, Y_{j2}, \cdots, Y_{jT_0})$의 M개 선형 결합들로 구성된 $((k+M)\times 1)$ 벡터를 $X_{j0}=(Z_j', Y_j^1, Y_j^2, \cdots, Y_j^M)'$로 정의하자. 그리고 이들 J개의 X_{j0}들로 구성된 $((k+M)\times J)$ 행렬을 $X_0=(X_{20}, X_{30}, \cdots, X_{(J+1),0})$로 정의하자.

합성 통제법은 처치 개시 이전 시점 CA의 자료 벡터 X_1에 J개 주들의 자료 벡터 X_0를 가장 가깝게 근사시키는 최적의 J개 가중치들($w_2, w_3, \cdots, w_{J+1}$)을 찾아내고자 한다. $(J\times 1)$ 가중치 벡터를 $W=(w_2, w_3, \cdots, w_{J+1})'$로 정의할 때, 이 가중치들은 ⓘ $\sum_{j=2}^{J+1} w_j = 1$과 ⓘⓘ $w_j \geq 0$ for $j=(2, 3, \cdots, J+1)$라는 두 개의 조건을 만족하도록 설정한다. $X_0 W$는 CA를 제외한 J개 주들의 처치 이전 자료 벡터를 이용해 구성한 가중 평균이다.

합성 통제법은 합성 통제집단(synthetic control group) $X_0 W$를 CA의 X_1에 가장 가까워지도록 만드는 최적의 가중치 벡터 W를 찾는 추정법이다. 구체적으로 말해, 합성 통제법은 아래의 조건부 최소화 문제의 해를 구하는 방식으로 그와 같은 최적 가중치 벡터 W를 찾는다.

$$W^* = \text{argmin}_W \quad (X_1 - X_0 W)' V (X_1 - X_0 W)$$
$$s.t. \quad (1)\, W'i = 1, \quad (2)\, w_j \geq 0 \;\; \text{for } j = (2, 3, \cdots, J+1) \qquad \text{(III-10)}$$

위 식에서 $(J\times 1)$ 벡터 $i=(1, 1, \cdots, 1)'$이고, V는 $((k+M)\times(k+M))$ 양정부호 대각 행렬(diagonal positive-definite matrix)이다. V의 각 요소 값은 $(X_1 - X_0 W)$ 벡터 내 각 변수의 제곱값이 식 (III-10)의 목적함수에 기여하는 상대적 가중치를 의미한다.

위의 합성 통제법을 실행하기 위해 Abadie et al.(2011)은 Stata 명령어 **synth**를 작성하였다. 명령어 **synth**에서 V는 종속변수 Y_{jt}에 대한 설명력이 높은 변수에는 높은 가중치를, 설명력이 낮은 변수에는 낮은 가중치를 부여하고, V의 모든 요소 값의 합은 1이 되도록 정규화되어 있다. 명령어 **synth**는 Abadie and Gardeazabal(2003)이 제안한 아래의 식을 이용해 처치 이전 기간의 성과지표를 가장 잘 설명하는 V를 선택한다.

$$V^* = \text{argmin}_V \quad (Y_1 - Y_0 W^*(V))' (Y_1 - Y_0 W^*(V)) \qquad \text{(III-11)}$$

위 식에서 $(T_0 \times 1)$ 벡터 $Y_j = (Y_{j1}, Y_{j2}, \cdots, Y_{jT_0})'$ $(j = 1, 2, 3, \cdots, J+1)$이고, $(T_0 \times J)$ 행렬 $Y_0 = (Y_2, Y_3, \cdots, Y_{J+1})$을 의미한다. $W^*(V)$는 V가 주어진 상태에서 구한 식 (III-10)의 해이다. (Stata 명령어 `synth`에서는 부가 옵션으로 `nested allopt`를 설정해 식 (III-10)과 (III-11)을 동시에 만족시키는 V^*와 $W^*(V)$를 구한다.)

식 (III-10)과 (III-11)을 동시에 최소화시키는 최적 가중치 벡터 W^*가 선정되면 우리는 처치 이전 시점들과 이후 시점들 모두에 대해 $\widehat{Y_{1t}^0} = \sum_{j=2}^{J+1} w_j^* Y_{jt}$를 계산함으로써 CA의 1인당 담배 판매량의 가상적 합성 추정치(synthetic counterfactual)를 구할 수 있다. 처치 이후 시점(즉, 1989~2020년) $t(\geq T_0 + 1)$에 대해 계산한 $(Y_{1t} - \widehat{Y_{1t}^0})$가 바로 담배세 인상 정책이 CA의 1인당 담배 판매량에 미친 인과효과 추정치이다.

〈그림 III-4〉는 Abadie et al.(2010)의 Figure 1(p.500)에 제시되어 있는 CA와 합성 통제집단의 연도별 1인당 담배 판매량을 보여준다. 그림의 검정색 점선(synthetic California)이 바로 합성 통제법을 적용해 구한 가상적 합성 추정치들이다.

가. 실습: Stata를 활용한 실증분석

우리는 아래에서 Stata 명령어를 이용해 〈그림 III-4〉의 합성 통제 추정치를 구할 것이다. 우리는 Abadie et al.(2011)이 사용한 Stata 명령어 `synth` 대신, 최근 Yan and Chen(2023)이 개선한 Stata 명령어 `synth2`를 사용한다.

먼저 1번 행의 명령어를 적용해 원 데이터 파일 `smoking.dta`를 불러들인다. 이 데이터 파일은 1970년부터 2000년까지 미국 39개 각주의 여러 변수들

그림 Ⅲ-4

합성 통제법의 적용

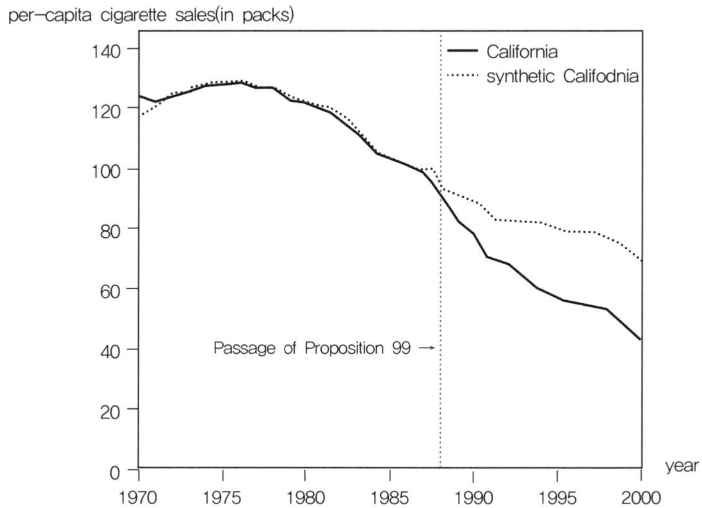

출처: Abadie et al.(2010), Figure 1, p.500

의 연도별 관측치를 보유하고 있다. 2번 행에서는 위에서 불러들인 데이터 파일을 패널 데이터로 선언한다. 8번 행에서는 명령어 **synth2**를 적용해 CA의 연도별 합성 통제 추정치를 구한다.

아래 명령어에서 **cigsale**은 1인당 담배 판매량, **lnincome**은 1인당 개인 소득의 로그 값, **age15to24**은 15~24세 인구 비중, **retprice**은 평균 담배 소비자 가격, **beer**는 1인당 맥주 소비량을 표시한다. 변수에 붙어 있는 (연도)는 해당 변수의 해당 연도 관측치를 의미한다. **trunit(3)**은 처치 개체 CA의 고유번호가 3, **trperiod(1989)**은 처치 시작 연도가 1989년임을 표시한다.

```
1  . use smoking, clear
2  . xtset state year
3
```

```
Panel variable: state (strongly balanced)
 Time variable: year, 1970 to 2000
         Delta: 1 unit
.
. synth2 cigsale lnincome age15to24 retprice beer cigsale(1988) cigsale(1980) cigsale
(1975), trunit(3) trperiod(1989) xperiod(1980(1)1988) nested allopt

Fitting results in the pretreatment periods:
-----------------------------------------------------------------------
Treated Unit             : California     Treatment Time           :      1989
-----------------------------------------------------------------------
Number of Control Units  =          38    Root Mean Squared Error  =   1.75567
Number of Covariates     =           7    R-squared                =   0.97434
-----------------------------------------------------------------------

Covariate balance in the pretreatment periods:
-----------------------------------------------------------------------
 Covariate     | V.weight    Treated    Synthetic Control      Average Control
               |                         Value          Bias  Value         Bias
---------------+---------------------------------------------------------------
      lnincome |  0.0000     10.0766       9.8588    -2.16%     9.8292    -2.45%
     age15to24 |  0.5459      0.1735       0.1735    -0.01%     0.1725    -0.59%
      retprice |  0.0174     89.4222      89.4108    -0.01%    87.2661    -2.41%
          beer |  0.0031     24.2800      24.2278    -0.21%    23.6553    -2.57%
 cigsale(1988) |  0.0049     90.1000      91.6677     1.74%   113.8237    26.33%
 cigsale(1980) |  0.0066    120.2000     120.5017     0.25%   138.0895    14.88%
 cigsale(1975) |  0.4221    127.1000     127.1112     0.01%   136.9316     7.74%
------------------------------------------------------------------------
Note: "V.weight" is the optimal covariate weight in the diagonal of V matrix.
      "Synthetic Control' is the weighted average of donor units with optimal weights.
      "Average Control" is the simple average of all control units with equal weights.

Optimal Unit Weights:
--------------------------
     Unit     |   U.weight
--------------+-----------
         Utah |    0.3340
       Nevada |    0.2350
```

```
39         Montana ¦       0.2020
40        Colorado ¦       0.1610
41     Connecticut ¦       0.0680
42   --------------------------
43  Note: The unit Alabama Arkansas Delaware Georgia Idaho Illinois Indiana Iowa Kansas
         Kentucky Louisiana Maine Minnesota Mississippi Missouri Nebraska NewHampshire
         NewMexico NorthCarolina NorthDakota Ohio Oklahoma Pennsylvania RhodeIsland
         SouthCarolina SouthDakota Tennessee Texas Vermont Virginia WestVirginia
         Wisconsin Wyoming in the donor pool get a weight of 0.
44
45 Prediction results in the posttreatment periods:
46   ---------------------------------------------------------
47   Time ¦ Actual Outcome  Synthetic Outcome  Treatment Effect
48   -----+---------------------------------------------------
49   1989 ¦       82.4000            89.9945           -7.5945
50   1990 ¦       77.8000            87.5039           -9.7039
51   1991 ¦       68.7000            82.1751          -13.4751
52   1992 ¦       67.5000            81.6075          -14.1075
53   1993 ¦       63.4000            81.1897          -17.7897
54   1994 ¦       58.6000            80.7295          -22.1295
55   1995 ¦       56.4000            78.5023          -22.1023
56   1996 ¦       54.5000            77.4827          -22.9827
57   1997 ¦       53.8000            77.7123          -23.9123
58   1998 ¦       52.3000            74.3976          -22.0976
59   1999 ¦       47.2000            73.5711          -26.3711
60   2000 ¦       41.6000            67.3550          -25.7550
61   -----+---------------------------------------------------
62   Mean ¦       60.3500            79.3518          -19.0018
63   ---------------------------------------------------------
64 Note: The average treatment effect over the posttreatment period is -19.0018.
65
66 Finished.
```

33~43번 행에 의하면, 명령어 synth2를 적용해 구한 각 주의 가중치 추정값은 Utah 0.334, Nevada 0.235, Montana 0.202, Colorado 0.161, Connecticut 0.068이고, 그 외 다른 주의 가중치는 0이다. 이 가중치를 적용해

각 연도별로 구한 합성 통제 추정치들이 49~60번 행의 Synthetic Outcome 열에 제시되어 있다. 또한 이 값들은 〈그림 III-4〉에 점선으로 표시되어 있다.

49~60번 행의 Treatment Effect 열과 〈그림 III-4〉에 의하면, 합성 통제 추정치와 비교할 때 CA의 1인당 담배 판매량은 1989년부터 가파르게 감소하는 경향을 보이고, 이런 경향성은 2000년까지 지속적으로 확대되고 있다. 이는 1989년 담배세 인상 정책이 CA의 1인당 담배 판매량을 즉각적으로 감소시키는 영향을 미치고, 그 영향이 이후 2000년까지 지속적으로 확대되고 있음을 의미한다.

5.2 합성 이중차분법

가. 처치 개체와 처치 시작 시점이 하나인 경우

합성 통제법은 단순형 이중차분법을 직관적으로 이해하기 쉽고 통계적으로 보다 진전된 형식으로 확장시킨 추정법으로 평가된다. 그럼에도 불구하고 합성 통제법에는 적어도 두 가지 한계점이 있다.

첫째, 합성 통제법은 처치 개체의 성과변수 궤적이 통제 후보군 개체들의 성과변수 궤적 집합의 내부(엄밀하게는, convex hull)에 위치해 있는 경우에 적절한 추정치를 구할 수 있다. 만약 처치 개체의 성과변수 궤적이 통제 후보군의 궤적 집합 외부에 위치한 경우 합성 통제법은 적절한 추정치를 구하지 못할 수도 있다. 이는 식 (III-10)의 제약 (2) $w_j \geq 0 \text{ for } j=(2,3, \ldots, J+1)$에 의해 통제 후보군에 속한 개체에 부여하는 가중치는 음수일 수 없기 때문에 발생한다.

둘째, 단순형 이중차분법의 핵심 가정인 **평행 추세**는 처치 이전 기간에 대해 처치 개체의 성과 값 **수준**과 합성 통제 추정치의 **수준**이 서로 동일하거나 매우 비슷해야 한다는 조건을 부과하지는 않는다. **평행 추세**의 가정이 성립하면, 처치 이전 기간에 대해 처치 개체의 성과 값 **추세**와 합성 통제 추정치 **추세**가 서로 평행하기만 하면 충분할 뿐 서로 **수준**이 비슷할 필요는 없다. 그럼에도 불구하고, 〈그림 III-4〉에 제시된 바와 같이, 합성 통제 추정치는 처치 이전 기간에 처치 개체의 성과 값과 거의 동일한 수준과 추세를 보이고 있다. 이는 합성 통제법이 **평행 추세**의 가정이 부과하는 것보다 훨씬 강한 제약을 부과하고 있음을 시사한다.

최근 Arkhangelsky et al.(2021)은 Abadie et al.(2010)의 합성 통제법이 내포하고 있는 이런 제약조건들을 완화시킨 상태에서 합성 통제법과 2원 고정효과(TWFE) 모형을 결합한 새로운 추정법으로서 **합성 이중차분법(synthetic difference-in-differences, SDID)**을 제안하였다. Arkhangelsky et al.(2021)의 합성 이중차분법을 간략히 설명하면 다음과 같다.

아래와 같은 2원 고정효과 통계 모형을 생각해 보자.

$$Y_{it} = \mu + \alpha_i + \tau_t + d_{it}\beta + \epsilon_{it} \qquad \text{(III-12)}$$

이 식에서 Y_{it}는 지역 i의 연도 t 현재 성과변수(즉, 1인당 담배 판매량) 값을 표시하고, d_{it}는 핵심 처치변수로서 지역 i에 연도 t 현재 처치(즉 담배세 인상)가 적용되고 있는지 그렇지 않은지를 표시하는 더미변수이다. Abadie et al.(2010)의 분석 표본에서 1989년부터 담배세 인상이 적용된 CA의 경우 1988년과 그 이전 연도의 $d_{it}=0$이고, 1989년과 그 이후 연도의 $d_{it}=1$이다. 반면, 나머지 38개 주의 경우에는 모든 연도에 대해 $d_{it}=0$을 취한다. μ는 식 (III-12)의 절편, α_i는 주 고정효과, τ_t는 연도 고정효과를 표시한다.

식 (III-12)는 전형적인 2원 고정효과 모형(또는 일반형 이중차분 모형)으로서 이 식을 통해 처치효과 추정치 $\hat{\beta}$를 계산할 때에는 모든 (i,t) 관측치에 대해 동일한 가중치를 부여한다. 통상적인 이중차분 추정치(DID)는 아래의 식 (III-13)과 같은 극소화 문제의 해를 구하는 방식으로 계산한다.

$$(\hat{\beta}^{did}, \hat{\mu}, \hat{\alpha}, \hat{\tau}) = \underset{\beta,\mu,\alpha,\tau}{\operatorname{argmin}} \sum_{i=1}^{N}\sum_{t=1}^{T}(Y_{it} - \mu - \alpha_i - \tau_t - d_{it}\beta)^2 \cdot \frac{1}{NT} \qquad \text{(III-13)}$$

식 (III-13)을 통해 도출된 처치효과 추정치를 $\hat{\beta}^{did}$로 표시하자.

Arkhangelsky et al.(2021)에 의하면, 처치효과의 합성 이중차분 추정치(SDID)는 아래 극소화 문제 식 (III-14)의 해이다.

$$(\hat{\beta}^{sdid}, \hat{\mu}, \hat{\alpha}, \hat{\tau}) =$$

$$\underset{\beta,\mu,\alpha,\tau}{\operatorname{argmin}} \sum_{i=1}^{N}\sum_{t=1}^{T}(Y_{it} - \mu - \alpha_i - \tau_t - d_{it}\beta)^2 \cdot (\hat{\omega}_i^{sdid} \cdot \hat{\lambda}_t^{sdid}) \qquad \text{(III-14)}$$

식 (III-13)과는 달리, 식 (III-14)에서는 각 (i,t) 관측치에 대해 $(\hat{\omega}_i^{sdid} \cdot \hat{\lambda}_t^{sdid})$의 가중치가 부여되어 있다. 반면, 식 (III-13)에서는 모든 (i,t) 관측치에 동일한 가중치 $\frac{1}{NT}$이 부여되었다. 즉 $(\hat{\omega}_i = \frac{1}{N}, \hat{\lambda}_t = \frac{1}{T})$로 설정되어 있다.

식 (III-14)에서 개체 가중치 $\hat{\omega}_i^{sdid}$ 는 합성 통제법과 유사하게 처치 이전 기간을 대상으로 처치집단 성과의 평균값과 시점별 변동 추세가 유사한 통제 개체일수록 더 높은 값을 부여하는 방식으로 결정된다. 좀 더 구체적으로 표현하면, 개체 가중치 $\hat{\omega}_i^{sdid}$는 아래 식의 해이다.

$$(\widehat{\omega_0}, \widehat{\omega_i}^{sdid}) =$$

$$\underset{\omega_0 \in R, \omega \in \Omega}{\operatorname{argmin}} \sum_{t=1}^{T_{pre}} (\omega_0 + \sum_{i=1}^{N_{co}} \omega_i Y_{it} - \frac{1}{N_{tr}} \sum_{i=N_{co}+1}^{N} Y_{it})^2 + \zeta^2 T_{pre} ||w||_2^2$$

$$where\ \Omega = \left\{\omega \in R_+^N, with \sum_{i=1}^{N_{co}} \omega_i = 1; \omega_i = \frac{1}{N_{tr}}\ \mathrm{for}\ i = N_{co}+1, \cdots, N\right\}$$

(III−15)

위 식에서 $||w||_2^2$는 Euclidian norm이고, ζ는 정칙화 모수(regularization parameter)이다. N_{co}는 통제집단의 개체 수(38)이고, T_{pre}는 처치 전 기간의 시점 수이다. 통제집단에 속한 개체 i들의 집합이 **통제 후보군(donor pool)**이다. 식 (III−15)에 의하면, 개체 가중치 $\widehat{\omega_i}^{sdid}$는 처치 이전 기간($t=1,\cdots, T_{pre}$)에 대해 처치 개체들의 성과 평균값($\frac{1}{N_{tr}} \sum_{i=N_{co}+1}^{N} Y_{it}$)에 $\omega_0 + \sum_{i=1}^{N_{co}} \omega_i Y_{it}$이 가장 근사하도록 만드는 (w_0, ω_i)의 집합이다.

개체 가중치 $\widehat{\omega_i}^{sdid}$와 유사하게, 시점 가중치 $\widehat{\lambda_t}^{sdid}$는 다음 식 (III−16)의 해이다.

$$(\widehat{\lambda_0}, \widehat{\lambda_t}^{sdid}) =$$

$$\underset{\lambda_0 \in R, \lambda \in \Lambda}{\operatorname{argmin}} \sum_{i=1}^{N_{co}} (\lambda_0 + \sum_{t=1}^{T_{pre}} \lambda_t Y_{it} - \frac{1}{T_{post}} \sum_{t=T_{pre}+1}^{T} Y_{it})^2 + \zeta^2 N_{co} ||\lambda||_2^2$$

$$where\ \Lambda = \left\{\lambda \in R_+^T, with \sum_{t=1}^{T_{pre}} \lambda_t = 1; \lambda_t = \frac{1}{T_{post}}\ \mathrm{for}\ t = T_{pre}+1, \cdots, T\right\}$$

(III−16)

위 식에서 T_{post}는 처치 이후 기간의 시점 수이다. 식 (III-16)에 의하면, 시점 가중치 $\hat{\lambda}_t^{sdid}$는 통제 개체들($i=1,\cdots,N_{co}$)만을 대상으로 처치 이후 시점의 성과 평균 값($\frac{1}{T_{post}}\sum_{t=T_{pre}+1}^{T} Y_{it}$)에 $\lambda_0+\sum_{t=1}^{T_{pre}}\lambda_t Y_{it}$이 가장 근사하도록 만드는 (λ_0, λ_t)의 집합이다.

식 (III-14)의 합성 이중차분 추정치 계산식의 관점에서 볼 때, 합성 통제법 추정치(SCM)는 아래 식 (III-17)의 해로 표현할 수 있다.

$$(\hat{\beta}^{scm}, \hat{\mu}, \hat{\alpha}, \hat{\tau}) =$$

$$\underset{\beta,\mu,\tau}{\arg\min} \sum_{i=1}^{N}\sum_{t=1}^{T}(Y_{it}-\mu-\tau_t-d_{it}\beta)^2 \cdot \hat{\omega}_i^{scm} \cdot \frac{1}{T} \qquad \text{(III-17)}$$

식 (III-17)을 식 (III-14)와 비교해 보면, 합성 통제법은 (i) 개체효과 α_i를 허용하지 않고, (ii) 시점 가중치 $\hat{\lambda}_t$가 처치 전 모든 시점에 대해 $\frac{1}{T}$로 동일하게 설정된 모형이다. 즉 합성 통제법은 합성 이중차분법에 위의 2개 제약을 부과한 추정법이라고 이해할 수 있다.

합성 통제법에서는 개체효과 α_i를 고려하지 않기 때문에 처치 이전 시점들의 합성 통제 추정치가 처치 개체의 관측치와 유사한 수준을 갖게 된다. 반면, 합성 이중차분법에서는 상이한 개체효과 α_i를 허용하기 때문에 처치 이전 시점들의 합성 통제 추정치가 처치 개체의 관측치와는 상이한 수준을 보이게 된다.

(1) 실습: Stata를 활용한 실증분석

〈그림 III-5〉는 〈그림 III-4〉의 분석 표본에 대해 합성 이중차분법을 적용한 결과이다. Clark et al.(2023)은 Arkhangelsky et al.(2021)의 합성 이중차

분법을 시행하는 Stata 명령어 sdid를 개발하였다. 〈그림 III-5〉를 구하기 위해 적용한 Stata 명령어는 아래와 같다.

먼저 67번 행과 같이 처치변수 d=0을 생성한다. 처치 개체 CA(state=3) 주와 처치 이후 연도(1989년 및 그 이후, 1989<=year & year < .)에 해당하는 관측치는 처치 적용 관측치이므로, 68번 행을 통해 d=1의 값을 부여한다.

```
67  . gen d=0
68  . replace d=1 if state==3 & 1989<=year & year<.
69  (12 real changes made)
70  .
71  . quietly xi: xtreg cigsale i.year d, fe rob
```

명령어 sdid는 다음과 같은 형식으로 작성된다.

```
sdid y i t d, vce(vcetype)
```

위의 형식을 72번 행에 대입하면, 종속변수(y)는 1인당 담배 판매량(cigsale), 개체 식별변수(i)는 주(state), 시점 식별변수(t)는 연도(year), 처치 더미변수는 d임을 알 수 있다.

sdid 추정치의 표준오차를 계산하는 옵션(vcetype)은 총 3가지이고, 72번 행의 경우 vce(placebo)로 설정되어 있다.[10] placebo 옵션은 처치집단 개체 수가 전체 개체 수에 비해 극히 적은 경우에 주로 사용된다. reps(10)은 표준오차 추론의 반복 횟수가 10회임을 의미한다.[11]

---

10) sdid의 표준오차 추정 알고리즘은 크게 3가지(placebo, bootstrap, jackknife)이다. 옵션 bootstrap은 처치 개체가 2개 이상인 경우에만 허용된다. 옵션 jackknife는 각 처치 후 시점마다 1개 이상의 처치 개체가 있는 경우에만 허용된다. 옵션 placebo의 경우 순열(permutations)이 적절히 구성되기 위해서는 통제 개체의 수가 처치 개체의 수보다 많아야 한다. 각 옵션에 대한 보다 상세한 사항은 Clarke et al.(2023)을 참고하라.

11) 분석 결과를 간단하게 확인하기 위해 반복 횟수를 10회로 제한하였으나, 실제 실증분석에서는 상당히 큰 반복 횟수(가령 1,000)를 설정할 필요가 있다.

명령어 sdid를 실행해 구한 분석 결과는 78~86번 행과 같다. 합성 이중차분법을 적용해 추정한 CA 담배세 인상의 인과효과 추정치는 83번 행의 ATT 열에 제시되어 있다. 이 추정치는 담배세 인상에 따라 CA 주의 연간 1인당 담배 판매량이 약 15.6보루(pack) 감소했음을 보여준다.

한편 단순 이중차분법으로 추정한 인과효과는 위의 71번 행의 명령어를 실행해 확인할 수 있다.[12] 단순 이중차분법의 ATT 추정치는 −27.3으로 나타난다.

```
72  . sdid cigsale state year d , vce(placebo) seed(1213) reps(10) graph  g2_opt(xla-
    bel(1970(5)2000) ylabel(40(20)160) ytitle("cigsale") scheme(sj))
73
74  Placebo replications (10). This may take some time.
75  ----+--- 1 ---+--- 2 ---+--- 3 ---+--- 4 ---+--- 5
76  ..........
77
78  Synthetic Difference-in-Differences Estimator
79
80  -----------------------------------------------------------------------------
81     cigsale |     ATT     Std. Err.    t    P>|t|   [95% Conf. Interval]
82     --------+-------------------------------------------------------------
83           d | -15.60383   7.14412  -2.18  0.029   -29.60604  -1.60162
84  -----------------------------------------------------------------------------
85  95% CIs and p-values are based on Large-Sample approximations.
86  Refer to Arkhangelsky et al., (2020) for theoretical derivations.
87
88  . graph save "g2_1989" "$dir1\sdid_y.gph", replace
89
90  . // mat list e(lambda)
```

합성 이중차분법의 추정 결과를 그래프로 확인하기 위해 88번 행의 명령어를 실행하였다. 그 결과는 〈그림 Ⅲ-5〉에 제시되어 있다. 〈그림 Ⅲ-5〉의

12) 단순 이중차분법의 추정 결과를 확인하고 싶을 경우, 71번 행의 명령어에서 quietly를 삭제한 후 실행하면 된다.

그림 III-5

합성 이중차분법의 적용

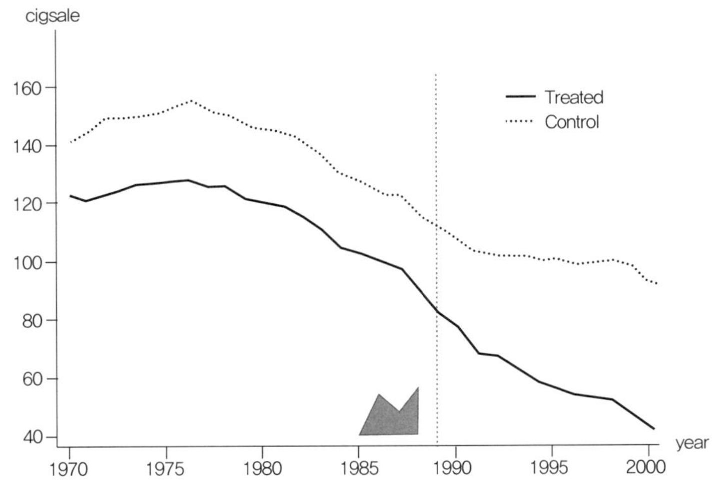

검정색 실선(Treated)은 〈그림 III-4〉에서와 같이 CA의 연도별 1인당 담배 판매량 $Y_{CA,t}$이다. 〈그림 III-5〉의 검정식 점선(Control)이 바로 합성 이중차분법을 적용해 구한 가상적 합성 추정치 $\hat{Y}_{CA,t}$이다. 〈그림 III-4〉의 경우와는 다르게, 합성 통제 추정치들(Control)이 처치 이전 기간 동안 CA의 실측치들(Treated)과는 다른 수준 값을 갖는다. 그럼에도 불구하고 처치 이전 기간 동안 CA 실측치와 합성 추정치는 서로 평행한 추세를 보인다. 이는 합성 이중차분법이 합성 통제법의 일부 제약조건들을 완화하였기 때문에 나타나는 현상이다.

〈그림 III-5〉의 중간 아래쪽에 짙은 회색의 산 모양으로 표시된 것은 $\hat{\lambda}_t^{sdid}$이다. 90번 행의 실행되지 않은 명령어 `mat list e(lambda)`를 통해 추정치들을 확인해 보면, $\widehat{\lambda_{1986}}^{sdid}=0.366$, $\widehat{\lambda_{1987}}^{sdid}=0.206$, $\widehat{\lambda_{1988}}^{sdid}=0.427$이고, 나머지

$\widehat{\lambda}_s^{sdid} = 0\,(s = 1970, \cdots, 1985)$이다.

합성 이중차분법의 추정결과를 이용해 각 연도별로 처치효과 추정치를 구하면 아래 식과 같다.

$$\widehat{ATT}_t = (Y_{CA,t} - \widehat{Y}_{CA,t}) - \sum_{s=1}^{T_{pre}} \widehat{\lambda}_s^{sdid}(Y_{CA,s} - \widehat{Y}_{CA,s}) \qquad \text{(III-18)}$$

〈그림 III-6〉은 식 (III-18)을 이용해 각 연도별로 표시한 처치효과의 추정치이다. 그림의 실선(scm)은 〈그림 III-4〉에 표시된 바와 같이 합성 통제법을 적용해 구한 추정치이고, 점선(sdid)은 〈그림 III-5〉에 표시된 바와 같이 합성 이중차분법을 적용해 구한 추정치이다.

두 종류의 추정치 모두 1989년부터 CA의 1인당 담배 판매량이 감소하고 그 감소분이 시간이 지남에 따라 커지고 있음을 보여준다. 그런데 1989~1997년까지의 기간을 살펴보면, 합성 이중차분법 추정치의 절댓값이 합성 통제법의 추정치보다 작다. 이는 합성 통제법 추정치가 1989년 담배세 인상의 인과효과를 약간 과장했을 가능성을 시사한다.

나. 처치 개체와 처치 시작 시점이 여러 개이고 순차적인 경우

Abadie et al.(2010)에서는 CA가 유일한 처치 개체이고, 나머지 38개 개체는 통제 후보군으로 분류되었다. 정부 정책이 대체로 전국의 지역별로 시차를 두고 순차적으로 적용되는 경향이 있음을 고려할 때, 합성 통제법을 처치(자격)의 순차 적용 상황으로 확장하면 유용할 것이다. Arkhangelsky et al.(2021)은 다음과 같이 합성 이중차분법을 처치의 순차 적용 상황으로 확장할 것을 제안하였다.

처치 자격과 처치가 〈표 III-4〉와 같이 지역(집단)별로 순차적으로 적용되

그림 III-6

합성 통제법(scm)과 합성 이중차분법(sdid)의 처치효과 추정치 비교

었다고 가정하자. 시점 $t=0,1$에는 모든 지역이 미처치 상태였다. $t=2$부터 지역 A와 B에 처치가 최초로 적용되기 시작했고 이 처치는 $t=7$까지 지속되었다. $t=3$부터는 처치가 지역 C와 D에도 확대 적용되기 시작했고 $t=7$까지 지속되었다. 그리고, $t=6$부터는 처치가 추가로 지역 E와 F로 확대되었다. 처치가 시간에 따라 확대 적용되었음에도 불구하고, 지역 G와 H는 $t=7$까지도 미처치 상태에 있다. 그에 따라 지역 G와 H는 현 예제의 처치효과를 추정하기 위한 **통제 후보군**의 역할을 한다.

합성 이중차분법을 적용하기 위해서는 처치 시작 시점이 동일한 개체들로 구성된 한 개의 처치집단과 분석 기간 내내 미처치 상태에 있는 개체들로 구성된 통제집단이 필요하다. 그러나 〈표 III-4〉에는 세 종류의 처치집단(즉, $t=2$부터 처치가 시작된 처치집단 1, $t=3$부터 처치가 시작된 처치집단 2, $t=6$부터 처치가 시작된 처치집단 3)이 있다. 〈표 III-4〉에 제시되어 있는

표 III-4

합성 이중차분법: 처치(자격)의 순차 적용

d_{it}	지역(집단)							
시점	A	B	C	D	E	F	G	H
0	0	0	0	0	0	0	0	0
1	0	0	0	0	0	0	0	0
2	1	1	0	0	0	0	0	0
3	1	1	1	1	0	0	0	0
4	1	1	1	1	0	0	0	0
5	1	1	1	1	0	0	0	0
6	1	1	1	1	1	1	0	0
7	1	1	1	1	1	1	0	0

3개 처치집단을 하나의 분석 표본으로 구성해 Arkhangelsky et al.(2021)의 합성 이중차분법을 적용하기는 어렵다. Arkhangelsky et al.(2021)는 이런 상황에서 아래와 같이 3개의 독립적인 분석 표본을 구성해 각 표본에 대해 합성 이중차분법을 따로 적용해 3개의 처치효과 추정치를 계산할 것을 제안한다.

먼저, 분석 표본 1은 $t=2$부터 처치가 시작된 지역 A, B가 처치집단을, 미처치 지역 G, H가 통제 후보군을 구성한다. (그에 따라 지역 C, D, E, F는 분석 표본 1에서 제외된다.) 분석 표본 1에 위에서 설명한 합성 이중차분법을 적용해 각 연도별 처치효과 추정치 $\widehat{ATT}_t^1$를 구한다. 여기서 합성 이중차분법의 식 (III-15)를 살펴보면, 처치집단에 속한 개체의 수 N_{tr}가 2 이상인 경우 목적함수 식에서 통제 개체들이 근사되는 수치는 $\frac{1}{N_{tr}}\sum_{i=N_{co}+1}^{N} Y_{it}$임에 유의할 필요가 있다. 즉 같은 시점에 처치가 시작된 개체가 2개 이상일 경우에는 각 시점 t에서 구한 Y_{it}의 단순 평균 값이 최적의 개체 가중치들을 계산하는 목표 값이 된다.

분석 표본 2는 $t=3$부터 처치가 시작된 지역 C, D가 처치집단, 미처치 지역 G, H가 통제 후보군을 구성한다. (지역 A, B, E, F는 분석 표본 2에서 제외된다.) 분석 표본 2에 대해 따로 합성 이중차분법을 적용해 각 연도별 처치효과 추정치 $\widehat{ATT}_t^2$를 구한다.

분석 표본 3은 $t=6$부터 처치가 시작된 지역 E, F가 처치집단, 미처치 지역 G, H가 통제 후보군을 구성한다. (지역 A, B, C, D는 분석 표본 3에서 제외된다.) 분석 표본 3에 대해 따로 합성 이중차분법을 적용해 각 연도별 처치효과 추정치 $\widehat{ATT}_t^3$를 구한다.

위에서 구한 $\widehat{ATT}_t^1$, $\widehat{ATT}_t^2$, $\widehat{ATT}_t^3$를 아래 식과 같이 조합함으로써 우리는 〈그림 III-1〉과 유사하게 상대시점 l별로 처치효과 추정치를 구성할 수 있다.

$$\widehat{ATT}_l = \frac{1}{N_l}(\widehat{ATT}_{l+2}^1 + \widehat{ATT}_{l+3}^2 + \widehat{ATT}_{l+6}^3) \qquad \text{(III-19)}$$

이 식에서 N_l은 상대시점 l에 대해 유효한 $\widehat{ATT}_t^k\ (k=1,2,3)$ 추정치의 개수를 의미한다. 〈표 III-4〉에 의하면, $l \in (-6,-4)$ 일 때 $N_l=1$, $l=-3$ 일 때 $N_l=2$, $l \in (-2,1)$ 일 때 $N_l=3$, $l \in (2,4)$ 일 때 $N_l=2$, 그리고 $l=5$ 일 때 $N_l=1$이다.

(1) 실습: Stata를 활용한 실증분석

이수은·강창희(2018)의 사례를 활용해 처치 개체가 여러 개이고 처치 시작 시점이 서로 상이한 경우에 대해 합성 이중차분법을 적용해 보자.

먼저 소절 III.3.가의 명령어 923번 행에서 저장한 `Lee_Kang2.dta`을 불러들인 후 xtset을 적용해 패널 데이터로 설정한다(3번 행 참조). 합성 이중차분법 명령어 sdid는 분석 표본이 균형 패널 데이터(balanced panel data)인 경우에만 실행할 수 있다. 그런데 Lee_Kang2.dta는 일부 국가의 연도별 성과변수 관측치의 일부가 결측되어 있는 불균형 패널 데이터(unbalanced panel data)이다. 합성 이중차분법을 적용하기 전에 먼저 분석 표본을 균형 패널 데이터 형식으로 재구성할 필요가 있다. 8~58번 행의 명령어는 최초의 불균형 패널 데이터를 균형 패널 데이터로 축소시키는 절차를 실행한다.

28번 행은 최초의 불균형 패널 데이터에 대해 소절 III.1의 식 (III−2)를 추정하는 명령어이고, 32번 행은 새로 구축한 균형 패널 데이터에 대해 식 (III−2)를 추정하는 명령어이다. 이들 명령어를 적용해 구한 추정결과는 38~54번 행의 표로 정리되어 있다. (1)열은 불균형 패널, (2)열은 균형 패널 데이터에 대한 추정결과이다.

48~49번 행에 의하면, 최초 불균형 패널 데이터의 총 관측치 수는 736개이고 개체(국가) 수는 86개이다. 축소된 균형 패널 데이터의 총 관측치 수는 560개이고 개체(국가) 수는 56개이다. 균형 패널 데이터는 최초의 불균형 패널 데이터의 약 4분의 3 규모로 축소되었다. 42번 행에 의하면, 균형 패널 데이터로부터 도출된 TWFE 추정치는 0.400(s.e. 0.156)으로서, 불균형 패널 데이터의 TWFE 추정치 0.532(s.e. 0.224)보다는 약간 작다. 그러나 두 추정치의 95% 신뢰구간이 서로 중복되므로, 두 개의 추정치가 통계적으로 서로 같다는 가설은 기각되지 않는다.

57번 행은 명령어 sdid를 적용하기 위해 균형 패널 데이터로 분석 표본을 한정하는 명령어이다.

```
1   . use Lee_Kang2, clear
2   .
3   . xtset id year
```

```
Panel variable: id (unbalanced)
 Time variable: year, 2005 to 2014, but with gaps
         Delta: 1 unit
.
. gen ok=.
. gen allok=.
.
. quietly xi: xtreg ln_number d i.year, fe vce(r)
. replace ok=e(sample)
(736 real changes made)

. egen sumok=total(ok), by(id)

. su sumok

    Variable ¦        Obs        Mean    Std. dev.       Min        Max
-------------+---------------------------------------------------------
       sumok ¦        736    9.244565     1.68627          2         10


.
. replace allok=(sumok==r(max))
(736 real changes made)

.
. quietly xi: xtreg ln_number d i.year, fe vce(r)

. estimate store col1

. quietly xi: xtreg ln_number d i.year if allok==1, fe vce(r)

. estimate store col2

. esttab col1 col2, b(%12.3f)     se(%12.3f) bracket star(* 0.10 ** 0.05) scalars
  (N N_g r2 F) mtitles keep(_cons d)

------------------------------------------
                      (1)             (2)
                     col1            col2
```

```
41 ----------------------------------------
42 d                  0.532**      0.400**
43                  [0.224]      [0.156]
44
45 _cons              8.766**      9.461**
46                  [0.067]      [0.067]
47 ----------------------------------------
48 N                    736          560
49 N_g               86.000       56.000
50 r2                 0.283        0.294
51 F                 16.168       17.341
52 ----------------------------------------
53 Standard errors in brackets
54 * p<0.10, ** p<0.05
55
56 .
57 . keep if e(sample)
58 (176 observations deleted)
```

59번 행은 균형 패널 데이터에 대해 명령어 **sdid**를 실행하고, 그 결과는 68~74번 행에 제시되어 있다. 71번 행의 ATT 추정치 0.292는 식 (III-2)를 통해 구한 42번 행의 ATT 추정치 0.400보다 작다.

이제 처치가 여러 개체에 순차 적용되는 상황에 대해 합성 이중차분법의 사건사 분석 추정치를 구해보자. 식 (III-19)는 이들 추정치를 계산하는 방법을 설명하는 수식이다. 우리는 Ciccia(2024)가 구축한 명령어 **sdid_ event**를 78번 행에서 적용해 사건사 분석 추정치들을 구한다. 86~99번 행에 사건사 분석 추정치들이 제시되어 있다.

명령어 **sdid_event**는 명령어 **sdid**를 기반으로 하고 있기 때문에, 88번 행의 ATT 추정치(0.292)는 71번 행의 ATT 추정치와 같다. 그러나 동일한 시드 값(1213), **vce(placebo)** 및 **reps(100)**을 적용했음에도 불구하고 두 추정치의 표준오차는 서로 다르다. **reps()**의 크기를 1,000 정도까지 높이면

두 추정치의 표준오차는 상당히 가까워진다.

안타깝게도, 명령어 sdid_event는 사건사 분석 추정치들만을 제시할 뿐 추정치들을 그래프로 표현해 주지는 않는다. 우리는 102~122번 행에서 사건사 분석 추정치들을 그래프로 표현하는 명령어를 예시하였다. 〈그림 III-7〉은 이 명령어를 적용해 도출한 합성 이중차분 사건사 분석 추정치들이다.

추후에 이수은·강창희(2018)의 균형 패널 데이터 파일을 다시 사용하기 위해 124번 행에서는 이 지점까지 업데이트한 데이터 파일을 Lee_ Kang3.dta로 저장한다.

```
59 . sdid ln_number id year d, vce(placebo) seed(1213) reps(100) graph
60 Placebo replications (100). This may take some time.
61 ----+--- 1 ---+--- 2 ---+--- 3 ---+--- 4 ---+--- 5
62 ..................................................     50
63 ..................................................     100
64
65
66 Synthetic Difference-in-Differences Estimator
67
68 -----------------------------------------------------------------------------
69    ln_number |      ATT     Std. Err.      t      P>|t|    [95% Conf. Interval]
70 -------------+---------------------------------------------------------------
71            d |   0.29207    0.23551     1.24    0.215    -0.16952     0.75365
72 -----------------------------------------------------------------------------
73 95% CIs and p-values are based on Large-Sample approximations.
74 Refer to Arkhangelsky et al., (2020) for theoretical derivations.
75
76 . set seed 1213
77
78 . sdid_event ln_number id year d, vce(placebo) brep(100) placebo(all)
79 Synthetic Difference-in-differences
80
81 Boostrap replications (100), placebo mode.
```

```
|0% ---------------------------------------- 100%|
|..........................................|


             |  Estimate         SE      LB CI      UB CI  Switchers
-------------+-------------------------------------------------------
         ATT |  .2920658   .1521322  -.0061134    .590245          5
    Effect_1 |  .2228804   .1384406  -.0484631    .494224          5
    Effect_2 |  .4073748   .2348976  -.0530245   .8677741          3
   Placebo_1 |  .0336372   .0507215   -.065777   .1330514          5
   Placebo_2 |  -.021875   .0616268  -.1426634   .0989135          5
   Placebo_3 | -.0508639    .058509  -.1655416   .0638139          5
   Placebo_4 |  .0045992   .1032043  -.1976811   .2068796          5
   Placebo_5 | -.0429269   .1338763  -.3053245   .2194706          5
   Placebo_6 | -.0104529   .0789229  -.1651418   .1442361          5
   Placebo_7 | -.0698105   .0734095  -.2136931   .0740721          5
   Placebo_8 | -.0486479   .0815437  -.2084735   .1111776          5
   Placebo_9 | -.1358408   .1339634  -.3984091   .1267274          3

.
. preserve

. mat res = e(H)[2..12,1..5]

. // matlist res

. svmat res

. gen rtime = _n - 1 if !missing(res1)
(549 missing values generated)

. replace rtime = 2 - _n if _n > 2 & !missing(res1)
(9 real changes made)

. sort rtime

. twoway (rcap res3 res4 rtime, lc(gs10) fc(gs11%50)) (connected res1 rtime, mc(blue)
  lc(blue) ms(d)), legend(off) yline(0, lc(red) lp(-)) xline(0, lc(red) lp(-))
```

그림 III-7

처치의 순차적용 상황의 합성 이중차분법 사건사 분석 추정치

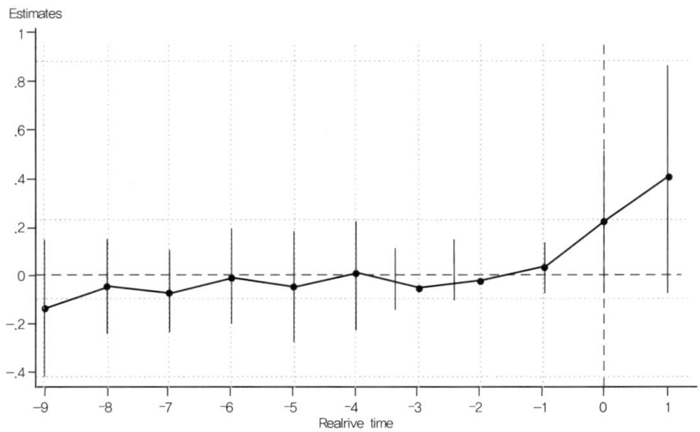


```
xscale(range(-9 1)) xlabel(-9(1)1) ylabel(-.4(.2)1) xtitle(Relative time) yti-
tle(Estimates)

. // graph save "Graph" "$dir1\sdid_event.gph", replace

. restore
.
. save Lee_Kang3, replace
. file Lee_Kang3.dta saved
```

Ⅳ

강건형 이중차분법

제III장에서 다룬 일반형 이중차분법은 개체에 대한 지속 관찰 자료인 패널 데이터를 대상으로 적용된다. 그리고 식 (III-3)에서와 같이 모든 일반형 이중차분법은 기본적으로 2원 고정효과(TWFE) 모형으로 이해할 수 있다. 패널 데이터를 활용해 평행 추세 또는 이질적 추세를 적절히 통제하면 적절한 처치효과 추정치를 구할 수 있다는 것이 제III장의 핵심적인 내용이다.

그런데 최근 실증 경제학 논문들은 TWFE 모형에 대한 이와 같은 믿음이 잘못된 것일 수 있다고 지적한다. 이 장에서는 TWEF의 한계를 지적한 연구들을 검토하고, 최근에 제안된 강건형 이중차분법(robust DID)을 소개한다.

1. 2원 고정효과 모형의 결함

본 소절에서는 de Chaisemartin and D'Haultfoeuille(CH, 2023)이 TWFE 모형의 잠재적 결함에 대해 요약 정리한 내용을 소개한다. 제III장에서 사용했던 모형 설정 방법을 약간 수정해, 연구자가 아래와 같은 TWFE 모형을 통해 처치효과 추정치를 구하고자 한다고 가정하자.

$$Y_{igt} = \alpha_g + \tau_t + \beta_{FE} d_{gt} + u_{igt} \qquad \text{(IV-1)}$$

위 식에서 Y_{igt}는 집단 g에 속해 있는 개체 i의 시점 t 현재 성과변수 값을 표시한다. α_g는 집단 고정효과를 표시하고, 식 (III-3)의 G_g와 같다. τ_t는 연도 고정효과이고, 식 (III-3)의 τ_t와 같다. d_{gt}는 처치변수(더미변수)이고, 이 변수는 (개체가 아닌) 집단 g별로 상이한 시점에 처치가 시행되는(또는 처치 자격이 부여되는) 상황을 표현한다. 식 (IV-1)은 각 집단에 속한 개별 개체들의 정보가 있을 때 적용할 수 있는 통계 모형이다. 식 (IV-1)은 관측치의 기본 단위가 집단이 아니라 개체라는 점을 제외하면, 기본적으로 식 (III-3)과 동일한 통계 모형이다.

처치 자격이 집단에 따라 상이한 시점에 부여되었으므로, 식 (IV-1)에서는 집단 고정효과와 연도 고정효과가 통제되어 있다. 본 사례에서는 처치효과 추정을 위해 개체 고정효과(γ_i)를 반드시 통제할 필요는 없다. 처치효과를 올바르게 추정하려면 집단 고정효과와 시점 고정효과를 반드시 통제해야 한다.

식 (IV-1)에서는 평행 추세를 가정한다. 본 절에서는 핵심 사항을 명확히 드러내기 위해 평행 추세가 성립한다고 가정하고 이질적인 추세는 별도로 고려하지 않는다.

CH(2020, 2023)는 평행 추세가 성립할 때 식 (IV-1)에 TWFE 추정법을 적용해 계산한 추정치 $\widehat{\beta_{FE}}$가 아래의 통계적 특성을 가짐을 보인다.

$$E[\widehat{\beta_{FE}}] = E\left[\sum_{(g,t)\,:\,d_{gt}\neq 0} W_{gt} \cdot TE_{gt}\right] \qquad \text{(IV-2)}$$

위 식에서 $E[\cdot]$은 기댓값을 의미하고, TE_{gt}는 집단 g의 시점 t에 대해 정의되는 ATT로서 $TE_{gt} \equiv E[Y_{gt}(1) - Y_{gt}(0)]$로 표시된다. W_{gt}는 $E[\widehat{\beta_{FE}}]$를 계산할 때 각 TE_{gt}에 부여되는 가중치로서, 유효한 W_{gt}를 모두 합하면 1이 된다.

CH(2020, 2023)는 W_{gt}의 결정식이 매우 복잡하지만, 간단히 줄이면 W_{gt}는 아래 식의 우변에 비례하면서 우변과 동일한 부호를 취함을 증명하였다.

$$W_{gt} \sim N_{gt}(d_{gt} - d_{g.} - d_{.t} + d_{..}) \qquad \text{(IV-3)}$$

위 식에서 N_{gt}는 셀 (g,t)에 속한 관측치들의 수로서 이 값은 항상 양이다. d_{gt}는 처치변수로서 셀 (g,t)에 따라 0 또는 1의 값을 취한다. $d_{g.}$는 집단 g의 모든 시점 t를 이용해 구한 d_{gt}의 평균값으로서 0과 1 사이의 값을 갖는다. 이 값은 집단 g가 분석 대상 시점들 중 어떤 비중의 기간 동안 처치(또는 처치 자격)가 부여되었는지를 표시한다. 집단 g에 모든 시점에서 처치가 적용된 경우 $d_{g.} = 1$, 일부 시점에만 처치가 적용된 경우 $d_{g.} \in (0,1)$이고, 모든 시점에 처치가 적용되지 않은 경우 $d_{g.} = 0$이다.

$d_{g.}$와 유사한 논리로, $d_{.t}$는 특정 시점 t를 대상으로 모든 집단 g의 d_{gt}를 이용해 구한 d_{gt}의 평균값으로서 0과 1 사이의 값을 갖는다. 이 값은 시점 t에 처치가 적용된 집단의 비중을 나타낸다. 시점 t 현재 어느 집단에도 처치가 적용되고 있지 않은 경우 $d_{.t} = 0$, 일부 집단에만 처치가 적용되고 있는 경우 $d_{.t} \in (0,1)$이고, 모든 집단에 처치가 적용되고 있는 경우 $d_{.t} = 1$이다.

마지막으로, $d_{..}$는 모든 셀 (g,t)를 대상으로 계산한 d_{gt}의 평균값으로서, $d_{..}$는 0과 1 사이의 값을 취한다.

식 (IV-3)에 의하면, W_{gt}의 부호는 $(d_{gt}-d_{g.}-d_{.t}+d_{..})$에 의해 결정된다. $(d_{gt}+d_{..}) \geq (d_{g.}+d_{.t})$이 성립하면 $(d_{gt}-d_{g.}-d_{.t}+d_{..}) \geq 0$이므로 W_{gt}는 0 또는 양수를 취한다. 모든 셀 (g,t)에 대해 $(d_{gt}-d_{g.}-d_{.t}+d_{..}) \geq 0$이 성립하면, $E[\widehat{\beta_{FE}}]$는 여러 개 TE_{gt}들의 가중 평균값으로 해석되고 별다른 문제를 야기하지 않는다. 그런데, 만약 어떤 셀 (g,t)에 대해 $(d_{gt}+d_{..})<(d_{g.}+d_{.t})$이 성립한다면 $(d_{gt}-d_{g.}-d_{.t}+d_{..})<0$이므로 W_{gt}는 음수를 취한다. 만약 일부 셀 (g,t)에서 W_{gt}의 값이 음수인 경우, 모든 셀 (g,t)에서 TE_{gt}가 양수라 하더라도 $E[\widehat{\beta_{FE}}]$는 음수가 될 가능성이 발생한다. 즉, 모든 셀에서 처치효과가 양수임에도 불구하고, 식 (IV-1)을 추정해 구한 처치효과의 TWFE 추정치 $\widehat{\beta_{FE}}$과 기댓값 $E[\widehat{\beta_{FE}}]$은 음수가 될 수도 있다. 이것은 TWFE 모형을 이용해 계산한 추정치가 진정한 처치효과를 전혀 보여주지 못하고, 오히려 부호가 반대인 추정치를 산출할 수 있음을 시사한다. CH(2023)는 TWFE 모형에서 발생하는 이와 같은 문제를 **음의 가중치(negative weights) 문제**라고 부른다.

간단한 예를 통해 **음의 가중치 문제**를 확인해 보자. 〈표 IV-1〉은 집단이 2개, 시점이 3개인 상황에서 처치가 집단 A와 B에 순차적으로 적용되는 상황을 표현한다. 시점 0에는 처치가 두 집단에 모두 적용되고 있지 않다. 시점 1부터 집단 A(early-adopter)에 처치가 적용되기 시작해 시점 2까지 지속되었다. 집단 B에게 처치는 시점 1까지는 적용되지 않았고, 시점 2부터 적용되기 시작하였다. TWFE 분석을 위한 표본은 시점 0에서 2까지의 정보만을 보유하고 있다.

여기서 $(g=A, t=2)$ 셀을 생각해보자. 이 셀에서는 $d_{A2}=1, d_{A.}=\frac{2}{3}$, $d_{.2}=1, d_{..}=\frac{1}{2}$이 성립하고, 그에 따라 $d_{gt}-d_{g.}-d_{.t}+d_{..}=1-\frac{2}{3}-1+\frac{1}{2}=-\frac{1}{6}$

표 IV-1

음의 가중치를 유발하는 사례의 처치 적용

d_{it}	집단 g		
시점 t	A (Early)	B (Late)	평균
0	0	0	0
1	1	0	1/2
2	1	1	1
평균	2/3	1/3	1/2

이 성립한다. 그러므로 W_{A2}는 음수가 된다. 반면, W_{A1}와 W_{B2}는 양수를 취한다. 이 경우 TE_{A1}, TE_{A2}, TE_{B2}가 모두 양수라고 하더라도, $E[\widehat{\beta_{FE}}]$는 음수가 될 가능성이 발생한다. 만약 $E[\widehat{\beta_{FE}}]$이 음수이면, 식 (IV−1)로부터 구한 평균 처치효과 추정치가 개별 처치효과들의 참값을 전혀 반영하지 못하는 문제가 발생한다.

위와 같이 음의 가중치 문제가 발생하는 이유는, 시점 0과 1을 비교하는 이중차분에서는 **집단 A**가 처치집단의 역할을 하고, 시점 1과 2를 비교하는 이중차분에서는 통제집단의 역할을 하기 때문이다. Goodman-Bacon(2021)의 논의를 이용해 음의 가중치가 발생하는 이유를 좀 더 자세히 살펴보자.

Goodman-Bacon(2021)에 의하면, 식 (IV−1)에 대해 TWFE 추정법을 적용해 구한 추정치 $\widehat{\beta_{FE}}$ 은 아래와 같은 특성을 갖는다.

$$\widehat{\beta_{FE}} = \sum_{(g \neq g', t < t')} \left[v_{g,g',t,t'} \cdot DID_{g,g',t,t'} \right] \tag{IV−4}$$

위 식에서 $DID_{g,g',t,t'} \equiv (\overline{Y}_{g',t'} - \overline{Y}_{g',t}) - (\overline{Y}_{g,t'} - \overline{Y}_{g,t})$이고, 가중치 $v_{g,g',t,t'}$는

(i) $v_{g,g',t,t'} > 0$과 (ii) $\sum v_{g,g',t,t'} = 1$의 관계를 만족한다.

식 (IV-4)에 의하면, 〈표 IV-1〉로부터 구한 처치효과 추정치 $\widehat{\beta_{FE}}$은 다음과 같이 쓸 수 있다.

$$\widehat{\beta_{FE}} = \frac{1}{2}(DID_{B,A,0,1} + DID_{A,B,1,2}) \tag{IV-5}$$

이 식에서 $DID_{B,A,0,1} \equiv (\overline{Y}_{A,1} - \overline{Y}_{A,0}) - (\overline{Y}_{B,1} - \overline{Y}_{B,0})$이고, $DID_{A,B,1,2} \equiv (\overline{Y}_{B,2} - \overline{Y}_{B,1}) - (\overline{Y}_{A,2} - \overline{Y}_{A,1})$이다.

평행 추세가 성립한다고 가정할 때, $E[DID_{B,A,0,1}] \equiv TE_{A,1}$이 성립한다. 그리고, $E(\overline{Y}_{B,2}) - E(\overline{Y}_{B,1}) = E[Y_{B,2}(0) + TE_{B,2}] - E[Y_{B,1}(0)]$, $E(\overline{Y}_{A,2}) - E(\overline{Y}_{A,1}) = E[Y_{A,2}(0) + TE_{A,2}] - E[Y_{A,1}(0) + TE_{A,1}]$의 관계로부터 우리는 평행 추세(즉 $E[Y_{A,2}(0) - Y_{A,1}(0)] = E[Y_{B,2}(0) - Y_{B,1}(0)]$)가 성립하면, $E[DID_{A,B,1,2}] = TE_{B,2} - TE_{A,2} + TE_{A,1}$이 성립함을 알 수 있다. 식 (IV-5)에 기댓값을 취하면 다음과 같은 결과가 도출된다.

$$E[\widehat{\beta_{FE}}] = \frac{1}{2}TE_{B,2} + TE_{A,1} - \frac{1}{2}TE_{A,2} \tag{IV-6}$$

식 (IV-6)과 (IV-2)를 비교해보면, $W_{A,1} = 1$, $W_{A,2} = -\frac{1}{2}$, $W_{B,2} = \frac{1}{2}$임을 알 수 있다. 식 (IV-3)을 통해 이미 예상한 바와 같이, $W_{A,2}$는 음수이다.

양수인 $W_{A,1}$ 및 $W_{B,2}$와는 달리 $W_{A,2}$가 음수가 되는 이유는 $d_{A.}$와 $d_{.2}$의 값이 $d_{..}$과 비교할 때 상대적으로 크기 때문이다. $d_{A.}$가 큰 것은 집단 A의 처치가 분석 대상 기간의 초기 시점에 시작되어 처치효과가 이미 오랜 기간 발현되고 있었기 때문이다. 이런 집단 A를 통제집단처럼 간주하고 이중차분 값 $DID_{A,B,1,2}$를 계산하면, 예상치 못한 편의가 발생할 수 있다.

$d_{.2}$가 상대적으로 큰 이유는 시점 2에는 이미 두 개 집단 모두가 처치 적용 상태에 있기 때문이다. 따라서 특정 시점에 처치를 적용받는 집단의 비중이 높을 경우, 해당 시점을 처치효과 추정에서 제외할 필요가 있다. 극단적으로 모든 집단에 대해 처치가 적용되고 있는 시점은 처치효과의 추정에서 제외시켜야 한다. 이 시점에서는 통제집단이 존재하지 않기 때문에 처치효과를 식별할 수 없다. CH(2020, 2023)는 $DID_{A,B,1,2}$와 같이 **음의 가중치**를 유발할 가능성이 있는 계산을 **금지된 비교(forbidden comparisons)**라고 부르면서, 적절한 처치효과 추정치를 구하기 위해서는 추정치 계산에서 금지된 비교들은 추정에서 제거되어야 한다고 설명한다.

$W_{A,2}$가 음수가 되어 위에서 언급한 음의 가중치 문제가 나타날 가능성이 생긴다고 하더라도 다음과 같은 두 가지 경우에는 음의 가중치가 심각한 문제를 야기하지 않을 수도 있다.

첫 번째 경우는 $TE_{A,1} = TE_{A,2}$가 성립할 때로서, 이는 처치가 집단 A에 미치는 효과가 처치 지속 시점에 따라 달라지지 않는 상황이다. 이 경우에는 $E[\widehat{\beta_{FE}}] = \frac{1}{2}TE_{B,2} + \frac{1}{2}TE_{A,1}$이 성립하므로 음의 가중치로 인한 처치효과 부호의 역전 현상이 발생하지 않는다. 그런데 각 셀의 TE가 양수라고 가정할 때, $TE_{A,1} < TE_{A,2}$가 성립하면 부호의 역전 현상이 나타날 가능성이 커진다. 이는 집단 A에 미치는 처치효과가 처치 지속 기간에 따라 급격히 증가하는 경우이다. 즉 처치가 지속됨에 따라 처치효과가 추세적으로 상승하는 경우에는 음의 가중치가 나타나고 그로 인해 처치효과 부호의 역전 현상이 발생할 가능성이 높아진다.

두 번째 경우는 $TE_{A,2} = TE_{B,2}$가 성립할 때로서, 이는 시점 2의 처치효과가 집단 A와 B에서 동일한 경우이다. 이 경우에는 $E[\widehat{\beta_{FE}}] = TE_{A,1}$이 성립하므로 여기에서는 음의 가중치로 인한 부호의 역전 현상이 발생하지 않는다.

위에서 확인한 바와 같이, 음의 가중치 문제가 발생하지 않는 경우는 처치가 처치 지속 기간별로, 그리고 처치집단별로 동질적인 경우이다. 그러나 처치효과가 처치 지속 기간별로, 또는 처치집단별로 (상당히) 이질적인 경우에는 음의 가중치로 인한 부호의 역전 현상이 발생할 수 있다. 그러므로 처치효과가 이질적인 경우에는 TWFE 모형을 통해 적절한 처치효과 추정치를 구하지 못할 가능성이 생긴다. 이하에서는 음의 가중치를 유발하는 금지된 비교를 제거하고, 처치효과를 식별하는 추정법들을 소개한다.

2. 강건형 이중차분법: 처치효과의 이질성에 강건한 추정법

위 소절에서 살펴본 바와 같이, 최근 실증경제학 문헌들은 통상적인 TWFE 모형이 **음의 가중치**로 인해 처치효과를 적절히 추정하지 못할 가능성이 있다고 지적한다. 이들 문헌은 TWFE 모형의 대안적인 추정방법으로서, 처치효과의 이질성을 고려하면서 **음의 가중치 문제**를 극복하는 강건한 추정방법들(Heterogeneity-robust DID)을 제안하고 있다. 강건형 이중차분법을 제안한 대표적인 연구로는 Borusyak, Jaravel and Spiess(BJS, 2024), Callaway and Sant'Anna(CS, 2021), de Chaisemartin and D'Haultfoeuille (CH, 2020, 2023, 2024), Sun and Abraham(SA, 2021), Wooldridge(JW, 2021) 등이 있다.

Goodman-Bacon(2021)이 설명한 바와 같이, TWFE 추정법은 처치효과 추정치를 계산하는 과정에서 **금지된 비교들**을 배제하지 못한다. 강건형 추정법들은 TWFE 추정법과는 달리 (2×2)의 단순형 이중차분을 집단과 시점의 여러 조합들에 적용하면서 '금지된 비교들'을 배제한 상태에서 처치효과 추정치를 계산한다. 각 강건형 추정법들은 금지된 비교를 배제하는 방식과 통제집단을 구성하는 방식에서 차이가 있다. 우리는 여러 개의 강건형 추정법들 중에서 대표적으로 CS(2021)와 JW(2021)만을 다루고자 한다.

CH(2023)에 따르면, SA(2021)의 추정법은 CS(2021)의 추정법에서 전기간(全期間) 미처치 집단(the never-treated)을 통제집단으로 사용하는 경우와 같다. 그리고, CH(2024)의 추정법은 CS(2021)의 추정법에서 처치 예정 미처치 집단(the not-yet-treated)을 통제집단으로 사용하는 경우와 같다. 그러므로 CS(2021)는 SA(2021)와 CH(2024)를 동시에 포괄하는 추정법으로 이해할 수 있다.

한편, JW(2021) 추정법은 CS(2021) 추정법과의 명시적인 포함 관계를 설정하기는 어렵지만, BJS(2021)의 추정법과 유사한 가정에 기반을 두고 있다. 그리고 JW(2021)는 전통적인 TWFE 모형을 활용하면서도 금지된 비교들을 배제한다. 모든 강건형 이중차분법이 금지된 비교들을 배제하면서 약간씩 서로 다른 가정에 기반을 두고 있기 때문에, CS(2021)와 JW(2021) 추정법만 검토해도 강건형 이중차분법의 핵심구조를 대부분 포함할 수 있다.

가. CS(2021)의 추정법

CS(2021)는 먼저 아래 식과 같이 식 (II-1)에서 사용한 평행 추세의 가정을 확장한다.

$$E[Y_{gt}(\boldsymbol{O}_t) - Y_{gs}(\boldsymbol{O}_s)] = E[Y_{g't}(\boldsymbol{O}_t) - Y_{g's}(\boldsymbol{O}_s)], \quad t > s \qquad \text{(IV-7)}$$

위 식에서 $\boldsymbol{O}_t$는 시점 1부터 t까지 미처치 상태였음을 표시하는 $(1 \times t)$ 0-벡터이다. 식 (IV-7)은 집단 g와 g' 사이에서 시점 s부터 t까지 평행 추세가 성립한다는 가정이다. 식 (II-1)이 2기 사이의 평행 추세를 가정한 것과 비교할 때, 식 (IV-7)은 시점 s부터 t까지 2기 이상의 기간 동안 성립하는 평행 추세를 표현한다.

$Y_{gt}(\boldsymbol{O}_t)$는 집단 g가 시점 1부터 t까지 미처치 상태일 경우의 잠재적 성과 값을 표현한다. 그리고 이때의 집단 g는 처치가 최초로 시작된 시점(또는 처치 자격이 최초로 부여된 시점)이 g인 개체들의 집단을 의미한다.

시점 g에 처치가 최초로 시작된 집단 코호트가 시점 $g+h$에 경험하는 평균 처치효과를 아래와 같이 정의하자.

$$TE_{g,\,g+h} \equiv E[\,Y_{g,\,g+h}(\boldsymbol{O}_{g-1},\mathbf{1}_{h+1}) - Y_{g,\,g+h}(\boldsymbol{O}_{g+h})] \qquad \text{(IV-8)}$$

위 식에서 $\mathbf{1}_h$는 h개 시점 동안 처치 상태에 있었음을 표시하는 $(1\times h)$ 1-벡터이다.

식 (IV-7)의 확장형 평행 추세를 가정하면, 아래의 관계가 성립함을 보일 수 있다.

$$\begin{aligned}
&E[(Y_{g,g+h} - Y_{g,g-1}) - (Y_{n,g+h} - Y_{n,g-1})]\\
&= E[Y_{g,g+h}(\boldsymbol{O}_{g-1},\mathbf{1}_{h+1}) - Y_{g,g-1}(\boldsymbol{O}_{g-1})]\\
&- E[Y_{n,g+h}(\boldsymbol{O}_{g+h}) - Y_{n,g-1}(\boldsymbol{O}_{g-1})]\\
&= E[Y_{g,g+h}(\boldsymbol{O}_{g-1},\mathbf{1}_{h+1}) - Y_{g,g+h}(\boldsymbol{O}_{g+h})]\\
&+ \{E[Y_{g,g+h}(\boldsymbol{O}_{g+h}) - Y_{g,g-1}(\boldsymbol{O}_{g-1})] - E[Y_{n,g+h}(\boldsymbol{O}_{g+h}) - Y_{n,g-1}(\boldsymbol{O}_{g-1})]\}\\
&= TE_{g,g+h} \qquad \text{(IV-9)}
\end{aligned}$$

위 식에서 n은 분석 대상 기간 동안 처치가 적용되지 않는 집단, 즉 전기간(全期間) 미처치 집단(the never-treated)을 의미한다. 그리고 위 식의 두번째 등호는 식 (IV-7)의 확장형 평행 추세에 의해 성립한다. 즉 $TE_{g,g+h}$의 추정치는 $E[(Y_{g,g+h}-Y_{g,g-1})-(Y_{n,g+h}-Y_{n,g-1})]$의 표본 대응치를 계산함으로써 구할 수 있다.

식 (IV-9)에서는 집단 g와 n만을 이용해 시점 g와 $g+h$ 사이에서 이중차분을 적용하기 때문에, CS(2021) 추정법에서는 음의 가중치를 유발하는 금지된 비교들이 자연스럽게 배제된다. 그리고 위에서 언급한 바와 같이, 식 (IV-9)처럼 전기간 미처치 집단을 통제집단으로 사용하는 경우 CS(2021) 추정법은 SA(2021) 추정법과 같게 된다. 만약 $TE_{g,g+h}$의 계산에서 통제집단으로서 (전기간 미처치 집단 대신) 처치 예정 미처치 집단(the not-yet-treated)을 사용하는 경우 CS(2021) 추정법은 CH(2024) 추정법과 같게 된다(CH, 2023).

식 (IV-9)를 통해 우리는 여러 조합의 $TE_{g,g+h}$ $(g=1,2,\cdots,G; h=\cdots,-2,0,1,\cdots)$ 추정치를 구할 수 있다. 이들을 이용해 아래 식과 같이 처치 개시 후 $h(\geq 0)$ 시점 또는 개시 전 $h(\leq -2)$ 시점의 처치효과 추정치를 표현할 수 있다. ($h=-1$은 추정치 해석의 기준점이 된다.)

$$TE_h=\sum_g w_g \cdot TE_{g,g+h} \tag{IV-10}$$

위 식에서 w_g는 집단 g에 부여하는 가중치이다. TE_h 추정치를 각 h별로 표시한 그래프가 바로 〈그림 III-1〉에 표시되어 있는 Callaway-Sant' Anna 사건사 분석법 추정치이다.

본 절에서 설명하는 강건형 추정법들은 모두 분석 표본이 균형 패널 데이터인 경우를 전제한다. 모든 강건형 추정법은 식 (IV-9)와 같이 시점 g에 처치가 최초로 시작된 개체들이 시점 $g+h$에 보이는 평균 성과를 비교한다. 식 (IV-9)의 암묵적인 가정은 $E[Y_{g,g+h}-Y_{g,g-1}]$의 계산에서 동일한 개체들이 사용된다는 것이다. 만약 시점 $g-1$과 $g+h$ 사이에 일부 개체들이 분석 표본에서 사라진다면 식 (IV-9)의 $E[Y_{g,g+h}-Y_{g,g-1}]$는 $[E(Y_{g,g+h})-E(Y_{g,g-1})]$와 같지 않게 된다. 동일한 문제점이 $E[Y_{n,g+h}-Y_{n,g-1}]$의 계산에서도 발생한다. 그러므로, CS(2021) 추정법을 포함해 모든 강건형 추정법은 분석 표본에 포함된 개체들의 성과변수 값이 모든 분석 대상 시점에 관측되는 균형 패널 데이터를 기반으로 한다. 즉 강건형 추정법을 적용하기 전에 먼저 분석 표본을 균형 패널 데이터로 변환하는 절차가 필요하다.

1) 실습: Stata를 활용한 실증분석

본 소절에서는 이수은·강창희(2018)의 사례를 이용해 CS(2021) 추정법을 적용해 본다. CS(2021) 추정법을 실행하는 Stata 명령어는 다음과 같다.

먼저 1번 행에서 우리는 위 소절 II.5.2.나(1)에서 구축한 균형 패널 데이터 `Lee_Kang3.dta`을 불러들인다(Stata 명령어의 124번 행 참고). 4번 행에서는 명령어 `xtset`을 적용해 분석 표본을 패널 데이터로 설정한다. 6~8번 행의 결과에 의하면, 이 데이터는 균형 패널 데이터이다.

상이한 변수들에 대해 이하의 명령어를 유연하게 사용하기 위해 11~15번 행에서는 종속변수인 관광객 수의 로그값(`ln_number`)을 `Y`로, 개체 식별변수(`id`)를 `i`로, 시점 식별변수(`year`)를 `t`로 재정의한다. 처치 더미변수인 `d`는 꽃보다 시리즈 방영 여부이다.

CS(2021) 추정법을 적용하기 전에 먼저 처치 개체 i에 처치가 적용된 최초 시점을 표시하는 변수 `Ei`(이하 처치 시작 연도)와 처치 시작 연도 기준 상대시점 변수 `K`를 확인할 필요가 있다. 22~27번 행의 기술 통계량에 의하면, 균형 패널 데이터의 총 관측치 수는 560개이다. 그리고 `Ei`와 `K`의 값은 50개 관측치에만 부여되어 있다. `Ei`와 `K`의 값은 처치 개체들에게만 부여되어 있으므로, 전기간 미처치 개체들의 `Ei`와 `K`는 결측으로 처리되어 있다.

18번 행에서는 식 (IV-9)의 g, 즉 처치 시작 연도별로 집단을 식별하는 변수 **gvar**를 생성한다. 변수 **gvar**는 전기간 미처치 개체의 경우 0, 처치 개체의 경우 처치 시작 연도(**Ei**)의 값을 갖는다.

```
1 . use Lee_Kang3, clear
2
3 .
4 . xtset id year  // unit id & calendar period
5
6 Panel variable: id (strongly balanced)
7 Time variable: year, 2005 to 2014
8 Delta: 1 unit
9
10 .
11 . gen Y=ln_number
12
13 . gen i=id
14
15 . gen t=year
16
17 .
18 . gen gvar = cond(Ei==., 0, Ei) // group variable as required for the csdid command
19
20 . sum Ei K t gvar
21
22  Variable    |        Obs        Mean    Std. dev.       Min        Max
23  ------------+---------------------------------------------------------
24  Ei          |         50      2013.4    .4948717       2013       2014
25  K           |         50        -3.9    2.943343         -9          1
26  t           |        560      2009.5    2.874849       2005       2014
27  gvar        |        560    179.7679    574.6458          0       2014
```

31번 행은 CS(2021) 추정법을 적용해 꽃보다 시리즈의 인과효과를 추정하는 명령어이다. 옵션 **notyet**은 전기간 미처치 개체뿐 아니라 처치 예정 미처치 개체도 통제집단으로 지정한다. 옵션 long2는 ⟨그림 III-2⟩와 같이 상대 시점 $h=-1$을 기준으로 처치 전 추정치와 처치 후 추정치를 계산한다. (명령어 csdid의 옵션 short나 long으로 구한 추정치는 ⟨그림 III-2⟩에 대응하는 사건사 분석 추정치로 구한 추정치와는 다르다는 점에 유의하라.)

33~65번 행은 꽃보다 시리즈가 2013년에 방영된 국가 집단(g2013)과 2014년에 방영된 국가 집단(g2014) 각각에 대해 식 (IV-9)를 계산한 결과이다. 이들 추정치가 식 (IV-10)을 통해 TE_h로 전환되고, 112번 행의 명령어 estat event를 통해 도출된 결과는 114~130번 행에 제시되어 있다. 이들 추정치는 옵션 estore(cs)를 통해 cs라는 이름으로 저장된다. 133번 행에서는 명령어 event_plot을 이용해 cs에 저장된 추정치들을 ⟨그림 IV-1⟩의 그래프로 나타낸다.

```
30 . // Estimation with csdid of Callaway and Sant'Anna (2021)
31 . csdid Y, ivar(i) time(t) gvar(gvar) notyet long2
32 ..................
33 Difference-in-difference with Multiple Time Periods
34
35 Number of obs = 560
36 Outcome model  : regression adjustment
37 Treatment model: none
38 -------------------------------------------------------------------------------
39             ¦ Coefficient  Std. err.      z    P>¦z¦     [95% conf. interval]
40 ------------+------------------------------------------------------------------
41 g2013       ¦
42 t_2005_2012 ¦   .2820597   .1196322     2.36   0.018     .0475849    .5165346
43 t_2006_2012 ¦   .1363442   .0907849     1.50   0.133    -.0415909    .3142794
44 t_2007_2012 ¦   .1700499   .0771566     2.20   0.028     .0188258    .3212741
45 t_2008_2012 ¦   .1068193   .0991907     1.08   0.282    -.0875908    .3012294
46 t_2009_2012 ¦  -.0026375   .0779039    -0.03   0.973    -.1553264    .1500514
47 t_2010_2012 ¦   .0734927    .051237     1.43   0.151    -.0269301    .1739154
48 t_2011_2012 ¦   .0674698   .0320344     2.11   0.035     .0046835    .1302561
49 t_2012_2013 ¦    .162524   .0830363     1.96   0.050    -.0002241    .3252721
```

```
t_2012_2014 ¦   .4232305    .097118     4.36   0.000     .2328828    .6135782
-------------+----------------------------------------------------------------
g2014        ¦
t_2005_2013 ¦  -1.196911   .2738893    -4.37   0.000    -1.733724   -.6600975
t_2006_2013 ¦  -1.225792   .2876177    -4.26   0.000    -1.789512   -.6620713
t_2007_2013 ¦  -.9571056   .4299411    -2.23   0.026    -1.799775   -.1144366
t_2008_2013 ¦  -.7565024   .3394064    -2.23   0.026    -1.421727    -.091278
t_2009_2013 ¦   -.726301    .226766    -3.20   0.001    -1.170754   -.2818478
t_2010_2013 ¦  -.3824029   .2918079    -1.31   0.190    -.9543358      .18953
t_2011_2013 ¦  -.3891002   .2475881    -1.57   0.116     -.874364    .0961636
t_2012_2013 ¦  -.2753108    .114981    -2.39   0.017    -.5006695   -.0499522
t_2013_2014 ¦   .3027407   .1713386     1.77   0.077    -.0330768    .6385582
------------------------------------------------------------------------------
Control: Not yet Treated

See Callaway and Sant'Anna (2021) for details

. estat all
Pretrend Test. H0 All Pre-treatment are equal to 0
chi2(15) =  1396.3410
p-value  =     0.0000
Average Treatment Effect on Treated
------------------------------------------------------------------------------
    ¦ Coefficient  Std. err.      z    P>¦z¦     [95% conf. interval]
----+-------------------------------------------------------------------------
ATT ¦   .2953431   .0769249     3.84   0.000      .144573    .4461132
------------------------------------------------------------------------------
ATT by group
------------------------------------------------------------------------------
         ¦ Coefficient  Std. err.      z    P>¦z¦     [95% conf. interval]
---------+--------------------------------------------------------------------
GAverage ¦   .2968226   .0853504     3.48   0.001      .129539    .4641063
G2013    ¦   .2928772   .0856904     3.42   0.001     .1249271    .4608273
G2014    ¦   .3027407   .1713386     1.77   0.077    -.0330768    .6385582
------------------------------------------------------------------------------
ATT by Calendar Period
------------------------------------------------------------------------------
         ¦ Coefficient  Std. err.      z    P>¦z¦     [95% conf. interval]
---------+--------------------------------------------------------------------
```

```
CAverage ¦   .2687793   .0764114     3.52   0.000     .1190158    .4185428
T2013    ¦    .162524   .0830363     1.96   0.050    -.0002241    .3252721
T2014    ¦   .3750346   .0958039     3.91   0.000     .1872625    .5628067
------------------------------------------------------------------------------
ATT by Periods Before and After treatment
Event Study:Dynamic effects
------------------------------------------------------------------------------
         ¦ Coefficient  Std. err.      z    P>¦z¦     [95% conf. interval]
---------+--------------------------------------------------------------------
Pre_avg  ¦  -.3227197   .1989181    -1.62   0.105    -.7125919    .0671525
Post_avg ¦   .3209206   .0795728     4.03   0.000     .1649607    .4768805
Tm9      ¦  -1.196911   .2738893    -4.37   0.000    -1.733724   -.6600975
Tm8      ¦  -.3210808   .3510871    -0.91   0.360    -1.009199    .3670372
Tm7      ¦  -.3010357   .2940384    -1.02   0.306    -.8773404     .275269
Tm6      ¦   -.200571   .2420902    -0.83   0.407     -.675059     .273917
Tm5      ¦  -.2264288   .2096178    -1.08   0.280    -.6372722    .1844146
Tm4      ¦  -.1545437   .1477851    -1.05   0.296    -.4441972    .1351099
Tm3      ¦  -.1115445   .1406152    -0.79   0.428    -.3871451    .1640562
Tm2      ¦  -.0696425   .0876076    -0.79   0.427    -.2413502    .1020653
Tp0      ¦   .2186107   .0861426     2.54   0.011     .0497743    .3874471
Tp1      ¦   .4232305    .097118     4.36   0.000     .2328828    .6135782
------------------------------------------------------------------------------

. estat event, window(-9 1) estore(cs) // this produces and stores the estimates
  at the same time
ATT by Periods Before and After treatment
Event Study:Dynamic effects
------------------------------------------------------------------------------
         ¦ Coefficient  Std. err.      z    P>¦z¦     [95% conf. interval]
---------+--------------------------------------------------------------------
Pre_avg  ¦  -.3227197   .1989181    -1.62   0.105    -.7125919    .0671525
Post_avg ¦   .3209206   .0795728     4.03   0.000     .1649607    .4768805
Tm9      ¦  -1.196911   .2738893    -4.37   0.000    -1.733724   -.6600975
Tm8      ¦  -.3210808   .3510871    -0.91   0.360    -1.009199    .3670372
Tm7      ¦  -.3010357   .2940384    -1.02   0.306    -.8773404     .275269
Tm6      ¦   -.200571   .2420902    -0.83   0.407     -.675059     .273917
Tm5      ¦  -.2264288   .2096178    -1.08   0.280    -.6372722    .1844146
Tm4      ¦  -.1545437   .1477851    -1.05   0.296    -.4441972    .1351099
```

그림 IV-1

Callaway and Sant' Anna(2021)의 처치효과 추정치

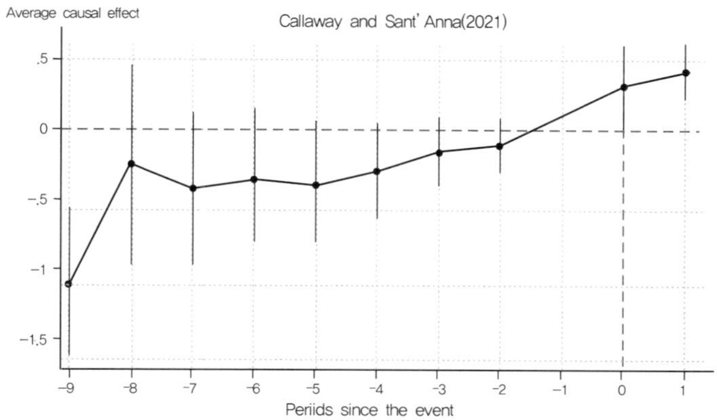


```
Tm3          ¦  -.1115445   .1406152    -0.79   0.428    -.3871451    .1640562
Tm2          ¦  -.0696425   .0876076    -0.79   0.427    -.2413502    .1020653
Tp0          ¦   .2186107   .0861426     2.54   0.011     .0497743    .3874471
Tp1          ¦   .4232305    .097118     4.36   0.000     .2328828    .6135782
-------------------------------------------------------------------------------

.
. event_plot cs, default_look graph_opt(xtitle("Periods since the event") yti-
  tle("Average causal effect") xlabel(-9(1)1) xscale(range(-9 1)) ///
>         title("Callaway and Sant'Anna (2021)")) stub_lag(Tp#) stub_lead(Tm#) together

. // graph save Graph "$dir1\did_plot_cs.gph", replace
```

나. JW(2021)의 추정법

CS(2021)를 비롯해 CH(2024) 및 SA(2021)의 추정법은 음의 가중치 문제를 해결하기 위해 식 (IV-1)과 같은 선형 TWFE 모형을 추정하지 않고 금지된 비교들을 직접 배제한 후 여러 조합의 단순형 이중차분법을 적용해 적절한 $TE_{g,g+h}$ 추정치들을 도출한다. 반면, JW(2021)는 식 (IV−1)을 약간 수정한 TWFE 모형을 활용해 음의 가중치 문제를 극복하는 추정방법을 제안한다.

JW(2021)을 이해하려면 식 (IV−1)의 TWFE 추정법과 Mundlak (1978) 추정법간의 등치 관계를 먼저 이해할 필요가 있다. 식 (IV−1)을 JW(2021)의 표현 방식에 따라 다음과 같이 고쳐 써보자.

$$Y_{it} = x_{it}\beta + c_i + f_t + u_{it} \quad (i=1,\cdots,N;\, t=1,\cdots,T) \qquad \text{(IV−11)}$$

위 식에서 x_{it}는 더미 처치변수이고, c_i는 개체 고정효과, f_t는 시점 고정효과를 표시한다. 식 (IV−11)을 패널 고정효과 추정법을 적용해 추정하는 것은 종속변수 Y_{it}를 상수항, $x_{it}, c2_i, c3_i, \cdots, cN_i, f2_t, f3_t, \cdots, fT_t$라는 설명변수 리스트에 회귀시키는 것을 의미한다. 여기서 $cj_i \equiv 1(j=i)$이고 $fr_t \equiv 1(r=t)$이다. 이 추정방법을 간략히 다음과 같이 표현하자.

$$\text{Regress } Y_{it} \text{ on } 1, x_{it}, c2_i, c3_i, \cdots, cN_i, f2_t, f3_t, \cdots, fT_t \qquad \text{(IV−12)}$$

위 회귀모형으로부터 추정치 $\hat{\beta}_{FE}$이 도출된다.

JW(2021)는 Mundlak(1978)의 아이디어를 적용해 식 (IV−12) 회귀모형의 추정치 $\hat{\beta}_{FE}$이 동일한 데이터에 대해 아래 회귀모형을 적용해 구한 통합(pooled) OLS 추정치 $\hat{\beta}_M$과 같음을 보인다. 즉, $\hat{\beta}_{FE} = \hat{\beta}_M$이 성립한다.

$$\text{Regress } Y_{it} \text{ on } 1, x_{it}, \bar{x}_{i\cdot}, \bar{x}_{\cdot t} \qquad \text{(IV−13)}$$

이 식에서 $\bar{x}_{i.}=\frac{1}{T}\sum_{t=1}^{T}x_{it}$, $\bar{x}_{.t}=\frac{1}{N}\sum_{i=1}^{N}x_{it}$이다. 식 (IV-13)의 추정법을 2원 Mundlak(Two-way Mundlak, TWM) 추정법이라고 부르자.

$\hat{\beta}_{FE}=\hat{\beta}_{M}$의 등치 관계를 이용해 JW(2021)는 먼저 처치 적용 시점이 공통적인 경우를 분석한 후 처치 적용이 순차적인 경우로 확장해 간다.

1) 처치 적용 시점이 모든 처치 개체에 대해 동일한 경우

분석 대상 시점의 전체 수는 T개이고, 처치는 모든 처치 개체에 동일한 시점 q에 적용되기 시작한 후 시점 T까지 지속되고 있다고 가정하자. (통제 개체에는 시점 q 이전과 이후 모두 처치가 적용되지 않는다.) 그리고 d_i는 개체 i가 시점 q부터 처치가 적용된 처치 개체인지(1) 아닌지(0)를 표시하는 더미 변수이고, p_t는 시점 t가 처치 후 시점인지(1), 처치 전 시점인지(0)를 표시하는 더미변수이다. fr_t의 정의에 의해, $p_t=fq_t+\cdots+fT_t$의 관계가 성립한다. d_i와 p_t의 정의를 이용하면, 더미 처치변수 $w_{it}=d_i\cdot p_t$와 같이 표현할 수 있다. w_{it}를 이용해 TWFE 추정식 (IV-11)을 다시 쓰면 다음과 같다.

$$Y_{it}=w_{it}\beta+c_i+f_t+u_{it}\quad(i=1,\cdots,N;t=1,\cdots,T)\qquad\text{(IV-14)}$$

위의 TWFE 추정식을 TWM 추정법으로 변환하면 다음과 같다.

$$\text{Regress }\ Y_{it}\ \text{ on }\ 1,w_{it},\bar{w}_{i.},\bar{w}_{.t}\qquad\text{(IV-15)}$$

위 식에서 $\bar{w}_{i.}=\frac{1}{T}\sum_{t=1}^{T}(d_i\cdot p_t)=d_i\cdot\bar{p}$이고 $\bar{w}_{.t}=\frac{1}{N}\sum_{i=1}^{N}(d_i\cdot p_t)=\bar{d}\cdot p_t$이므로, 식 (IV-15)를 추정해 구하는 β의 추정치는 다음의 회귀모형을 통해

구한 값과 같다.

$$\text{Regress} \quad Y_{it} \quad \text{on} \quad 1, w_{it}, d_i, p_t \tag{IV-16}$$

식 (IV-16)은 단순형 이중차분법의 추정식 (III-1)과 내용적으로 같다. 그러므로 식 (IV-16)을 통해 구한 β의 추정치를 $\hat{\beta}_{DD}$라고 부르자.

위에서 확인한 바와 같이, $\hat{\beta}_{FE} = \hat{\beta}_M$의 등치 관계가 성립하므로, $\hat{\beta}_{FE} = \hat{\beta}_{DD}$ 또한 성립한다. 즉 TWFE 회귀모형은 TWM 회귀모형뿐만 아니라 단순형 이중차분 회귀모형과도 같다. $\hat{\beta}_{FE} = \hat{\beta}_{DD}$의 등치 관계는 II장에서 단순형 이중차분법을 다루면서 이미 논의한 바 있다.

여기서 식 (IV-14)를 사건사 분석법 모형으로 확장하면 추정식은 다음과 같다.

$$Y_{it} = \beta_q(w_{it} \cdot fq_t) + \cdots + \beta_T(w_{it} \cdot fT_t) + c_i + \tau_t + u_{it} \tag{IV-17}$$

위 식에서 $w_{it} \cdot fr_t = d_i \cdot p_t \cdot fr_t = d_i \cdot (fq_t + \cdots + fT_t) \cdot fr_t = d_i \cdot fr_t$가 성립한다. 그러므로 $\overline{w \cdot fr}_{i\cdot} = d_i \cdot \overline{fr}$ 및 $\overline{w \cdot fr}_{\cdot t} = \bar{d} \cdot fr_t$의 관계가 성립한다. 즉 식 (IV-17)은 아래와 같은 TWM 추정식으로 바꿔 쓸 수 있다.

$$\begin{aligned} Y_{it} &= \alpha + \{\beta_q(w_{it} \cdot fq_t) + \cdots + \beta_T(w_{it} \cdot fT_t)\} + \\ &\quad \zeta d_i + \{\theta_q fq_t + \cdots + \theta_T fT_t\} + e_{it} \\ &= \alpha + \sum_{r=q}^{T} \beta_r (w_{it} \cdot fr_t) + \zeta d_i + \sum_{s=q}^{T} (\theta_s fs_t) + e_{it} \end{aligned} \tag{IV-18}$$

식 (IV-18)에 통합 OLS(pooled OLS)를 적용해 TWM 추정치들($\hat{\beta}_q, \cdots, \hat{\beta}_T$)

을 구할 수 있다.

2) 처치 적용 시점이 처치 개체마다 순차적으로 다른 경우

이제 처치가 처치 개체마다 상이한 시점에 순차적으로 적용되는 경우를 고려해 보자. 분석 대상 기간 중 최초의 처치는 시점 q부터 시작되었고, 그 이후 처치 개체마다 서로 다른 시점에 처치가 시작된다고 가정하자. 처치는 순차 지속형으로서, 처치가 일단 시작되면 마지막 시점 T까지 지속된다. 그리고 분석 대상 기간의 최초 시점 $t=1$에서는 모든 개체가 미처치 상태에 있다고 가정하자. 아울러 (i) 사전 예상 불가(no anticipation) 및 (ii) 평행 추세(parallel trends)의 가정이 성립한다고 가정하자.

처치 개체 i에 최초로 처치가 적용되는 시점 r을 표시하는 코호트 더미변수를 d_{ir}로 표시하자. 이렇게 정의한 d_{ir}은 CS(2021) 추정법의 g에 대응한다. d_{ir}을 이용해 처치가 순차 지속형으로 처치 개체들에 적용되는 경우의 TWFE 추정모형을 표현하면 아래 식과 같다.

$$
\begin{aligned}
Y_{it} &= \tau_{qq}(w_{it} \cdot d_{iq} \cdot fq_t) + \cdots \tau_{qT}(w_{it} \cdot d_{iq} \cdot fT_t) \\
&\quad + \tau_{q+1,q+1}(w_{it} \cdot d_{i,q+1} \cdot f(q+1)_t) + \cdots \tau_{q+1,T}(w_{it} \cdot d_{i,q+1} \cdot fT_t) \\
&\quad \cdots \\
&\quad + \tau_{TT}(w_{it} \cdot d_{iT} \cdot fT_t) + c_i + \tau_t + u_{it} \\
&= \sum_{r=q}^{T} \sum_{s=r}^{T} \tau_{rs}(w_{it} \cdot d_{ir} \cdot fs_t) + c_i + \tau_t + u_{it} \qquad \text{(IV-19)}
\end{aligned}
$$

위 식을 TWM 추정모형으로 바꾸면 아래 식과 같다.

$$Y_{it} = \eta + \sum_{r=q}^{T} \sum_{s=r}^{T} \tau_{rs} (w_{it} \cdot d_{ir} \cdot fs_t) + \sum_{r=q}^{T} \lambda_r d_{ir} + \sum_{s=q}^{T} \theta_s fs_t + e_{it} \quad \text{(IV-20)}$$

아래와 같이 통합 OLS를 적용해 TWM 추정치 $\hat{\tau}_{rs}$ $(r=q,\cdots,T;\ s=r,\cdots,T)$를 구할 수 있다.

$$\begin{aligned} \text{Regress } Y_{it} \text{ on } & 1, (d_{iq}, \cdots, d_{iT}), (fq_t, \cdots, fT_t), \\ & (w_{it} d_{iq} fq_t, \cdots, w_{it} d_{iq} fT_t), \\ & (w_{it} d_{i,q+1} f(q+1)_t, \cdots, w_{it} d_{i,q+1} fT_t), \\ & \cdots \\ & (w_{it} d_{iT} fT_t) \end{aligned} \quad \text{(IV-21)}$$

식 (IV-21)을 통해 구한 추정치 $\hat{\tau}_{rs}$는 CS(2021) 추정치 $\widehat{TE}_{g,g+h}$에 대응한다. 그러므로 식 (IV-21)을 통해 구한 추정치 $\hat{\tau}_{rs}$들을 식 (IV-10)을 적용해 사건사 분석 추정치로 변환시킬 수 있다.

(1) 실습: Stata를 활용한 실증분석

위 소절에서 분석한 이수은·강창희(2018)의 균형 패널 데이터를 계속 활용해 JW(2021) 추정법을 적용하는 Stata 명령어는 다음과 같다. 이 데이터는 처치 적용 시점이 처치 개체마다 순차적으로 다른 경우에 해당하기 때문에 처치 개체 i에 최초로 처치가 적용되는 시점 r을 표시하는 코호트 더미변수 d_{ir}을 사용해야 한다. 이때 d_{ir}이 CS(2021) 추정법의 g에 대응하기 때문에 변수 `gvar`를 그대로 사용한다.

139번 행은 JW(2021) 추정법을 적용해 꽃보다 시리즈의 인과효과를 추정하는 명령어이다. 이때 옵션 never는 전기간 미처치 집단만을 통제집단으로 사용하는 옵션이다. 명령어 jwdid를 적용한 추정결과는 144~187번 행에 제시되어 있다.

189번 행의 명령어 estat event는 식 (IV-20)의 추정치들을 사건사 분석 추정치들로 변환한다. 후자의 추정치들이 195~205번 행에 제시되어 있다. 이들 추정치는 옵션 estore(jw)를 통해 jw라는 이름으로 저장된다. 209번 행에서는 명령어 jwdid_plot을 이용해 jw에 저장된 추정치들을 〈그림 IV-2〉의 그래프로 표현한다.

여기까지 업데이트된 균형 패널 데이터를 아래에서도 계속 활용하기 위해 218번 행에서는 이 데이터를 Lee_Kang4.dta로 저장한다.

```
138 . // Estimation with jwdid of J. Wooldridge (2021)
139 . jwdid Y, ivar(i) tvar(t) gvar(gvar) never
140 WARNING: Singleton observations not dropped; statistical significance is biased
    (link)
141 (MWFE estimator converged in 2 iterations)
142 warning: missing F statistic; dropped variables due to collinearity or too few clusters
143
144 HDFE Linear regression                              Number of obs   =        560
145 Absorbing 2 HDFE groups                             F(  18,     55) =          .
146 Statistics robust to heteroskedasticity             Prob > F        =          .
147 R-squared       =     0.9786
148 Adj R-squared   =     0.9750
149 Within R-sq.    =     0.0583
150 Number of clusters (i)       =         56           Root MSE        =     0.4020
151
152 (Std. err. adjusted for 56 clusters in i)
153 ------------------------------------------------------------------------------
154                ¦               Robust
155 Y              ¦ Coefficient  std. err.      t    P>¦t¦     [95% conf. interval]
156 ---------------+--------------------------------------------------------------
157 gvar#t#c.__tr__ ¦
```

```
2013 2005      |   .2472824   .1240729     1.99   0.051    -.0013653      .49593
2013 2006      |    .100477   .0931132     1.08   0.285    -.0861261    .2870801
2013 2007      |   .1443218   .0793195     1.82   0.074    -.0146381    .3032818
2013 2008      |   .0886611   .1032885     0.86   0.394    -.1183337     .295656
2013 2009      |   -.019656    .082017    -0.24   0.811    -.1840218    .1447097
2013 2010      |   .0694515   .0540441     1.29   0.204    -.0388553    .1777582
2013 2011      |   .0631759   .0337938     1.87   0.067    -.0045484    .1309001
2013 2013      |   .1729131   .0874604     1.98   0.053    -.0023614    .3481875
2013 2014      |   .4232305   .1004529     4.21   0.000     .2219184    .6245425
2014 2005      |  -1.196911   .2832943    -4.22   0.000    -1.764645   -.6291762
2014 2006      |  -1.225792   .2974941    -4.12   0.000    -1.821983   -.6296002
2014 2007      |  -.9571056   .4447047    -2.15   0.036    -1.848314   -.0658975
2014 2008      |  -.7565024   .3510612    -2.15   0.036    -1.460045     -.05296
2014 2009      |   -.726301   .2345528    -3.10   0.003    -1.196355   -.2562466
2014 2010      |  -.3824029   .3018281    -1.27   0.211      -.98728    .2224742
2014 2011      |  -.3891002     .25609    -1.52   0.134     -.902316    .1241156
2014 2012      |  -.2753108   .1189293    -2.31   0.024    -.5136505   -.0369712
2014 2014      |   .3027407   .1772221     1.71   0.093    -.0524204    .6579018
               |
_cons          |   9.882364   .0092438  1069.08   0.000     9.863839    9.900889
------------------------------------------------------------------------------

Absorbed degrees of freedom:
-----------------------------------------------------+
 Absorbed FE | Categories  - Redundant  = Num. Coefs |
-------------+---------------------------------------|
           I |        56          56           0    *|
           t |        10           1           9     |
-----------------------------------------------------+
* = FE nested within cluster; treated as redundant for DoF computation
.
. estat event, estore(jw)
------------------------------------------------------------------------------
             |            Delta-method
             | Coefficient  std. err.      z    P>|z|     [95% conf. interval]
-------------+----------------------------------------------------------------
_at@__event__|
 (2 vs 1) -9 |  -1.196911   .2832943    -4.22   0.000    -1.752157   -.6416641
```

그림 IV-2

JW(2021)의 처치효과 추정치

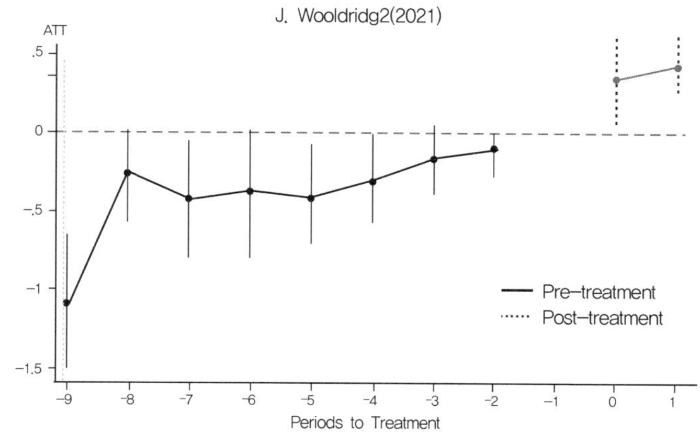


```
(2 vs 1) -8  ¦  -.3419472   .1543861   -2.21   0.027   -.6445383   -.0393561
(2 vs 1) -7  ¦   -.322556   .1958027   -1.65   0.099   -.7063222    .0612102
(2 vs 1) -6  ¦  -.2160078      .1556   -1.39   0.165   -.5209783    .0889626
(2 vs 1) -5  ¦  -.2373237   .1209361   -1.96   0.050   -.4743541   -.0002934
(2 vs 1) -4  ¦  -.1647548   .1327463   -1.24   0.215   -.4249328    .0954232
(2 vs 1) -3  ¦  -.1139692   .1065227   -1.07   0.285   -.3227499    .0948115
(2 vs 1) -2  ¦  -.0722188   .0516839   -1.40   0.162   -.1735174    .0290798
(2 vs 1) -1  ¦          0  (omitted)
(2 vs 1) 0   ¦   .2248441   .0831319    2.70   0.007    .0619086    .3877797
(2 vs 1) 1   ¦   .4232305   .1004529    4.21   0.000    .2263465    .6201145
------------------------------------------------------------------------------

.
. jwdid_plot, title(J. Wooldridge (2021)) style(rcap) color2(grey) xlabel(-9(1)1)
  scheme(s2color)
(note:  named style grey not found in class color, default attributes used)
(note:  named style grey not found in class color, default attributes used)
(note:  named style grey not found in class color, default attributes used)
(note:  named style grey not found in class color, default attributes used)
(note:  named style grey not found in class color, default attributes used)
```

```
215
216 .// graph save Graph "$dir1\jw1.gph", replace
217 .
218 . save Lee_Kang4, replace
```

다. 강건형 추정법들 간의 비교

위에서 설명한 CS(2021)과 JW(2021) 외에도 강건형 추정법으로는 CH (2024), SA(2021), BJS(2021) 등이 있다. 위에서 언급한 바와 같이, CH(2023)에 따르면 CS(2021)은 SA(2021)와 CH(2024)를 동시해 포괄하는 추정법으로 이해할 수 있다. JW(2021) 추정법은 CS(2021) 추정법과의 명시적인 포함 관계를 설정하기는 어렵지만, BJS(2021)의 추정법과 유사한 가정에 기반을 두고 있다.

우리는 여기에서 이수은·강창희(2018)의 균형 패널 데이터를 이용해 여러 강건형 추정법을 비교해 보고자 한다. 이들을 비교하는 Stata 명령어는 아래와 같다.

먼저 1번 행에서는 위 소절의 218번 행에서 저장한 균형 패널 데이터 파일 `Lee_Kang4.dta`을 불러들인다. 4번 행에서는 기술 통계량을 구하고, 6~11번 행을 통해 불러들인 데이터가 이전에 구축했던 것과 동일한 균형 패널 데이터임을 확인한다.

```
1   . use Lee_Kang4.dta, clear
2
3   .
4   . sum Ei K t gvar
5
6       Variable |        Obs        Mean    Std. dev.       Min        Max
7   -------------+---------------------------------------------------------
```

```
8           Ei ¦        50      2013.4    .4948717        2013        2014
9            K ¦        50        -3.9    2.943343          -9           1
10           t ¦       560      2009.5    2.874849        2005        2014
11        gvar ¦       560    179.7679    574.6458           0        2014
```

CS(2021)의 추정을 위한 명령어 및 추정 결과는 15~35번 행에 제시되어 있다. 반복을 피하기 위해 15번 행에서는 **csdid**에 **quietly**를 적용하였다. 추정이 완료된 후 17번 행의 명령어 **estat event**를 통해 도출한 결과는 19~35번 행에 제시되어 있다. 이들 추정치는 옵션 **estore(cs)**를 통해 **cs**라는 이름으로 저장된다. 39번 행에서는 명령어 **event_plot**을 이용해 **cs**에 저장된 추정치들을 그래프로 표현한다.

```
14  . * Estimation with Callaway and Sant'Anna (2021)
15  . quietly csdid Y, ivar(i) time(t) gvar(gvar) notyet long2
16
17  . estat event, window(-9 1) estore(cs)
18  ATT by Periods Before and After treatment
19  Event Study:Dynamic effects
20  ------------------------------------------------------------------------------
21               ¦ Coefficient  Std. err.      z    P>¦z¦     [95% conf. interval]
22  -------------+----------------------------------------------------------------
23       Pre_avg ¦  -.3227197   .1989181    -1.62   0.105    -.7125919    .0671525
24      Post_avg ¦   .3209206   .0795728     4.03   0.000     .1649607    .4768805
25           Tm9 ¦  -1.196911   .2738893    -4.37   0.000    -1.733724   -.6600975
26           Tm8 ¦  -.3210808   .3510871    -0.91   0.360    -1.009199    .3670372
27           Tm7 ¦  -.3010357   .2940384    -1.02   0.306    -.8773404     .275269
28           Tm6 ¦   -.200571   .2420902    -0.83   0.407     -.675059     .273917
29           Tm5 ¦  -.2264288   .2096178    -1.08   0.280    -.6372722    .1844146
30           Tm4 ¦  -.1545437   .1477851    -1.05   0.296    -.4441972    .1351099
31           Tm3 ¦  -.1115445   .1406152    -0.79   0.428    -.3871451    .1640562
32           Tm2 ¦  -.0696425   .0876076    -0.79   0.427    -.2413502    .1020653
33           Tp0 ¦   .2186107   .0861426     2.54   0.011     .0497743    .3874471
34           Tp1 ¦   .4232305    .097118     4.36   0.000     .2328828    .6135782
35  ------------------------------------------------------------------------------
```

```
36
37 .
38 . * Event plot for Callaway and Sant'Anna (2021)
39 . event_plot cs, default_look graph_opt(xtitle("Periods since the event") ///
40 >     ytitle("Average causal effect") xlabel(-9(1)1)  ///
41 >         xscale(range(-9 1)) title("Callaway and Sant'Anna (2021)"))  ///
42 >         stub_lag(Tp#) stub_lead(Tm#) together
```

앞에서 우리는 CS(2021)는 CH(2024)와 SA(2021)를 포괄하는 추정법으로 이해할 수 있다고 설명하였다. 이를 확인하기 위해 CH(2024)의 추정법을 적용해 보자.

46번 행은 명령어 **did_multiplegt_dyn**을 통해 CH(2024) 추정법을 실행한다. CH(2024) 추정법은 처치 예정 미처치 집단을 통제집단으로 사용한다. 명령어의 옵션 **effects(2)**는 처치 시작 이후 상대시점 2기까지 처치효과 추정치를 계산하는 옵션이다. **placebo(2)**는 처치 시작 이전 상대시점 −2기까지 처치효과 추정치를 계산하는 옵션이다. (명령어 **did_multiplegt_dyn**의 옵션 **placebo**의 괄호 안의 수치는 옵션 **effects**의 괄호 안의 수치보다 클 수 없도록 설정되어 있다.) 처치 전 상대시점 추정치들을 통해 우리는 평행 추세의 가정과 사전 예상 불가의 가정이 함께 성립하는지를 간접적으로 확인할 수 있다.

46번 행에서 CH(2024) 추정법을 적용해 계산한 상대시점별 사건사 분석 추정치들은 49~84번 행에 제시되어 있다. 86번 행에서는 명령어 **event_plot**을 이용해 이들 추정치를 그래프로 표현한다.[13] 추후에 활용하기 위해 위에서 계산한 CH(2024) 추정치와 분산을 각각 매트릭스 **dcdh_b**(90번 행)와 **dcdh_v**(103번 행)에 저장한다.

---

13) 다른 강건형 추정법들과는 다르게, CH(2024) 추정치의 기준 상대 시점은 (−1이 아니라) 0임에 유의하라.

```
. // Estimation with did_multiplegt of de Chaisemartin and D'Haultfoeuille (2022)
. did_multiplegt_dyn Y i t d, effects(2) placebo(2) cluster(i)


--------------------------------------------------------------------------------
Estimation of treatment effects: Event-study effects
--------------------------------------------------------------------------------

         ¦  Estimate         SE       LB CI       UB CI          N  Switchers
---------+----------------------------------------------------------------------
Effect_1 ¦  .2186107   .1078274   .0072728   .4299485        109          5
Effect_2 ¦  .4232305   .1118015   .2041036   .6423574         54          3
--------------------------------------------------------------------------------
Test of joint nullity of the effects : p-value = .00072796


--------------------------------------------------------------------------------
Average cumulative (total) effect per treatment unit
--------------------------------------------------------------------------------

           ¦  Estimate       SE       LB CI       UB CI      N     Switch  x Periods
-----------+--------------------------------------------------------------------
Av_tot_eff ¦  .2953431 .0941535   .1108056   .4798806    112                    8
--------------------------------------------------------------------------------
Average number of time periods over which a treatment's effect is accumulated = 1.375


--------------------------------------------------------------------------------
Testing the parallel trends and no anticipation assumptions
--------------------------------------------------------------------------------

          ¦  Estimate         SE       LB CI       UB CI          N  Switchers
----------+-====----------------------------------------------------------------
Placebo_1 ¦ -.0696425   .0598455  -.1869374   .0476525        109          5
Placebo_2 ¦  .0694515   .0550478  -.0384402   .1773431         54          3
--------------------------------------------------------------------------------
Test of joint nullity of the placebos : p-value = .23285666
```

```
84 The development of this package was funded by the European Union (ERC, REALLYCREDIBLE,GA
   N°101043899).
85
86 . event_plot e(estimates)#e(variances), default_look graph_opt(xtitle("Periods
   since the event") ytitle("Average causal effect") ///
87 >  title("de Chaisemartin and D'Haultfoeuille (2020)") xlabel(-8(1)2)) stub_lag(Effect_#)
   stub_lead(Placebo_#) together
88
89 .
90 . matrix dcdh_b = e(estimates) // storing the estimates for later
91
92 . matrix list dcdh_b
93
94 dcdh_b[6,1]
95 c1
96 Effect_1    .21861067
97 Effect_2    .42323046
98 Av_tot_eff    .2953431
99 Placebo_1  -.06964246
100 Placebo_2   .06945146
101 Effect_0           0
102
103 . matrix dcdh_v = e(variances)
104
105 . matrix list dcdh_v
106
107 dcdh_v[6,1]
108 c1
109 Effect_1  .01162675
110 Effect_2  .01249957
111 Av_tot_eff  .00886489
112 Placebo_1  .00358148
113 Placebo_2  .00303026
114 Effect_0          0
```

이제 SA(2021)의 추정법을 적용해 보자. 129번 행은 명령어 **event-studyinteract**를 통해 SA(2021) 추정법을 실행한다. SA(2021) 추정법은 전기간 미처치 집단을 통제집단으로 사용하기 때문에, 옵션 control_cohort(nevertreated)를 적용하였다. 126번 행에서 변수 nevertreated가 생성되었다.

133~155번 행은 SA(2021) 추정법을 적용해 계산한 상대시점별 사건사분석 추정치들이다. 157번 행에서는 명령어 event_plot을 이용해 이들 추정치를 그래프로 표현한다. 추후에 활용하기 위해 위에서 계산한 SA(2021) 추정치와 분산들을 각각 매트릭스 sab(162번 행)와 sav(164번 행)에 저장한다.

```
117 . * Estimation with eventstudyinteract of Sun and Abraham (2021)
118 . sum t Ei K
119
120     Variable ¦        Obs        Mean    Std. dev.       Min        Max
121 -------------+---------------------------------------------------------
122 t            ¦        560      2009.5    2.874849       2005       2014
123 Ei           ¦         50      2013.4    .4948717       2013       2014
124 K            ¦         50        -3.9    2.943343         -9          1
125
126 . gen nevertreated = Ei==.      // dummy for the never-treated cohort
127
128 .
129 . eventstudyinteract Y L*event F*event, vce(cluster i) ///
130 >   absorb(i t) cohort(Ei) control_cohort(nevertreated)
131 (obs=50)
132
133 IW estimates for dynamic effects                    Number of obs =    560
134 Absorbing 2 HDFE groups                             F(18, 55)     =      .
135 Prob > F        =      .
136 R-squared       = 0.9786
137 Adj R-squared = 0.9750
138 Root MSE        = 0.4020
139 (Std. err. adjusted for 56 clusters in i)
140 ------------------------------------------------------------------------------
141          ¦               Robust
142 Y        ¦ Coefficient  std. err.      t    P>¦t¦     [95% conf. interval]
143 ---------+--------------------------------------------------------------------
144 L0event ¦   .2248441   .0878633     2.56   0.013     .0487621    .4009262
```

```
145 L1event ¦   .4232305   .1004529     4.21   0.000     .2219184    .6245425
146 L2event ¦          0  (omitted)
147 F2event ¦  -.0722188   .0903922    -0.80   0.428    -.2533687    .1089311
148 F3event ¦  -.1139692   .1464241    -0.78   0.440    -.4074098    .1794713
149 F4event ¦  -.1647548   .1547181    -1.06   0.292    -.4748167    .1453072
150 F5event ¦  -.2373237   .2156511    -1.10   0.276    -.6694981    .1948506
151 F6event ¦  -.2160078   .2513217    -0.86   0.394    -.7196678    .2876521
152 F7event ¦   -.322556   .3033575    -1.06   0.292     -.930498     .285386
153 F8event ¦  -.3419472   .3577604    -0.96   0.343    -1.058915    .3750207
154 F9event ¦  -1.196911   .2832943    -4.22   0.000    -1.764645   -.6291762
155 -------------------------------------------------------------------------------
156
157 .   event_plot e(b_iw)#e(V_iw), default_look ///
158 >   graph_opt(xtitle("Periods since the event") ///
159 >   ytitle("Average causal effect") xlabel(-9(1)1) ///
160 >  title("Sun and Abraham (2021)")) stub_lag(L#event) stub_lead(F#event) together
161
162 . matrix sab = e(b_iw)
163
164 . matrix sav = e(V_iw)
```

이어서, TWFE 추정법을 적용해 사건사 분석 추정치들을 구해 보자. 168번 행은 명령어 **refhdfe**를 통해 TWFE 추정법을 실행하고, 이를 통해 구한 사건사 분석 추정치들은 172~206번 행에 제시되어 있다. 208~210번 행에서는 명령어 **event_plot**을 이용해 이들 추정치를 그래프로 표현한다. 추후에 활용하기 위해 위에서 계산한 추정치와 분산을 212번 행에서 **twfe**에 저장한다.

```
167 . * TWFE estimation
168 . reghdfe Y F*event L*event, a(i t) cluster(i)
169 (MWFE estimator converged in 2 iterations)
170 note: L2event is probably collinear with the fixed effects (all partialled-out values
    are close to zero; tol = 1.0e-09)
171
172 HDFE Linear regression                              Number of obs   =        560
```

```
Absorbing 2 HDFE groups                           F(  10,      55) =      50.90
Statistics robust to heteroskedasticity           Prob > F        =     0.0000
R-squared          =     0.9779
Adj R-squared      =     0.9746
Within R-sq.       =     0.0275
Number of clusters (i)      =         56          Root MSE        =     0.4052

(Std. err. adjusted for 56 clusters in i)
------------------------------------------------------------------------------
         |               Robust
Y        | Coefficient  std. err.      t    P>|t|     [95% conf. interval]
---------+--------------------------------------------------------------------
F2event |  -.0731562   .0883796    -0.83   0.411    -.2502729    .1039605
F3event |  -.1196816   .1453261    -0.82   0.414    -.4109216    .1715585
F4event |  -.1651246   .1560382    -1.06   0.295    -.4778321     .147583
F5event |  -.2376376   .2159313    -1.10   0.276    -.6703737    .1950984
F6event |  -.2185738   .2530243    -0.86   0.391    -.7256458    .2884982
F7event |  -.3213933   .3075903    -1.04   0.301    -.9378179    .2950314
F8event |  -.3562019   .3609574    -0.99   0.328    -1.079577    .3671729
F9event |  -.8713218   .2123681    -4.10   0.000    -1.296917   -.4457265
L0event |   .2141941   .0878094     2.44   0.018     .0382202     .390168
L1event |   .1667751   .1849589     0.90   0.371    -.2038907     .537441
L2event |          0  (omitted)
_cons    |   9.882875   .0149029   663.15   0.000     9.853009    9.912741
------------------------------------------------------------------------------

Absorbed degrees of freedom:
-----------------------------------------------------+
Absorbed FE | Categories  - Redundant  = Num. Coefs |
-------------+---------------------------------------|
i            |        56          56           0    *|
t            |        10           1           9     |
-----------------------------------------------------+
* = FE nested within cluster; treated as redundant for DoF computation

. event_plot, default_look stub_lag(L#event) stub_lead(F#event) ///
>   together graph_opt(xtitle("Days since the event") ///
>   ytitle("TWFE Estimates") xlabel(-9(1)1) title("TWFE"))
```

```
211
212 . estimates store twfe
```

마지막으로 JW(2021) 추정법을 적용하는 명령어와 추정 결과는 216~236번 행에 제시되어 있다. 반복을 피하기 위해 216번 행에서는 **jwdid**에 **quietly**를 적용하였다.

219번 행의 명령어 **estat event**를 통해 식 (IV-20)의 추정치들이 사건사 분석 추정치들로 변환되고, 이 추정치들이 225~235번 행에 제시되어 있다. 이들 추정치는 옵션 **estore(jw)**를 통해 **jw**라는 이름으로 저장된다.

239~365번 행은 JW(2021)의 사건사 분석 추정치들을 〈그림 IV-3〉에 표시하기에 적합하게 추정치들을 전처리하는 명령어이다. 이 과정을 통해 JW(2021)의 사건사 분석 추정치와 분산들이 각각 매트릭스 **jwb**(343번 행)와 **jwv**(353번 행)에 저장된다.

```
215 . * Estimation with Wooldridge (2021)
216 . quietly jwdid Y, ivar(i) tvar(t) gvar(gvar) never
217 WARNING: Singleton observations not dropped; statistical significance is biased (link)
218
219 . estat event, estore(jw)
220 ------------------------------------------------------------------------------
221              |            Delta-method
222              | Coefficient  std. err.      z    P>|z|     [95% conf. interval]
223 -------------+----------------------------------------------------------------
224 _at@__event__ |
225 (2 vs 1) -9  |  -1.196911   .2832943    -4.22   0.000    -1.752157   -.6416641
226 (2 vs 1) -8  |  -.3419472   .1543861    -2.21   0.027    -.6445383   -.0393561
227 (2 vs 1) -7  |   -.322556   .1958027    -1.65   0.099    -.7063222    .0612102
228 (2 vs 1) -6  |  -.2160078      .1556    -1.39   0.165    -.5209783    .0889626
229 (2 vs 1) -5  |  -.2373237   .1209361    -1.96   0.050    -.4743541   -.0002934
230 (2 vs 1) -4  |  -.1647548   .1327463    -1.24   0.215    -.4249328    .0954232
231 (2 vs 1) -3  |  -.1139692   .1065227    -1.07   0.285    -.3227499    .0948115
```

```
(2 vs 1) -2   ¦  -.0722188   .0516839    -1.40   0.162    -.1735174    .0290798
(2 vs 1) -1   ¦          0  (omitted)
(2 vs 1) 0    ¦   .2248441   .0831319     2.70   0.007     .0619086    .3877797
(2 vs 1) 1    ¦   .4232305   .1004529     4.21   0.000     .2263465    .6201145
-------------------------------------------------------------------------------

.
. preserve

. jwdid_plot, saving(jwdid_plot.gph, replace)
file jwdid_plot.gph saved

.
. * Process and save results
. graph use jwdid_plot.gph

. serset dir

0.  8 observations on 4 variables
__00000A __00000B __000005 __000006

1.  3 observations on 4 variables
__00000A __00000B __000005 __000006

. serset set 0

. serset use, clear

. describe, varl f

Contains data
Observations:              8
Variables:                 4
------------------------------------------------------------------------------
Variable      Storage   Display    Value
name         type    format    label      Variable label
------------------------------------------------------------------------------
__000000        float   %9.0g
```

```
__000001       float   %9.0g
__000002       float   %9.0g
__000003       float   %9.0g
-------------------------------------------------------------------------------
Sorted by:

. rename (`r(varlist)') (x1 x2 x3 x4)

. save bars, replace
file bars.dta saved

.
. list, clean

            x1         x2   x3          x4
1.   -1.752157  -.6416641   -9   -1.196911
2.   -.6445383  -.0393561   -8   -.3419472
3.   -.7063223   .0612102   -7    -.322556
4.   -.5209783   .0889626   -6   -.2160078
5.   -.4743541  -.0002934   -5   -.2373237
6.   -.4249328   .0954232   -4   -.1647548
7.   -.3227499   .0948115   -3   -.1139692
8.   -.1735174   .0290798   -2   -.0722188

. serset set 1

. serset use, clear

. describe, varl f

Contains data
Observations:             3
Variables:             4
-------------------------------------------------------------------------------
Variable      Storage   Display    Value
name         type     format     label      Variable label
-------------------------------------------------------------------------------=
__000004       float   %9.0g
```

```
__000005        float   %9.0g
__000006        float   %9.0g
__000007        float   %9.0g
--------------------------------------------------------------------------------
Sorted by:

. rename (`r(varlist)') (x1 x2 x3 x4)

. qui sum x3

. replace x3=r(min)-1 if x3==.
(1 real change made)

. append using bars

. gsort x3

. save bars, replace
file bars.dta saved

.
. mkmat x4, mat(jwb)

. matrix jwb = jwb'

. qui levelsof x3, loc(levels)

. loc colnames ""

. foreach j of loc levels {
2.    loc a=abs(`j')
3.    if (`j'<0) loc cclnames "`colnames' F`a'event"
4.    else loc colnames "`colnames' L`j'event"
5. }

. mat colname jwb=`colnames'

. // matlist jwb
```

그림 IV-3

강건형 이중차분법 추정치들의 비교

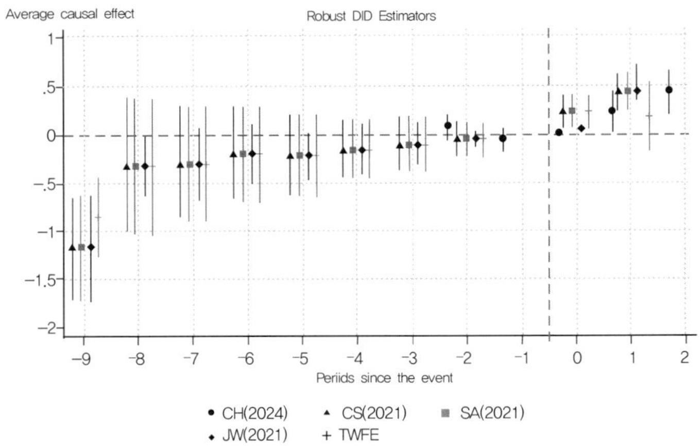


```
346 . gen double jwv=(x2-x4)/invnormal(.975)
347 (1 missing value generated)
348
349 . mkmat jwv, mat(V)
350
351 . mat rowname V=`colnames'
352
353 . mat jwv=V*V'
354
355 . // matlist jwv
356 . restore
```

각각의 강건형 이중차분법 명령어를 적용해 구한 추정치들을 비교하기 위해 아래에서는 모든 추정법의 추정치를 하나의 그래프로 표현하고자 한다. 이를 실행하는 명령어가 362~379번 행에 수록되어 있고, 이로부터 도출된 그래프가 〈그림 IV-3〉이다.

```
359 . // Combine all plots
```

```
. * Colors : Blue, Rec, Green, Orange, Purple navy
. * Symbol :Circle (O), Triangle (T), Square (S), Diamond (D), Plus (+)
. event_plot dcdh_b#dcdh_v cs sab#sav jwb#jwv twfe, ///
>   stub_lag(Effect_# Tp# L#event L#event L#event)  ///
>   stub_lead(Placebo_# Tm# F#event F#event F#event) ///
>   plottype(scatter) ciplottype(rcap) ///
>   together perturb(-0.325(0.13)0.325) trimlead(9) noautolegend ///
>   graph_opt(title("Robust DID Estimators", size(small)) ///
>     xtitle("Periods since the event") ytitle("Average causal effect") ///
>     xlabel(-9(1)2) ylabel(-2(0.5)1) ///
>    legend(order(1 "CH(2024)" 3 "CS(2021)" 5 "SA(2021)" 7 "JW(2021)" 9 "TWFE") ///
>     position(6) rows(2) region(style(none))) ///
>     xline(-0.5, lcolor(gs8) lpattern(dash))  ///
>     yline(0, lcolor(gs8)) graphregion(color(white)) ///
>     bgcolor(white) ylabel(, angle(horizontal))) ///
>   lag_opt1(msymbol(C) color(blue))   lag_ci_opt1(color(blue)) ///
>   lag_opt2(msymbol(T) color(red))    lag_ci_opt2(color(red)) ///
>   lag_opt3(msymbol(S) color(green))  lag_ci_opt3(color(green)) ///
>   lag_opt4(msymbol(D) color(orange)) lag_ci_opt4(color(orange)) ///
>   lag_opt5(msymbol(+) color(purple)) lag_ci_opt5(color(purple))

. graph save Graph "did_estimators.gph", replace
```

〈그림 IV-3〉을 살펴보면, 각 상대시점별로 CS(2021), SA(2021), JW(2021) 추정법의 사건사 분석 추정치들이 서로 매우 유사함을 확인할 수 있다. CH(2024) 추정치들은 이들 세 유형의 추정치들과 약간 다른 것처럼 보인다. 그러나 CH(2024) 추정치들의 기준 상대시점이 (-1이 아니라) 0임을 고려해 각 시점의 추정치를 좌측으로 한 칸씩 이동하면 CH(2024) 추정치들도 다른 3개 집단의 추정치들과 대체로 유사하다.

마지막으로, 상대시점 -9와 1을 제외하면 TWFE 사건사 분석 추정치들도 이들 다른 4개 집단의 강건형 추정치들과 대체로 유사하다. 즉 이수은·강창희(2018)의 TWFE 분석에서는 **음의 가중치 문제**가 그리 심각하지 않은 것으로 보인다. 이수은·강창희(2018)의 데이터에서는 처치 후 기간이 짧고 처치 전 기간이 상대적으로 긴 점을 고려할 때 TWFE 추정치와 강건형 추정치의 차이는 그리 크지 않을 것으로 예상할 수 있다.

3. 처치변수가 이산변수인 경우의 강건형 이중차분법

위 소절에서는 처치변수가 더미변수이고 처치효과가 이질적인 상황에 적용할 수 있는 강건형 추정법들을 살펴보았다. CS(2021)과 JW(2021)의 추정법은 공통적으로 처치변수가 더미변수인 경우에만 적용할 수 있다. 그런데 우리는 종종 처치 적용 여부뿐만 아니라 처치의 강도에 따른 처치효과의 크기 변화를 추정할 필요가 있다. 제II장의 코로나 백신 접종의 효과성 분석을 예로 들면, 평가 연구자는 때때로 백신의 접종 여부뿐만 아니라 백신 접종 빈도별(즉 1회, 2회, 3회 등) 효과성의 차이를 추정해야 하는 경우가 있다.[14] CH(2024)는 이와 같이 처치변수가 더미변수가 아니라 이산변수(discrete variable)인 경우에 적용할 수 있는 추정법을 제안하였다. 더미변수는 이산변수의 특수한 사례에 불과하므로, CH(2024)의 추정법은 처치변수가 더미변수인 경우에도 적용될 수 있다.[15] 본 장에서는 CH(2024)의 추정법을 소개하고 이 추정법을 응용할 수 있는 몇 가지 중요한 사례를 다룬다.

14) 이중차분법의 집단 구분의 기준은 처치 **수혜**가 아니라 처치 **자격**이어야 하므로, 여기서의 백신 접종 빈도도 **수혜** 기준 빈도가 아니라 **자격** 기준 빈도가 되어야 한다. 즉 처치변수 $D_{g,t}$는 백신 접종 1회 자격이 주어진 경우, 2회 자격이 주어진 경우 등으로 이해해야 한다.

15) 앞 소절에서 언급한 바와 같이, 처치변수가 더미변수인 경우 CH(2024)의 추정법은 CS(2021)의 추정법에서 처치 예정 미처치 집단(the not-yet-treated)만을 통제집단으로 사용하는 경우와 같다.

가. CH(2024)의 추정법

먼저 이진(binary) 혹은 이산(discrete) 처치변수를 $D_{g,t}$로 설정하자. 그리고 처치가 시점 F_g에 최초로 시작된 이후 ℓ $(\ell = 1, 2, \cdots, L_{\max})$ 기간 동안 처치를 적용받았을 때의 처치효과를 아래와 같이 정의하자.

$$\delta_{g,\ell} \equiv E[Y_{g,F_g-1+\ell} - Y_{g,F_g-1+\ell}(D_{g,1}, \cdots, D_{g,1}) \mid \boldsymbol{D})] \qquad \text{(IV-22)}$$

우리는 $\delta_{g,\ell}$을 시점 F_g에 시작된 처치가 시점 $F_g - 1 + \ell$ 현재 집단 g에 미치는 **현상 유지 대비 실제 적용 처치의 인과효과(actual-versus-status-quo effect, AVSQ)**라고 부른다.

$D_g = (D_{g,1}, \cdots, D_{g,T})$로 정의할 때, 위 식에서 행 벡터 $D \equiv (D_1, \cdots, D_G)$는 모든 집단($g \in \{1, \cdots, G\}$)의 모든 시점($t \in \{1, \cdots, T\}$)의 처치 상태 $D_{g,t}$를 일렬로 늘어 놓은 행 벡터를 표시한다. 위 식에서 시점별 처치변수의 값들 사이에는 $D_{g,s} \le D_{g,t}$ $(s \le t)$의 관계가 성립한다는 조건을 부과하자. 즉, 처치 강도는 시간이 지남에 따라 적어도 감소하지는 않아야 한다. 그리고 모든 집단 g의 $D_{g,1} = 0$이라고 가정하자.

CH(2024, p.18)의 Lemma 1에 의하면, (i) 사전 예상 불가(no anticipation), (ii) 평행 추세, (iii) 처치 역전 불가(no-crossing)의 조건이 충족되면 아래의 관계가 성립한다.

$$\begin{aligned} &E[DID_{g,\ell} \mid \boldsymbol{D})] = \delta_{g,\ell} \\ &where\ DID_{g,\ell} = (Y_{g,F_g-1+\ell} - Y_{g,F_g-1}) - \\ &\frac{1}{N^{g}_{F_g-1+\ell}} \cdot \sum_{\substack{[g' : D_{g',1}=0, \\ F_{g'} > F_g - 1 + \ell]}} (Y_{g',F_g-1+\ell} - Y_{g',F_g-1}) \end{aligned} \qquad \text{(IV-23)}$$

위 식에서 N_t^g는 시점 t까지 아직 처치가 적용되지 않은 집단 g의 수를 의미한다.

식 (IV−22)와 (IV−23)을 이용해 우리는 **비정규화 사건사 분석 처치효과(non-normalized event-study effects)**와 **정규화 사건사 분석 처치효과(normalized event-study effects)**를 정의한다.

먼저 비정규화 사건사 분석 처치효과는 아래 식으로 정의된다.

$$\delta_\ell = \frac{1}{N_\ell} \cdot \sum_{g\,:\,F_g - 1 + \ell \leq T_g} \delta_{g,\ell} \qquad \text{(IV−24)}$$

위 식에서 $T_g = Max_{g':D_{g',1}=0} F_{g'} - 1$로서 처치가 적용되지 않은 집단이 적어도 하나 이상 있는 마지막 시점이고, N_ℓ는 $F_g - 1 + \ell \leq T_g$의 조건을 만족하는 집단 g의 개수이다. 식 (IV−23)을 이용해 우리는 δ_ℓ의 추정치 DID_ℓ을 아래와 같이 정의할 수 있다.

$$DID_\ell = \frac{1}{N_\ell} \cdot \sum_{g\,:\,F_g - 1 + \ell \leq T_g} DID_{g,\ell} \qquad \text{(IV−25)}$$

한편, 시점 F_g부터 $F_g - 1 + \ell$까지 집단 g에 적용된 총 처치 단위 수(total treatment dose)를 아래 식으로 정의하자.

$$\delta^D_{g,\ell} = \sum_{k=1}^{\ell} D_{g,\,F_g - 1 + k} \qquad \text{(IV−26)}$$

위의 $\delta^D_{g,\ell}$를 이용해, 시점 F_g부터 $F_g - 1 + \ell$까지 집단 g에 적용된 처치가 집단 g에 미치는 **정규화 AVSQ 효과**를 정의하면 다음과 같다.

$$\delta^n_{g,\ell} = \frac{\delta_{g,\ell}}{\delta^D_{g,\ell}} \tag{IV-27}$$

$\delta^n_{g,\ell}$의 추정치는 아래 식을 통해 구할 수 있다.

$$\hat{\delta}^n_{g,\ell} = \frac{DID_{g,\ell}}{\delta^D_{g,\ell}} \tag{IV-28}$$

이제 식 (IV-26)~(IV-28)을 이용해 정규화 사건사 분석 처치효과를 정의하면 다음과 같다.

$$\delta^n_\ell = \frac{1}{N_\ell} \cdot \sum_{[g:\,F_g - 1 + \ell \leq\, T_g]} \frac{|\,\delta^D_{g,\ell}\,|}{\delta^D_\ell} \delta^n_{g,\ell} \tag{IV-29}$$

위 식에서 $\delta^D_\ell = \frac{1}{N_\ell} \cdot \sum_{[g:\,F_g - 1 + \ell \leq T_g]} |\,\delta^D_{g,\ell}\,|$로 정의된다. δ^n_ℓ은 N_ℓ을 구성하는 각 집단 g에 $\frac{|\,\delta^D_{g,\ell}\,|}{\delta^D_\ell}$의 가중치를 부여해 계산한 $\delta^n_{g,\ell}$의 가중 평균으로 해석할 수 있다. CH(2022, p.19)의 Lemma 2에 의하면, δ^n_ℓ은 처치집단의 시점 ℓ과 과거 $\ell-1$개 시점에 적용된 시점별 처치들이 처치집단의 시점 ℓ 성과변수에 미치는 처치 1단위당 인과효과들의 가중 평균을 의미한다. 식 (IV-25)에서와 같이 우리는 δ^n_ℓ을 아래 식에 의해 추정할 수 있다.

$$\hat{\delta}^n_\ell (= DID^n_\ell) = \frac{1}{N_\ell} \cdot \sum_{[g:\,F_g - 1 + \ell \leq\, T_g]} \frac{|\,\delta^D_{g,\ell}\,|}{\delta^D_\ell} \frac{DID_{g,\ell}}{\delta^D_{g,\ell}} \tag{IV-30}$$

$\delta^D_{g,\ell}$는 식 (IV-30)의 분자와 분모에서 서로 상쇄되므로, 종국적으로

$DID^n_\ell = \dfrac{DID_\ell}{\delta^D_\ell}$의 관계가 성립한다.

CH(2024) 추정법을 적용하는 Stata 명령어는 **did_multiplegt_dyn**이다. 이 명령어를 이용해 비정규화 사건사 분석 처치효과와 정규화 사건사 분석 처치효과를 계산하는 방법은 각각 다음과 같다.

```
did_multiplegt_dyn outcome unitid timeid D, ///
         effects(#) placebo(#) cluster(unitid)
did_multiplegt_dyn outcome unitid timeid D, ///
normalized effects(#) placebo(#) cluster(unitid)
```

나. Stata를 활용한 실증분석

본 소절에서는 Kang et al.(2024)이 분석한 원 데이터를 사용해 CH(2024) 추정법을 이산형 처치변수에 적용하는 방법을 예시한다. Kang et al.(2024)은 국내에 2013년부터 등장하기 시작한 에어비앤비가 지역(시군구 단위)의 범죄율과 각종 민원 청구 건수에 미친 영향을 분석한다. Kang et al.(2024)은 국내 시군구별로 2010년부터 2017년까지의 연도별 에어비앤비 리스팅 수와 분기별 치안 방범 관련 민원 수 등의 정보를 이용해 시군구 단위 분기별 패널자료를 구축하였다. 이를 토대로 그들은 시군구 내 에어비앤비 리스팅 수의 증가가 분기별 민원 건수에 미친 영향을 추정한다. 에어비앤비 리스팅 수가 2013년부터 2017년 기간에 시군구 별로 서로 다른 시점에 서로 다른 크기만큼 증가했기 때문에, 에어비앤비 리스팅 1단위 증가의 인과효과를 추정하기 위해서는 CH(2024)의 강건형 추정법을 적용할 필요가 있다.

CH(2024) 추정법을 통해 에어비앤비 리스팅 수 증가가 지역 내 민원 건수에 미치는 영향을 추정하는 Stata 명령어는 아래와 같다.

먼저 1번 행에서는 Kang et al.(2024)이 분석한 원 데이터 파일 Kang_Kang_Park.dta를 불러들인다. 3번 행에서는 지역의 에어비앤비 리스팅 수의 자연로그 값(d_lnnairbnb)이 0보다 큰 경우(즉 에어비앤비가 진입해 있는 경우) 1, 그렇지 않은 경우 0을 취하는 처치 더미변수 d를 생성한다. 지역의 에어비앤비 리스팅 수가 0인 경우 자연로그를 취하면 결측이 발생하므로 Kang et al.(2024)은 지역 내 에어비앤비 리스팅 수에 1을 더한 후 자연로그를 취하였다. 그러므로 d_lnnairbnb=0은 지역 내 에어비앤비 리스팅 수가 0임을 의미한다.[16]

5~13번 행에서는 분석 표본에 포함되어 있는 변수들의 기술 통계량을 구한다. 분석 표본에서 종속변수 Y는 치안 방범 관련 민원 수의 로그값(ln치안방범)이고 개체 식별변수 i는 시군구 고유번호(keyid), 시간 식별변수 t는 분기(qtrdate)이다.

23번 행에서는 분석 표본을 시군구의 분기별 패널 데이터로 선언한다. CH(2024) 추정법을 적절히 적용하기 위해서는 분석 표본이 균형 패널 데이터이어야 한다. 25~28번 행의 결과에 의하면, 현재의 분석 표본은 처음부터 균형 패널 데이터이므로 원 데이터를 균형 패널 데이터로 축소시키는 과정이 여기에서는 필요하지 않다.

```
1. . use Kang_Kang_Park.dta, clear
2.
3. . gen d=(d_lnnairbnb>0) if d_lnnairbnb!=.
4.
```

16) 좀 더 정확히 설명하면, d_lnnairbnb는 연속변수 lnnairbnb=ln(에어비앤비 리스팅 수+1)을 0.5-구간으로 이산화시킨 변수이다. (변수 d_lnnairbnb를 구축하는 자세한 방법에 대해서는 Kang et al.(2024)의 section 5.2를 참조하라.) CH(2024) 추정법은 lnnairbnb와 같은 연속형 처치변수에도 적용할 수 있지만 lnnairbnb이 취하는 수치가 많은 경우 추정치 계산에 상당한 시간이 소요된다. Kang et al.(2024)은 계산 시간을 절약하기 위해 lnnairbnb를 0.5-구간으로 이산화시킨 d_lnnairbnb를 처치변수로 설정한다.

```
5. . sum
6.
7.     Variable ¦        Obs        Mean    Std. dev.       Min        Max
8. -------------+---------------------------------------------------------
9.        keyid ¦      9,120       114.5    65.82091          1        228
10.     qtrdate ¦      9,120        20.5    11.54403          1         40
11.   ln치안방범 ¦      9,120    1.330568    1.233724          0   5.501258
12.  d_lnnairbnb ¦      9,120     1.91187    2.211212          0       9.25
13.           d ¦      9,120    .5663377    .4956069          0          1
14.
15. . gen Y=ln치안방범
16.
17. . gen i=keyid
18.
19. . gen t=qtrdate
20.
21. .
22. . * Balanced panel data and Regression with fixed effects
23. . xtset i t
24.
25. Panel variable: i (strongly balanced)
26.  Time variable: t, 1 to 40
27.          Delta: 1 unit
28.
```

우선 우리는 31번 행에서 지역 내 에어비앤비의 등장(d)이 지역 내 에어비앤비 리스팅 수에 미친 영향을 추정한다. 이 명령어에서는 종속변수가 **d_lnnairbnb**, 처치변수가 더미변수 **d**로 설정되어 있음을 확인하라. 35~81번 행에 이 명령어를 실행한 결과가 제시되어 있다. 86번 행에서는 명령어 **event_plot**을 이용해 이들 추정치를 그래프로 표현한다. 여기서 도출된 그래프가 〈그림 IV-4〉의 패널 A에 제시되어 있다.

예상할 수 있는 바와 같이, 지역 내에 에어비앤비 리스팅이 등장하기 이전 시점에는 지역 내 에어비앤비 리스팅 수는 0이다. 그러나 에어비앤비 리스팅이 등장하는 제1분기(상대시점 1)부터 이후 제11분기까지 지속적으로 지역 내 에어비앤비 리스팅의 수는 증가한다. 이 추정결과는 CH(2024)를 적용하기 위한 세 가지 가정 중 (iii) 처치 역전 불가(no-crossing)의 조건이 충족되고 있음을 시사한다.

```
. // Estimation with did_multiplegt_dyn of CH (2022)
. did_multiplegt_dyn d_lnnairbnb i t d, ///
>                effects(11)      placebo(7) cluster(keyid)


--------------------------------------------------------------------------------
             Estimation of treatment effects: Event-study effects
--------------------------------------------------------------------------------

             | Estimate         SE      LB CI      UB CI          N  Switchers
-------------+------------------------------------------------------------------
    Effect_1 | .9296117   .0224007   .8857071   .9735162       2983        206
    Effect_2 | 1.111651     .03009   1.052675   1.170626       2786        206
    Effect_3 |  1.26699   .0359948   1.196442   1.337539       2592        206
    Effect_4 | 1.456311   .0431774   1.371685   1.540937       2401        206
    Effect_5 | 1.652913   .0489393   1.556993   1.748832       2214        206
    Effect_6 | 1.876214   .0545165   1.769363   1.983064       2034        206
    Effect_7 | 2.050971   .0610793   1.931258   2.170684       1855        206
    Effect_8 | 2.317961    .066898   2.186844   2.449079       1682        206
    Effect_9 | 2.521845   .0726767   2.379401   2.664288       1522        206
   Effect_10 | 2.764563   .0758711   2.615859   2.913268       1378        206
   Effect_11 | 2.973301   .0781604   2.820109   3.126493       1259        206
--------------------------------------------------------------------------------
Test of joint nullity of the effects : p-value = 0


--------------------------------------------------------------------------------
              Average cumulative (total) effect per treatment unit
--------------------------------------------------------------------------------

            | Estimate        SE        LB CI      UB CI     N     Switch  x Periods
  ---------+--------------------------------------------------------------------
 Av_tot_eff |   1.90203   .0485616   1.806851   1.997209        5309        2266
```

```
63. -----------------------------------------------------------------------------
64. Average number of time periods over which a treatment's effect is accumulated = 6
65.
66.
67. -----------------------------------------------------------------------------
68.          Testing the parallel trends and no anticipation assumptions
69. -----------------------------------------------------------------------------
70.
71.              ¦ Estimate        SE      LB CI      UB CI          N  Switchers
72. -------------+---------------------------------------------------------------
73.    Placebo_1 ¦        0         0          0          0       2983        206
74.    Placebo_2 ¦        0         0          0          0       2786        206
75.    Placebo_3 ¦        0         0          0          0       2592        206
76.    Placebo_4 ¦        0         0          0          0       2184        198
77.    Placebo_5 ¦        0         0          0          0       1800        195
78.    Placebo_6 ¦        0         0          0          0       1441        191
79.    Placebo_7 ¦        0         0          0          0       1152        187
80. -----------------------------------------------------------------------------
81. Test of joint nullity of the placebos : p-value = 1
82.
83.
84. The development of this package was funded by the European Union (ERC,
    REALLYCREDIBLE,GA N°101043899).
85.
86. . event_plot e(estimates)#e(variances), default_look ///
87. >        graph_opt(xtitle("Periods since the event") ytitle("Effects on d") ///
88. >         title("A. Effects on d") xlabel(-8(2)11, angle(45))) ///
89. >         ciplottype(rcap) stub_lag(Effect_#) stub_lead(Placebo_#) together
90.
91. . graph save Graph "att_d_lnnairbnb.gph", replace
```

95~96번 행은 CH(2024) 추정법을 적용해 **비정규화 사건사 분석 처치효과(non-normalized event-study effects)**를 계산하는 명령어이다. 이 명령어에서 종속변수는 Y(즉 ln치안방범), 처치변수는 이산형 변수 d_lnnairbnb이다. 95~96번 행의 명령어를 실행한 결과는 99~145번 행에 제시되어 있다. 150~155번 행에서는 명령어 event_plot을 이용해 추정치들을 그래프로

표현한다. 비정규화 사건사 분석 추정치들을 보여주는 그래프는 〈그림 IV-4〉의 패널 B에 제시되어 있다.

```
. did_multiplegt_dyn Y i t d_lnnairbnb, ///
>                effects(11)      placebo(7) cluster(keyid)


-----------------------------------------------------------------------------
             Estimation of treatment effects: Event-study effects
-----------------------------------------------------------------------------

             |  Estimate        SE      LB CI      UB CI          N  Switchers
-------------+---------------------------------------------------------------
    Effect_1 |  .0601229  .0447771  -.0276386   .1478844       2983        206
    Effect_2 |  .0787183  .0454669  -.0103952   .1678319       2786        206
    Effect_3 |  .0845472    .04574  -.0051016   .1741961       2592        206
    Effect_4 |  .0652593   .049454  -.0316688   .1621874       2401        206
    Effect_5 |  .1008374  .0535648  -.0041477   .2058225       2214        206
    Effect_6 |   .065367  .0520041  -.0365592   .1672931       2034        206
    Effect_7 |  .0787157  .0543163  -.0277423   .1851737       1855        206
    Effect_8 |  .0632502  .0542149  -.0430091   .1695095       1682        206
    Effect_9 | -.0309134  .0549325  -.1385791   .0767523       1522        206
   Effect_10 |  .0375197  .0615158   -.083049   .1580885       1378        206
   Effect_11 | -.0010219  .0632942  -.1250763   .1230325       1259        206
-----------------------------------------------------------------------------
Test of joint nullity of the effects : p-value = .23069757


-----------------------------------------------------------------------------
              Average cumulative (total) effect per treatment unit
-----------------------------------------------------------------------------

            | Estimate      SE     LB CI     UB CI         N    Switch  x Periods
-------------+---------------------------------------------------------------
  Av_tot_eff |  .0287923  .0216329  -.0136073    .071192       5309       2266
-----------------------------------------------------------------------------
Average numberoftime periods over which a treatment's effect is accumulated = 4.9142691
```

```
129.
130.
131. ----------------------------------------------------------------------------------
132.            Testing the parallel trends and no anticipation assumptions
133. ----------------------------------------------------------------------------------
134.
135.              ¦  Estimate        SE      LB CI      UB CI         N  Switchers
136. -------------+--------------------------------------------------------------------
137.    Placebo_1 ¦  .0432296  .0457762  -.0464902  .1329493      2983        206
138.    Placebo_2 ¦   .003948  .0485542  -.0912164  .0991125      2786        206
139.    Placebo_3 ¦  .0177611  .0464912    -.07336  .1088822      2592        206
140.    Placebo_4 ¦ -.0306525  .0526501  -.1338447  .0725397      2184        198
141.    Placebo_5 ¦ -.0494311  .0551165  -.1574575  .0585954      1800        195
142.    Placebo_6 ¦ -.0861825  .0550958  -.1941683  .0218032      1441        191
143.    Placebo_7 ¦ -.0068747  .0634267  -.1311887  .1174394      1152        187
144. ----------------------------------------------------------------------------------
145. Test of joint nullity of the placebos : p-value = .42150583
146.
147.
148. The development of this package was funded by the European Union (ERC,
     REALLYCREDIBLE,GA N°101043899).
149.
150. . event_plot e(estimates)#e(variances), default_look ///
151. >        graph_opt(xtitle("Periods since the event") ytitle("Effects on Y") ///
152. >          title("B. Non-normalized Effects on Y") ysc(range(-0.2 0.2)) ///
153. >          ylabel(-0.2(.1)0.2) xlabel(-8(2)11, angle(45))) ///
154. >          ciplottype(rcap) stub_lag(Effect_#) stub_lead(Placebo_#) ///
155. >          together
156.
157. . graph save Graph "att_Y-1.gph", replace
```

아래 160~161번 행은 CH(2024) 추정법을 적용해 **정규화 사건사 분석 처치 효과(normalized event-study effects)**를 계산하는 명령어이다. 이 명령어의 종속변수와 처치변수는 95~96번 행과 동일하다. 차이점은 160~161번 행에서는 정규화 추정치를 구하기 위해 옵션 normalized가 설정되어 있는 점이다.

160~161번 행의 명령어를 실행한 결과는 166~212번 행에 제시되어 있다.

217~223번 행에서는 명령어 `event_plot`을 이용해 추정치들을 그래프로 표현한다. 정규화 사건사 분석 추정치들을 보여주는 그래프는 〈그림 IV-4〉의 패널 C에 제시되어 있다.

```
160. . did_multiplegt_dyn Y i t d_lnnairbnb, ///
161. >                effects(11) normalized placebo(7) cluster(keyid)
162. checking did_multiplegt_dyn consistency and verifying not already installed...
163. all files already exist and are up to date.
164.
165.
166. --------------------------------------------------------------------------------
167.              Estimation of treatment effects: Event-study effects
168. --------------------------------------------------------------------------------
169.
170.              ¦  Estimate         SE      LB CI      UB CI          N  Switchers
171. -------------+------------------------------------------------------------------
172.     Effect_1 ¦  .0646753   .0481675  -.0297314   .1590819       2983        206
173.     Effect_2 ¦  .0385636   .0222739  -.0050925   .0822196       2786        206
174.     Effect_3 ¦  .0255565    .013826  -.0015421    .052655       2592        206
175.     Effect_4 ¦  .0136968   .0103795  -.0066467   .0340404       2401        206
176.     Effect_5 ¦  .0157129   .0083467  -.0006463   .0320722       2214        206
177.     Effect_6 ¦  .0078815   .0062703  -.0044081   .0201711       2034        206
178.     Effect_7 ¦  .0076093   .0052507  -.0026818   .0179004       1855        206
179.     Effect_8 ¦   .004995   .0042815  -.0033965   .0133866       1682        206
180.     Effect_9 ¦ -.0020359   .0036177  -.0091264   .0050547       1522        206
181.    Effect_10 ¦  .0020903   .0034272  -.0046269   .0088076       1378        206
182.    Effect_11 ¦ -.0000488   .0030252  -.0059781   .0058804       1259        206
183. --------------------------------------------------------------------------------
184. Test of joint nullity of the effects : p-value = .23069762
185.
186.
187. --------------------------------------------------------------------------------
188.               Average cumulative (total) effect per treatment unit
189. --------------------------------------------------------------------------------
190.
191.          ¦ Estimate        SE      LB CI      UB CI          N     Switch  x Periods
```

```
-------------+----------------------------------------------------------------
  Av_tot_eff ¦  .0287923   .0216329  -.0136073    .071192       5309        2266
------------------------------------------------------------------------------
Averagenumberof time periods over which a treatment's effect is accumulated = 4.9142691


------------------------------------------------------------------------------
          Testing the parallel trends and no anticipation assumptions
------------------------------------------------------------------------------

             ¦ Estimate         SE      LB CI      UB CI          N  Switchers
-------------+----------------------------------------------------------------
   Placebo_1 ¦  .0465028   .0492423  -.0500103   .1430159       2983         206
   Placebo_2 ¦  .0019341   .0237864  -.0446863   .0485545       2786         206
   Placebo_3 ¦  .0055123   .0144289  -.0227678   .0337924       2592         206
   Placebo_4 ¦ -.0065383   .0112305  -.0285497   .0154731       2184         198
   Placebo_5 ¦ -.0079563   .0088714   -.025344   .0094314       1800         195
   Placebo_6 ¦ -.0109338   .0069899  -.0246338   .0027661       1441         191
   Placebo_7 ¦ -.0007395   .0068224  -.0141112   .0126322       1152         187
------------------------------------------------------------------------------
Test of joint nullity of the placebos : p-value = .42150586


 The development of this package was funded by the European Union (ERC,
 REALLYCREDIBLE,GA N°101043899).

. event_plot e(estimates)#e(variances), default_look ///
>        graph_opt(xtitle("Periods since the event") ytitle("Effects on Y") ///
>          title("C. Normalized Effects on Y") ysc(range(-0.2 0.2)) ///
>          ylabel(-0.2(.1)0.2) xlabel(-8(2)11, angle(45))) ///
>          ciplottype(rcap) stub_lag(Effect_#) stub_lead(Placebo_#) ///
>          together

. graph save Graph "att_Y-2.gph", replace
.
. graph combine "att_d_lnnairbnb.gph" "att_Y-1.gph" "att_Y-2.gph", ysize(9) hole(2)

. graph save Graph "combinethree.gph", replace
```

그림 Ⅳ-4

CH(2024) 추정법을 적용한 추정 결과

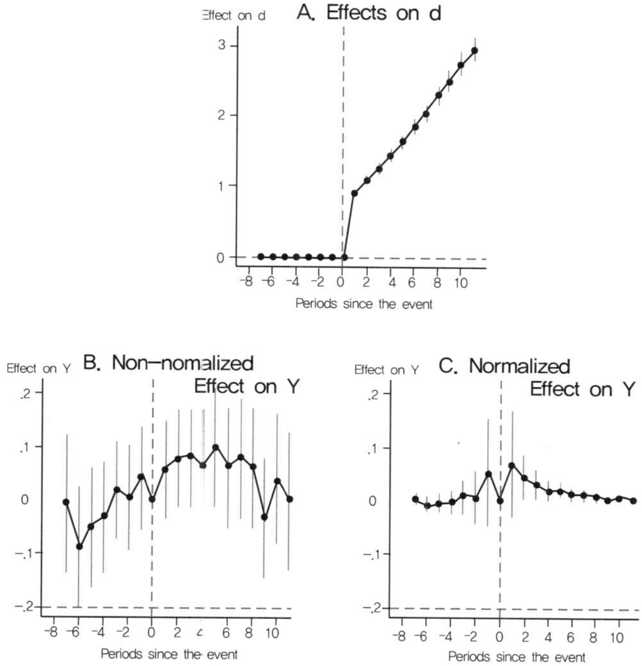

위에서 명령어 did_multiplegt_dyn을 적용해 구한 추정결과를 227번 행의 명령어를 적용해 정리한 그래프가 〈그림 Ⅳ-4〉이다. 〈그림 Ⅳ-4〉의 패널 A는 DID_ℓ의 성과변수로서 $D_{g,t}$를 사용한 경우의 **비정규화 사건사 분석 처치효과**, 패널 B는 DID_ℓ의 성과변수로서 $Y_{g,t}$를 사용한 모형의 **비정규화 사건사 분석 처치효과**(식 (Ⅳ-25)), 패널 C는 이 모형의 **정규화 사건사 분석 처치효과**(식 (Ⅳ-30)) 추정치를 표시한다.

TWFE, CS(2021), JW(2021), SA(2021) 추정법에서는 처치가 시작되는 상대시점을 0으로 설정하고, 상대시점 －1을 기준으로 추정치의 크기를 해석한다. 그러나 CH(2024) 추정법은 처치가 시작되는 상대시점을 (0이 아니라) 1로 설정하고, 상대시점 0을 기준으로 추정치의 크기를 해석하고 있음에 유의하라.

〈그림 Ⅳ-4〉의 패널 A는 시군구 내에 에어비앤비가 일단 등장하면 이후 제11분기까지 리스팅 수가 지속적으로 증가하는 현상을 보여준다. 이는 CH(2024)의 가정 (iii)(즉 처치 역전 불가)이 대체로 성립함을 시사한다. 패널 B(비정규화 추정치)에 의하면, 시군구 내 에어비앤비가 등장한 이후 제5분기까지 지역 내 민원 수는 지속적으로 증가한다. 그러나 제6분기부터는 민원 수 증가분이 약간씩 감소하기 시작해 제9분기 정도 이후에는 에어비앤비 등장 이전의 보통 수준으로 복귀한다.

〈그림 Ⅳ-4〉의 패널 C(정규화 추정치)에 의하면, 에어비앤비 1단위 증가의 인과효과는 도입 후 제5분기 정도까지는 지역 내 민원 수를 유의하게 증가시키지만, 제6분기부터는 개체 수의 추가적인 증가가 민원 수에 유의한 영향을 미치지 않는다. 〈그림 Ⅳ-4〉의 패널 B와 C는 공통적으로 에어비앤비 등장 이후 시군구 내 민원 수가 초기 5분기까지는 점차 증가하다가 9분기 정도에는 에어비앤비 등장 이전의 보통 수준으로 복귀하는 현상을 보여준다.

다. CH(2024)의 응용

CH(2024)의 추정법은 처치변수가 이산적인 경우에 적용될 뿐만 아니라 TWFE 모형에 기반을 둔 기존 일반형 이중차분 추정법에 대해 적어도 두 가지 함의를 던진다. 첫째, 처치 적용 시점이 모든 처치 개체에 대해 동일하더라도, 식 (III-9)와 같은 연속형 이중차분법에서는 음의 가중치 문제가 존재한다. 이 문제를 교정하기 위해서는 CH(2024)의 추정법을 적용해야 한다. 둘째, 개체의 선택으로 인해 처치 자격과 수혜가 불일치하는 경우에도 연속형 이중차분법과 유사한 상황이 발생하기 때문에 CH(2024)의 추정법을 적용해 음의 가중치 문제를 교정해야 한다. 아래에서는 이들 두 가지 이슈에 대해 순차적으로 다룬다.

〈1〉 연속형 이중차분법의 수정

우리는 위 III.4절에서 처치가 동일 시점에 모든 개체들에 적용되는 경우 각 개체에 적용되는 처치 강도가 상이한 점을 처치 변이(treatment variation)로 활용하는 추정방법을 다루었다. 이런 **연속형** 이중차분 모형을 CH(2024)의 관점에서 표현하면 다음과 같다.

먼저 연속형 처치변수 $D_{g,t}$를 $D_{g,t}^{\ell} \equiv I_g \cdot 1(t=F-1+\ell)$와 같이 설정하자. 이 식에서 $I_g(\geq 0)$는 집단 g에 적용된 연속형 처치 강도를 표시하고, $1(t=F-1+\ell)$는 시점 t가 상대시점 ℓ에 해당하는지를 표시하는 더미변수이다. 처치가 모든 집단 g에 동일 시점에 적용되기 시작했으므로 $F_g = F\ (\forall g)$가 성립한다. 그리고 상대시점 ℓ은 집합 $\ell \in \{-F+2, \cdots, -1, 1, 2, \cdots, T-F+1\}$ $(\ell \neq 0)$ 내에서 어느 한 값을 취한다.

위와 같이 정의된 변수들을 이용해 연속형 이중차분 모형을 설정하면 다음과 같다.

$$Y_{g,t} = \gamma_0 + \tau_t + G_g + \sum_{\ell=-F+2, \ell \neq 0}^{T-F+1} \beta_{fe}^{\ell} D_{g,t}^{\ell} + u_{g,t} \qquad \text{(IV-31)}$$

식 (IV-31)은 III.4절의 식 (III-9)와 유사한 형태를 취하고 있음을 알 수 있다. 식 (IV-31)의 $D_{g,i}^{\ell} \equiv I_g \cdot 1(t=F-1+\ell)$은 식 (III-9)의 $After_t \cdot Treat_i$

에 대응한다. I_g가 $Treat_i$에 대응하고, $1(t=F-1+\ell)$가 $After_t$에 대응한다.

CH(2024)의 Proposition 1(p.31)에 의하면, (i) 사전 예상 불가, (ii) 평행 추세라는 두 개 가정이 성립할 때 다음 두 가지 관계가 성립한다.

〈가정 1〉 $\forall \ell \in \{1, \cdots, T-F+1\}$의 경우,

$$E[\beta_{fe}^{\ell} \mid \boldsymbol{D}] = \sum_{g\,:\,I_g \neq 0} w_g^{fe} \cdot \frac{\delta_{g,\ell}}{I_g} \tag{IV-32}$$

위 식에서 $w_g^{fe} = \dfrac{I_g(I_g - \overline{I})}{\sum_{g'\,:\,I_{g'} \neq 0} I_{g'}(I_{g'} - \overline{I})}$이고, $\overline{I} = \dfrac{1}{G}\sum_{g=1}^{G} I_g$는 모든 집단 g를 대상 ($I_g=0$ 포함)으로 구한 I_g의 평균값이다.

〈가정 2〉 $F>2$이라고 가정할 때, $\forall \ell \in \{-F+2, \cdots, -1\}$의 경우

$$E[\beta_{fe}^{\ell} \mid \boldsymbol{D}] = 0 \tag{IV-33}$$

식 (IV-32)에서 가중치 $w_g^{fe} = \dfrac{I_g(I_g - \overline{I})}{\sum_{g'\,:\,I_{g'} \neq 0} I_{g'}(I_{g'} - \overline{I})}$로 정의되므로, 특정 집단 g의 처치 강도 I_g가 평균 처치 강도 $\overline{I}$보다 작으면, 이 집단에 부여되는 가중치 w_g^{fe}는 음수가 된다. 즉 연속형 이중차분 모형에서도 위의 IV.1절에서 설명했던 음의 가중치 문제가 발생한다.[17]

이제 실제 실증연구의 데이터를 활용해 TWFE 추정치와 강건형 추정치를 비교해 보자. III.4절에서 우리는 Baek and Park(2018)의 데이터를 이용해

17) I_g가 0 또는 1을 취하는 더미변수인 경우(즉 전통적인 단순형 및 일반형 이중차분 모형)에는 이런 **음의 가중치** 문제가 발생하지 않는다. I_g가 0이 아니면 반드시 1일 수밖에 없고, $I_g=1>\overline{I}$의 관계가 항상 성립하기 때문이다.

식 (IV-31)의 형식을 취하는 연속형 이중차분 모형을 추정하였다. 그런데 Baek and Park(2018)의 사례에서는 2005년이 유일한 처치 전 시점($\ell=0$)이고 2007년($\ell=1$)부터 모든 기업에 처치가 동시에 적용되었으므로, $F>2$의 가정이 성립하지 않는다. 본 절에서 우리는 Baek and Park(2018) 대신 강창희·박상곤(2023)의 데이터를 활용해 CH(2024)의 강건형 추정법을 연속형 처치 강도의 처치효과 추정에 적용해 본다.

강창희·박상곤(2023)은 **고용형태별 근로실태조사** 자료를 활용해 한국에서 2018년 7월부터 시행된 주 52시간 근로 상한제(이하 주 52시간제)가 근로시간과 고용규모에 미친 영향을 추정한다. 주 52시간제는 2018년 7월부터 산업 및 규모별로 시차를 두고 국내 기업들에 적용되었다. 2018년 7월부터 공공기관과 상시 근로자 300인 이상 민간 사업체(26개 특례업종 제외)에 먼저 적용되었고, 2019년 7월부터는 (기존 26개 중) 21개 특례업종의 상시 근로자 300인 이상 사업체로 확대되었다. 강창희·박상곤(2023)은 주 52시간제 처치의 변이를 충분히 확보하기 위해 처치 적용 시점의 변이뿐만 아니라 사업체별 처치 강도의 변이도 활용하였다. 처치 강도의 대리변수로서 그들은 주 52시간제 시행 이전(즉 2016년과 2017년)에 주 52시간을 초과하는 연장근로가 어느 정도 행해지고 있었는지를 보여주는 지표를 구축하였다.

구체적으로, 그들은 고용형태별 근로실태조사 자료를 활용해 각 연도별로 사업체의 중분류 업종과 종업원 규모 범주를 교차시켜 약 365개의 셀을 생성한 후 셀 단위 패널자료를 구축해 실증분석을 진행하였다. 그들이 설정한 통계모형은 다음과 같다.

$$Y_{ijt} \equiv \gamma_0 + \gamma_1 (d_{it} \cdot T52_i) + \alpha_i + \tau_{jt} + \lambda_g \cdot t + u_{ijt} \qquad \text{(IV-34)}$$

이 식에서 $i(=1,2,\cdots,365)$는 셀, j는 셀 i가 속해 있는 중분류 업종 및 사업체 규모 범주, t는 연도를 표시한다. α_i는 셀 고정효과, τ_{jt}는 업종-연도 및 규모-연도 고정효과, $\lambda_g \cdot t$는 셀 i가 속한 집단 g별(9개 범주)로 상이한 선형 시간추세를 표시한다. d_{it}는 셀 i에 연도 t 현재 주 52시간제가 적용되고 있는지를 표시하는 처치변수(더미변수)이고, $T52_i$는 주 52시간제 시행 이전 시점(2016년과 2017년)에 셀 i에 속한 전체 근로자들 중 주당 52시간을 초과해 근로한 근로자들의 비중(0과 1 사이의 수치)을 표시한다. 즉 식 (IV-34)의 $T52_i$가 식 (IV-31)의 I_g에 대응한다.

(1) 실습: Stata를 활용한 실증분석

강창희·박상곤(2023)은 아래와 같은 Stata 명령어를 적용해 식 (IV-34)의 TWFE 모형을 추정하였다. 아래에서 구한 추정치들은 강창희·박상곤(2023)의 <Table 5>에 제시되어 있다.

먼저 1번 행에서는 강창희·박상곤(2023)이 분석한 원 데이터 파일 `Kang_Park_2023.dta`를 불러들인다. 4번 행에서는 분석 표본을 셀의 연도별 패널 데이터로 선언한다. 6~8번 행에 의하면, 분석 표본은 불균형 패널 데이터이다. TWFE 추정법을 적용할 때는 분석 표본이 불균형 패널 데이터라도 별 문제는 없다. 그러나 강건형 추정법을 적용할 때는 분석 표본이 균형 패널 데이터이어야 하므로, 현재의 분석 표본을 균형 패널 데이터로 축소시키는 과정이 나중에 필요하다.

12~27번 행에서는 각 처치 셀의 처치 시작 연도를 지정한다. 주 52시간제는 2018년 7월, 2019년의 7월을 기점으로 시행되었고 **고용형태별 근로실태조사**의 조사 기준 시점은 매년 6월이다. 그에 따라 처치 개체의 2018년 관측치를 처치 전과 처치 후 중 어느 시점으로 분류해야 하는지에 관해 논란이 있을 수 있다. 여기에서는 2018년 6월을 처치 전 시점으로 분류한 후 2019년 관측치부터 주 52시간제가 적용되었다고 설정한다. 15~27번

행에서 집단 더미변수 group은 주 52시간제가 서로 다른 시점에 적용되는 9개의 집단을 표시하고, Ei은 각 group에 주 52시간제가 적용되는 분석 표본의 관측 연도를 표시한다. 주 52시간제가 적용되지 않는 셀의 경우 Ei=.이다.

31번 행에서는 향후 통계분석에서 성과변수로 사용할 두 개의 변수를 지정한다. 하나는 셀 내에서 주당 평균 초과 근로시간이 12시간을 넘는 근로자들의 비중을 표시하는 longoverwork이고, 다른 하나는 셀 내 총고용량의 자연로그 값 ln_tot이다.

34~62번 행까지가 강창희·박상곤(2023)의 <Table 5>의 (1)~(3)열을 재현하는 명령어이다. 이 명령어를 실행한 결과는 64~158번 행에 제시되어 있다.

```
1. . use Kang_Park_2023, clear
2.
3. .
4. . xtset cell_id year
5.
6. Panel variable: cell_id (unbalanced)
7.  Time variable: year, 2012 to 2021, but with gaps
8.          Delta: 1 unit
9.
10. .
11. . // Define starting year Ei for robust DID
12. . drop K Ei lastcohort
13.
14. .
15. . gen     Ei=.    if (group==12|group==14|group==16)
16. (3,567 missing values generated)
17.
18. . replace Ei=2019 if (group==36)
19. (629 real changes made)
20.
```

```
. replace Ei=2020 if (group==26)
(288 real changes made)

. replace Ei=2021 if (group==24|group==34)
(1,215 real changes made)

. replace Ei=.    if (group==22|group==32)
(0 real changes made)

.
. local varlist longoverwork ln_tot

.
. foreach var in `varlist'{
  2. di "                                          "
  3. di "********* dep var = `var' ********* "
  4.
. gen hat_`var'=.
  5.
. foreach num of numlist 12 14 16 22 24 26 32 34 36 {
  6. di "                                          "
  7. di "********* dep num = `num' ********* "
  8.
. quietly sum year if group==`num' & year<Ei
  9.
. if r(mean)!=. {
 10. quietly reg `var' year if group==`num' & year<Ei
 11. replace hat_`var'=_b[_cons]+_b[year]*year if group==`num'
 12. }
 13. else {
 14. di "                                          "
 15. di " ZERO obs  if group==`num' & year<Ei   "
 16. }
 17. }
 18.
. eststo: quietly xi: xtreg `var' treat1xd1 i.year i.ind1*i.year ///
  i.esize*i.year, fe rob
 19. eststo: quietly xi: xtreg `var' treat1xd1 i.year i.group|year, fe rob
```

```
20. eststo: quietly xi: xtreg `var' treat1xd1 i.year hat_`var', fe rob
21.
. esttab, b(%12.3f) se(%12.3f) bracket star(* 0.10 ** 0.05) keep(treat1xd1 _cons)
22. eststo clear
23. }

********* dep var = longoverwork *********
(3,567 missing values generated)

********* dep num = 12 *********
(80 real changes made)

 .....

********* dep num = 36 *********
(629 real changes made)
(est1 stored)
(est2 stored)
(est3 stored)

--------------------------------------------------------
                     (1)             (2)             (3)
            longoverwork    longoverwork    longoverwork
--------------------------------------------------------
treat1xd1         -0.208**        -0.219**        -0.231**
                 [0.032]         [0.030]         [0.028]

_cons              0.121**         1.359           0.037
                 [0.004]         [1.241]         [0.027]
--------------------------------------------------------
N                   3567            3567            3567
--------------------------------------------------------
Standard errors in brackets
* p<0.10, ** p<0.05

********* dep var = lr_tot *********
(3,567 missing values generated)

```

```
115. ********* dep num = 12 *********
116. (80 real changes made)
117.
.....
138.
139. ********* dep num = 36 *********
140. (629 real changes made)
141. (est1 stored)
142. (est2 stored)
143. (est3 stored)
144.
145. ---------------------------------------------------------
146.                         (1)           (2)           (3)
147.                      ln_tot        ln_tot        ln_tot
148. ---------------------------------------------------------
149. treat1xd1             0.336        -0.021        -0.011
150.                     [0.218]       [0.161]       [0.165]
151.
152. _cons                 9.499**       7.219         0.292
153.                     [0.019]       [8.965]       [2.729]
154. ---------------------------------------------------------
155. N                      3567          3567          3567
156. ---------------------------------------------------------
157. Standard errors in brackets
158. * p<0.10, ** p<0.05
```

강창희·박상곤(2023)의 분석 표본을 이용해, 식 (IV-31)의 TWFE 사건사 분석 추정치를 구하는 Stata 명령어는 아래와 같다. 여기서 우리는 CH(2024)의 강건형 추정치들과 비교하기 위해 식 (IV-31)의 사건사 분석 추정치들을 구하고자 하므로, 위에서 사용한 불균형 패널 데이터를 균형 패널 데이터로 축소하는 과정이 우선 필요하다. 163~219번 행에서는 원 데이터를 균형 패널 데이터를 축소시키는 명령어를 적용한다.

170번 행은 원래의 불균형 패널 데이터에 대해 TWFE 사건사 분석 추정치들을 계산하는 명령어이고, 191번 행은 축소된 균형 패널 데이터에 대해 사건사 분석 추정치들을 계산하는 명령어이다. 198~214번 행에 정리된 결과표에 의하면, 불균형 패널 데이터에서 3,567개였던 총 관측치 수는 균형 패널에서는 3,390개로 약 9.5% 감소한다. 셀의 수 또한 363개에서 339개로 감소한다. 결과표의 (1)열에 제시된 불균형 패널의 처치효과 추정치는 −0.208(s.e. 0.030)이고, (2)열에 제시된 균형 패널의 추정치는 −0.210(s.e. 0.030)이다. 분석 표본이 균형 패널로 축소되더라도 처치효과 추정치는 거의 달라지지 않음을 확인할 수 있다. 다른 성과변수들에 대해 확인해보더라도, 분석 표본을 균형 패널로 축소하는 경우 강창희·박상곤(2023)의 주요 결과는 크게 달라지지 않는다.

```
161. . * Balanced panel data and Regression with fixed effects
162. .
163. . gen ok=.
164. (3,567 missing values generated)
165.
166. . gen allok=.
167. (3,567 missing values generated)
168.
169. .
170. . quietly xi: xtreg longoverwork treat1xd1 i.year i.ind1*i.year ///
       i.esize*i.year, fe rob
171.
172. . estimate store res1
173.
174. . replace ok=e(sample)
175. (3,567 real changes made)
176.
177. .
178. . egen sumok=total(ok), by(cell_id)
179.
180. . su sumok
181.
182.     Variable ¦        Obs        Mean    Std. dev.       Min        Max
183. -------------+---------------------------------------------------------
```

```
        sumok ¦      3,567    9.891505    .5691185          3         10

.
. replace allok=(sumok==r(max))
(3,567 real changes made)

.
. quietly xi: xtreg longoverwork treat1xd1 i.year i.ind1*i.year ///
  i.esize*i.year if allok==1, fe rob

. estimate store res2

.
. esttab res1 res2, b(%12.3f) se(%12.3f) bracket star(* 0.10 ** 0.05) ///
  scalars (N N_g r2 F) mtitles keep(_cons treat1xd1)

--------------------------------------------
                      (1)             (2)
                     res1            res2
--------------------------------------------
treat1xd1          -0.208**        -0.210**
                  [0.030]         [0.030]

_cons               0.121**         0.120**
                  [0.004]         [0.003]
--------------------------------------------
N                    3567            3390
N_g               363.000         339.000
r2                  0.196           0.219
F                       .               .
--------------------------------------------
Standard errors in brackets
* p<0.10, ** p<0.05

. estimates drop res1 res2

.
. keep if e(sample)
(177 observations deleted)
```

여기서 우리는 위에서 구축한 균형 패널 데이터에 대해 CH(2024)의 강건형 측정법을 적용한다. 상이한 추정법들의 추정치들을 비교하기 위해 우리는 먼저 TWFE 사건사 분석 모형을 추정한다. 269~292번 행은 이를 추정하는 명령어이고, 그 추정결과는 295~329번 행에 제시되어 있다. 331~333번 행에서는 명령어 **event_plot**을 이용해 이들 추정치를 그래프로 표현한다. 이때 생성된 그래프가 〈그림 IV-5〉에 제시되어 있다.

```
223. . gen K = year-Ei  // "relative time"
224. (1,410 missing values generated)
225.
226. .
227. . tab1 Ei K
228.
229. -> tabulation of Ei
230.
231.          Ei ¦      Freq.     Percent        Cum.
232. ------------+-----------------------------------
233.        2019 ¦        550       27.78       27.78
234.        2020 ¦        240       12.12       39.90
235.        2021 ¦      1,190       60.10      100.00
236. ------------+-----------------------------------
237.       Total ¦      1,980      100.00
238.
239. -> tabulation of K
240.
241.           K ¦      Freq.     Percent        Cum.
242. ------------+-----------------------------------
243.          -9 ¦        119        6.01        6.01
244.          -8 ¦        143        7.22       13.23
245.          -7 ¦        198       10.00       23.23
246.          -6 ¦        198       10.00       33.23
247.          -5 ¦        198       10.00       43.23
248.          -4 ¦        198       10.00       53.23
249.          -3 ¦        198       10.00       63.23
```

```
         -2 ¦        198       10.00       73.23
         -1 ¦        198       10.00       83.23
          0 ¦        198       10.00       93.23
          1 ¦         79        3.99       97.22
          2 ¦         55        2.78      100.00
------------+-----------------------------------
      Total ¦      1,980      100.00
. sum Ei K year
    Variable ¦        Obs        Mean    Std. dev.       Min        Max
-------------+---------------------------------------------------------
          Ei ¦      1,980    2020.323    .8801704       2019       2021
           K ¦      1,980   -3.823232    3.004808         -9          2
        year ¦      3,390      2016.5    2.872705       2012       2021
. gen lastcohort = Ei==r(max) // dummy for the latest- or never-treated cohort
.
. drop L* F*
.
. forvalues l = 0/2 {
  2.           gen L`l'eventxd1 = (K==`l')*d1
  3. }
. replace L2eventxd1 = K>=2
(1,465 real changes made)
.
. forvalues l = 1/8 {
  2.           gen F`l'eventxd1 = K==-`l'
  3. }
.
.       gen F9eventxd1 = (K<=-9)
.
```

```
. drop F1event // normalize K=-1 to zero

. 
. // Event-study estimation
. reghdfe longoverwork F*eventxd1 L*eventxd1, a(cell_id year) cluster(cell_id)
(MWFE estimator converged in 2 iterations)

HDFE Linear regression                            Number of obs     =      3,390
Absorbing 2 HDFE groups                           F(  11,      338) =       7.21
Statistics robust to heteroskedasticity           Prob > F          =     0.0000
                                                  R-squared         =     0.8094
                                                  Adj R-squared     =     0.7869
                                                  Within R-sq.      =     0.0508
Number of clusters (cell_id) =        339         Root MSE          =     0.0623

                              (Std. err. adjusted for 339 clusters in cell_id)
------------------------------------------------------------------------------
             |               Robust
longoverwork | Coefficient  std. err.      t    P>|t|     [95% conf. interval]
-------------+----------------------------------------------------------------
  F2eventxd1 |    .001952   .0074782     0.26   0.794    -.0127577    .0166616
  F3eventxd1 |   .0034917   .0074797     0.47   0.641     -.011221    .0182044
  F4eventxd1 |   .0054356   .0086137     0.63   0.528    -.0115076    .0223788
  F5eventxd1 |   .0004483   .0089617     0.05   0.960    -.0171794     .018076
  F6eventxd1 |   .0073195   .0084202     0.87   0.385    -.0092432    .0238822
  F7eventxd1 |   .0040926   .0083262     0.49   0.623     -.012285    .0204703
  F8eventxd1 |   .0105769   .0075405     1.40   0.162    -.0042553    .0254091
  F9eventxd1 |   .0133978   .0090982     1.47   0.142    -.0044983     .031294
  L0eventxd1 |   -.196774   .0307805    -6.39   0.000    -.2573195   -.1362285
  L1eventxd1 |  -.2838217   .0454921    -6.24   0.000    -.3733051   -.1943384
  L2eventxd1 |   -.028342   .0142794    -1.98   0.048    -.0564296   -.0002544
       _cons |   .1306681   .0071558    18.26   0.000     .1165926    .1447437
------------------------------------------------------------------------------

Absorbed degrees of freedom:
-----------------------------------------------------+
 Absorbed FE | Categories  - Redundant  = Num. Coefs |
-------------+---------------------------------------|
```

그림 IV-5

연속형 TWFE 모형의 사건사 분석 추정치

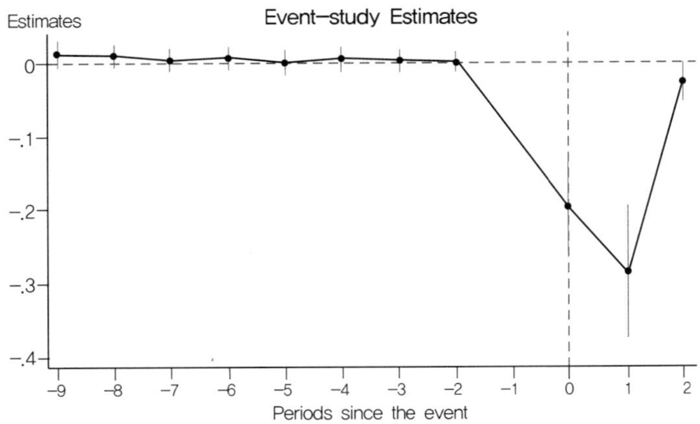


```
326.        cell_id ¦          339          339             0    *¦
327.           year ¦           10            1             9     ¦
328. ----------------------------------------------------+
329. * = FE nested within cluster; treated as redundant for DoF computation
330.
331. . event_plot, default_look stub_lag(L#eventxd1) stub_lead(F#eventxd1) together ///
332. >          graph_opt(xtitle("Periods since the event") ytitle("Estimates")   ///
333. >          xlabel(-9(1)2,grid) title("Event-study Estimates")) ciplottype(rcap)
334.
335. . graph save "Graph" "twfe1.gph", replace
```

아래에서 우리는 이 균형 패널 데이터를 대상으로 CH(2024)의 강건형 추정법을 적용한다. 340~341번 행은 CH(2024) 추정법을 적용해 **비정규화** 사건사 분석 추정치를 계산하는 명령어이고, 그 추정결과는 344~378번 행에 제시되어 있다. 383~385번 행은 명령어 event_plot을 이용해 추정치들을 그래프로 표현한다. 이때 생성된 그래프가 〈그림 IV-6〉의 패널 A에 제시되어 있다.

한편, 392~393번 행은 CH(2024) 추정법을 적용해 **정규화** 사건사 분석 추정치를 계산하는 명령어이고, 그 추정결과는 396~430번 행에 제시되어 있다. 435~437번 행은 명령어 event_plot을 이용해 추정치들을 그래프로 표현한다. 이때 생성된 그래프가 〈그림 IV-6〉의 패널 B에 제시되어 있다.

```
339. . // Estimation with did_multiplegt_dyn of de Chaisemartin and D'Haultfoeuille (2024)
340. . did_multiplegt_dyn longoverwork cell_id year treat1xd1 , ///
341. >                 effects(3)              placebo(3) cluster(cell_id)
342.
343.
344. --------------------------------------------------------------------------------
345.              Estimation of treatment effects: Event-study effects
346. --------------------------------------------------------------------------------
347.
348.              | Estimate         SE      LB CI      UB CI          N  Switchers
349. -------------+------------------------------------------------------------------
350.     Effect_1 | -.0132726   .0021162  -.0174203  -.0091249        888        194
351.     Effect_2 | -.0467798   .0041041  -.0548238  -.0387359        484         76
352.     Effect_3 | -.0441398    .004564   -.053135  -.0352445        198         53
353. --------------------------------------------------------------------------------
354. Test of joint nullity of the effects : p-value = 0
355.
356.
357. --------------------------------------------------------------------------------
358.               Average cumulative (total) effect per treatment unit
359. --------------------------------------------------------------------------------
360.
361.          | Estimate         SE     LB CI      UB CI         N    Switch  x Periods
362. -------------+------------------------------------------------------------------
363.   Av_tot_eff | -.1357674   .0120437  -.1593726  -.1121622       1017        323
364. --------------------------------------------------------------------------------
365. Averagenumberof time periods over which a treatment's effect is accumulated =
     1.6163773
366.
367.
```

```
--------------------------------------------------------------------------------
           Testing the parallel trends and no anticipation assumptions
--------------------------------------------------------------------------------

             | Estimate        SE      LB CI      UB CI          N  Switchers
-------------+------------------------------------------------------------------
   Placebo_1 |  .0198238   .002782   .0143713   .0252764        888        194
   Placebo_2 | -.0113564  .0032877  -.0178001  -.0049127        484         76
   Placebo_3 | -.0238349  .0044579  -.0325723  -.0150975        198         53
--------------------------------------------------------------------------------
Test of joint nullity of the placebos : p-value = 2.220e-16


The development of this package was funded by the European Union.

. event_plot e(estimates)#e(variances), default_look ///
>         graph_opt(xtitle("Periods since the event") ytitle("Effects on Y") ///
>          title("A. Non-normalized Effects on Y") ysc(range(-0.2 0.2)) ///
>          ylabel(-0.2(.1)0.2,grid)  xlabel(-3(1)3)) ///
>          ciplottype(rcap) stub_lag(Effect_#) stub_lead(Placebo_#) together

. graph save "Graph" "CH_non.gph", replace
file CH_non.gph saved

. // ereturn list
.
. did_multiplegt_dyn longoverwork cell_id year treat1xd1 , ///
>                effects(3) normalized placebo(3) cluster(cell_id)


--------------------------------------------------------------------------------
             Estimation of treatment effects: Event-study effects
--------------------------------------------------------------------------------

             | Estimate        SE      LB CI      UB CI          N  Switchers
-------------+------------------------------------------------------------------
    Effect_1 |  -.071282  .0113653  -.0935577  -.0490064        888        194
    Effect_2 | -.1261067  .0110637  -.1477912  -.1044221        484         76
```

```
    Effect_3 ¦ -.0640769   .0066179  -.0770478  -.0511059        198         53
-------------------------------------------------------------------------------
Test of joint nullity of the effects : p-value = 0


-------------------------------------------------------------------------------
                 Average cumulative (total) effect per treatment unit
-------------------------------------------------------------------------------

             ¦  Estimate      SE        LB CI       UB CI  N Switch    x Periods
-------------+-----------------------------------------------------------------
  Av_tot_eff ¦ -.1357574   .0120437  -.1593726  -.1121622       1017        323
-------------------------------------------------------------------------------
Averagenumberof time periods over which a treatment's effect is accumulated = 1.6163773


-------------------------------------------------------------------------------
              Testing the parallel trends and no anticipation assumptions
-------------------------------------------------------------------------------

             ¦  Estimate          SE      LB CI       UB CI          N  Switchers
-------------+-----------------------------------------------------------------
   Placebo_1 ¦  .1064559   .0149408   .0771824   .1357495        888        194
   Placebo_2 ¦  -.030614   .0088628  -.0479847  -.0132434        484         76
   Placebo_3 ¦ -.0345516   .0064642  -.0472311   -.021892        198         53
-------------------------------------------------------------------------------
Test of joint nullity of the placebos : p-value = 2.220e-16


The development of this package was funded by the European Union .

. event_plot e(estimates)#e(variances), default_look ///
>         graph_opt(xtitle("Periods since the event") ytitle("Effects on Y") ///
>          title("B. Normalized Effects on Y") ysc(range(-0.2 0.2)) ///
>          ylabel(-0.2(.1)0.2,grid)  xlabel(-3(1)3)) ///
>          ciplottype(rcap) stub_lag(Effect_#) stub_lead(Placebo_#) together

. graph save "Graph" "CH_normalized.gph", replace
```

그림 IV-6

CH(2024) 추정법의 사건사 분석 추정치

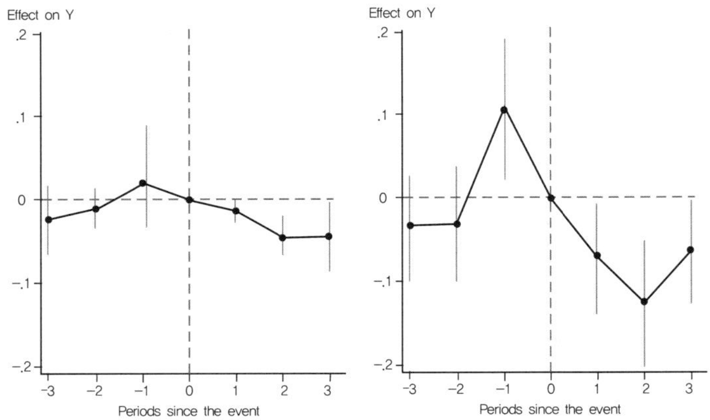

A. Non-normalized Effect on Y　　B. Normalized Effect on Y

```
file CH_normalized.gph saved

. // ereturn list
.
. graph combine "CH_non.gph" "CH_normalized.gph"

. graph save Graph "combined_non_v_normal.gph", replace
```

<그림 IV-5>에는 $\ell=-9$에서 $\ell=2$까지의 사건사 분석 추정치들이 제시되어 있는 반면, <그림 IV-6>에는 $\ell=-3$에서 $\ell=3$까지의 추정치들만이 제시되어 있다.[18] 명령어 **did_multiplegt_dyn**에서는 처치 전 시점의 개수가 처치 후 시점의 개수보다 클 수 없기 때문에, 처치 전 시점이 $\ell=-3$에서 끊긴다.

<표 IV-2>는 위에서 계산한 TWFE 사건사 분석 추정치들과 CH(2024)의 **비정규화** 추정치들을 동일한 상대시점 기준으로 비교한다. TWFE에서는 전통적으로 처치 시작 상대시점을 $\ell=0$으로 설정하는 반면, CH (2024)에서

18) <그림 IV-5>와 <그림 IV-6>의 추정치들을 동일한 상대시점으로 대응시키기 위해서는 <그림 IV-6>의 ℓ에서 1씩을 빼 주어야 함에 유의하라.

〈표 IV-2〉

TWFE 추정치와 CH(2024) 추정치 비교

A. TWFE 추정법				B. CH(2024) 강건형 추정법			
상대시점 (ℓ)	추정치	표준오차	T-값	상대시점 (L)	추정치	표준오차	T-값
	(1)	(2)	(3)		(4)	(5)	(6)
	I. 처치 자격의 효과: 비정규화 추정치						
−9	0.013	0.009	1.473		−		
−8	0.011	0.008	1.403		−		
−7	0.004	0.008	0.492		−		
−6	0.007	0.008	0.869		−		
−5	0.000	0.009	0.050		−		
−4	0.005	0.009	0.631	−3	−0.024	0.021	−1.140
−3	0.003	0.007	0.467	−2	−0.011	0.013	−0.878
−2	0.002	0.007	0.261	−1	0.020	0.008	2.463
−1	0.000			0	0.000		
0	−0.197	0.031	−6.393	1	−0.013	0.006	−2.149
1	−0.284	0.045	−6.239	2	−0.047	0.014	−3.343
2	−0.028	0.014	−1.985	3	−0.044	0.021	−2.081

는 시작 시점을 $\ell=1$로 설정한다. 〈표 IV-2〉에서는 동일한 상대시점 기준으로 추정치들을 비교할 수 있도록 CH(2024)의 추정치들의 위치를 조정하였다. 아래에서는 상대시점의 혼동을 피하기 위해 TWFE 사건사 분석 추정치의 상대시점은 ℓ로, CH(2024) 추정치의 상대시점은 L로 표시한다. 그러므로 $L=\ell+1$의 관계가 성립한다.

〈표 IV-2〉에 의하면, CH(2024)의 처치 후 상대시점 $L(\geq 1)$의 비정규화 추정치의 절대값이 그에 대응하는 TWFE 추정치의 절대값보다 작다는 점을 확인할 수 있다. 예를 들어, 상대시점 $\ell=0$의 TWFE 추정치는 -0.197인 반면, 그에 대응하는 CH(2024)의 $L=1$ 비정규화 추정치는 -0.013으로서 절대값이 1/10에 불과하다. 상대시점 $\ell=1$의 경우에도, TWFE 추정치는 -0.284인 반면, CH(2024) 추정치는 -0.047로서 상당한 차이가 있다. 그러나 이와 같은 차이가 연속형 TWFE 모형이 주 52시간제가 초과근로를 감소시키는 효과의 크기를 과장하고 있음을 의미하지는 않는다. TWFE 추정치와 CH(2024) 추정치의 척도가 서로 다르기 때문이다.

식 (IV-34)를 응용하면, TWFE 사건사 분석 모수 $\gamma_\ell = \dfrac{\Delta E[Y_{ijt}]}{\Delta T52_i}$이다. 반면, 식 (IV-24)에 의하면, δ_{L-1}은 비정규화 추정치로서 처치집단과 통제집단 사이 $T52_i$의 차이가 이미 추정치 내에 반영되어 있다. 그러므로 γ_ℓ과 δ_{L-1} 사이에는 $\gamma_\ell = \dfrac{\delta_{L-1}}{\Delta T52_i}$, 즉 $\gamma_\ell \cdot \Delta T52_i = \delta_{L-1}$의 관계가 성립한다. 즉 CH(2024)의 비정규화 추정치 $\widehat{\delta_{L-1}}$에 대응하는 값은 TWFE 사건사 분석 추정치 $\widehat{\gamma_\ell}$에 $\Delta T52_i$을 곱한 값이다.

아래 451~455번 행의 Stata 명령어를 통해 계산한 결과에 의하면, 처치 후 시점을 기준으로 처치집단과 통제집단 사이 $T52_i$의 차이는 약 0.193(477번 행)이다. 그러므로 $\widehat{\delta_{L=1}} = -0.013$은 $\widehat{\gamma_{\ell=0}} \cdot 0.193 = -0.038$에 대응하고, $\widehat{\delta_{L=2}} = -0.047$은 $\widehat{\gamma_{\ell=1}} \cdot 0.193 = -0.055$, $\widehat{\delta_{L=3}} = -0.044$는 $\widehat{\gamma_{\ell=2}} \cdot 0.193 = -0.005$에 각각 대응한다. 이들 수치에 따르면, 강창희·박상곤(2023)의 자료에서는 TWFE 사건사 분석 추정치와 CH(2024)의 **비정규화** 추정치 사이에 큰 차이를 보이지 않는다. 이론적으로 TWFE 사건사 분석 추정법에 **음의 가중치** 문제가 존재하지만, 최종적으로는 그것이 인과효과 추정에 큰 문제를 야기하지는 않는 것으로 보인다. CH(2024)의 강건형 추정치들에 의하면, 주 52시간제는 12시간 이상의 초과 근로를 통계적으로 유의하게 줄이는 효과가 있다고 말할 수 있다.

```
450. . // Check the avg diff in treatment intensity btw the treatment and control group
451. . gen treated=(treat1xd1>0) if treat1xd1~=.
452.
453. .
```

```
. did_multiplegt_dyn treat1xd1 cell_id year treated, ///
>                 effects(3)            placebo(3) cluster(cell_id)


-------------------------------------------------------------------------------
              Estimation of treatment effects: Event-study effects
-------------------------------------------------------------------------------

             | Estimate        SE      LB CI      UB CI          N  Switchers
-------------+-----------------------------------------------------------------
    Effect_1 | .1861989   .011438   .1637807    .208617        888        194
    Effect_2 | .1854773  .0185433   .1491331   .2218215        484         76
    Effect_3 | .2298789  .0245375   .1817864   .2779715        198         53
-------------------------------------------------------------------------------
Test of joint nullity of the effects : p-value = 0


-------------------------------------------------------------------------------
                Average cumulative (total) effect per treatment unit
-------------------------------------------------------------------------------

             | Estimate      SE      LB CI      UB CI    N Switch  x Periods
-------------+-----------------------------------------------------------------
  Av_tot_eff | .1931964  .0136147    .166512   .2198808       1017        323
-------------------------------------------------------------------------------
Average number of time periods over which a treatment's effect is accumulated = 1.5634675


-------------------------------------------------------------------------------
             Testing the parallel trends and no anticipation assumptions
-------------------------------------------------------------------------------

             | Estimate        SE      LB CI      UB CI          N  Switchers
-------------+-----------------------------------------------------------------
   Placebo_1 |        0         0          0          0        888        194
   Placebo_2 |        0         0          0          0        484         76
   Placebo_3 |        0         0          0          0        198         53
-------------------------------------------------------------------------------
```

```
492. Test of joint nullity of the placebos : p-value = 1
493.
494.
495. The development of this package was funded by the European Union
```

〈2〉 경사형 이중차분법(Fuzzy Difference-in-differences)

우리는 지금까지 처치 자격과 처치 수혜 여부가 서로 구분되지 않고 일치하는 경우만을 다루어 왔다. 그러나 현실의 사례에서는 개체의 처치 자격과 처치 수혜가 서로 일치하지 않을 수도 있다. 소절 II.5에서 설명한 바와 같이, 이런 경우 이중차분법의 처치집단과 통제집단은 외생적으로 결정된 처치 자격을 기준으로 구분해야 한다. 내생적으로 결정된 처치 수혜 여부를 기준으로 집단을 구분하는 경우 적절한 인과효과 추정치를 구하지 못한다.

현실에서는 종종 처치 자격과 수혜가 서로 일치하지 않을 가능성이 있음에도 불구하고, 우리는 지금까지 처치 자격과 수혜가 서로 동일한 다소 비현실적인 상황을 다루어 왔다. 지금부터는 처치 자격과 수혜가 서로 일치하지 않는 상황을 다룬다. CH(2024) 추정법은 이런 상황에 적용할 수 있는 강건형 이중차분법을 제공한다.

경제학 분야에서 처치 자격과 수혜가 분리되는 상황을 분석한 연구로는 Miller et al.(2021), 최훈·이영석(2024) 등이 있다. Miller et al.(2021)는 미국의 저소득층 의료보험 지원 정책 메디케이드(Medicaid)를 확대시킨 Affordable Care Act(ACA, 일명 오바마케어)의 효과성을 분석하였다. 저소득층에 대한 의료비 지원을 확대하기 위해 미국 연방 정부는 2014년부터 메디케이드의 자격 조건을 완화해 전국적으로 적용하고자 하였다. 그러나 2012년 대법원의 판결에 의해, 메디케이드 자격 조건의 완화를 적용할지의 여부는 주별로 결정할 수 있게 되었다. 그에 따라, 일부 주(2014년에 29개 주 및 이후 7개 주)는 메디케이드의 자격 조건을 완화했지만, 다른 일부 주들은 ACA 정책을 채택하지 않았다. 그에 따라 코로나 백신 정책의 사례와 같이, 주별로 처치 자격이 서로 다르게 부여되었다. ACA를 채택한 주에서도 메디케이드 가입은 개인의 선택사항이다. 가입 자격을 충족하는 저소득층 가구가 메디케이드에 가입한 경우에는 ACA를 적용받지만, 가입하지 않은 경우에는 ACA를 적용받지 못한다. 이는 코로나 백신을 배정받은 시도에 거주하는 주민이 백신 접종 여부를 스스로 선택할 수 있는 상황과 유사하다. Miller et al.(2021)은 논문의 VIII절에서 이와 같이 처치 자격과 수혜가 구분되는 상황에 이중차분법을 적용해 메디케이드 **가입**(즉 처치 수혜)의 인과효과를 추정하였다.

최훈·이영석(2024)은 2023년에 경기도에서 시행한 **예술인 기회소득 시범사업**의 효과성을 분석하였다. 이 시범사업은 경기도에 거주하는 19세 이상 예술인 중 소득인정액이 2023년 중위소득 120% 이하인 예술인에게 연간 150만원(월 75만원씩 2회 분할 지급)을 현금으로 지급하는 사업이다. 본 시범사업은 경기도청의 주도로 계획되었지만, 경기도 내 시군이 시범사업에 참여할지, 그리고 참여한다면 언제부터 이 사업을 적용할지의 여부는 각 시군이 독자적으로 결정하였다. 특정 시군이 이 시범사업에 참여하기로 결정하면 그 시군에 거주하는 모든 예술인에게 처치 자격이 주어진다. 그리고 처치 수혜 여부는 예술인이 본인 거주 시군에 기회소득 신청서를 접수하고 자격 심사를 거쳐 신청서를 승인하는 과정을 통해 결정된다. 처치 수혜 여부는 예술인의 선택(신청서 접수)과 행정적인 자격 심사가 결합되어 결정된다. 즉 특정 예술인의 기회소득 수혜 여부는 거주 시군의 시범사업 채택, 본인의 신청 및 기준 자격 충족이라는 일련의 과정을 통해 결정된다. 최훈·이영석(2024)은 시범사업에서 지급하는 기회소득의 효과성을 분석하기 위해 처치 자격과 수혜를 구분한 상태에서 이중차분법을 적용하였다.

앞의 소절들에서 우리는 실제 연구에 사용되었던 데이터를 활용해 각 추정법을 적용해 보았다. 그러나 안타깝게도, 위의 두 연구는 분석결과를 재현할 수 있도록 원 데이터를 공개하고 있지 않다. 본 절에서 우리는 선행 연구의 실제 데이터를 사용하지 않고 시뮬레이션 데이터를 생성해 처치 자격과 수혜가 서로 일치하지 않는 상황을 만들고, 이 데이터에 대해 CH(2024) 추정법을 적용해 본다.

(1) 시뮬레이션 데이터 구축

여기에서 우리는 소절 II.4의 코로나 백신 정책의 사례를 확장해, 코로나 백신을 전국의 시도별로 순차적으로 배분해 해당 시도에 거주하는 주민들(주민등록 주소지 기준)로 하여금 코로나 백신을 접종받도록 유도하는 가상적인 상황을 설정한다.

정부는 코로나 백신의 공급 물량 부족으로 인해 백신을 전국적으로 한꺼번에 배포하지 못하고 각 시도별로 순차적으로 배정했다고 가정하자. 코로나 백신은 추첨을 통해 2021년에 5개 시도, 2022년에 추가 3개 시도, 2023년에 추가 2개 시도에만 배정되었다고 가정하자. 즉 전체 17개 시도 중 2021~2023년 사이에 10개 시도에만 코로나 백신이 배정되었고, 나머지 7개 시도에는 2024년까지 백신이 배정되지 못했다. 그에 따라 이들 7개 시도는 코로나 백신 정책의 통제집단을 구성한다. 각 시도에 백신이 배정될지의 여부 및 백신이 배정되는 연도는 모두 추첨을 통해 결정되었다고 가정하자.

시뮬레이션 데이터에서 우리는 코로나19가 2020년 초반에 발생했고, 코로나 백신은 2021년에는 시도 1~5, 2022년에는 시도 6~8, 2023년에는 시도

9~10에 배정되었다고 설정한다. 시도 11~17에는 2024년까지 코로나 백신이 배정되지 않아 이들 시도가 주민등록 주소지인 국민들은 코로나 백신을 접종받지 못했다. 또한 백신 물량 부족으로 인해 코로나 백신은 1인당 1회만 접종한다고 가정하자. 그리고 현실에서와 유사하게, 시도 1~10에 거주하고 있는 개인들은 스스로의 선택에 따라 코로나 백신을 접종받을 수도, 혹은 접종받지 않을 수도 있다.

본 사례에서는 정부가 추첨을 통해 각 시도의 주민들에게 코로나 백신의 접종 자격을 부여하고, 개인들은 스스로의 선택을 통해 코로나 백신 접종 여부를 결정한다. 그에 따라 처치 자격(거주 시도에 백신 배정)과 처치 수혜(백신 접종)가 구분되는 상황이 생성된다. 위에서 설명한 상황을 시뮬레이션 데이터(개인 단위 패널자료)로 만드는 Stata 코드는 아래와 같다.[19]

```
set seed 123
global r=17
global n = 500
global T=14
//global iter = 1000
set obs $r
gen sido=_n
* Generate treatment cohorts:
gen g1 = (1<= sido & sido <=5)
gen g2 = (6<= sido & sido <=8)
gen g3 = (9<= sido & sido <=10)
```

19) 이 코드는 다른 절의 Stata 실습과는 달리 사용자 입력 명령어만을 기재하였음에 유의하라. 독자들은 이 코드를 Stata에서 실행해 시뮬레이션 데이터를 직접 생성해 볼 수 있을 것이다.

```
gen ginf = (11<=sido)
expand $n
gen id =_n
gen c = rnormal(0,2) // - 0.5*sido
sum
expand $T
bysort id: gen year =_n + 2010
xtset id year
sum
forvalues k = 2011(1)2024 {
gen f`k'= (year == `k')
}
gen u = rnormal(0,2)
gen v = rnormal(0,2)
* Generate treatment eligibility.
gen     z=0
replace z=1 if g1==1 & year>=2021
replace z=1 if g2==1 & year>=2022
replace z=1 if g3==1 & year>=2023
* Generate the propensity for the treatment receipt.
gen     propensity= (1*c + u > -1)
replace propensity=0 if ginf==1
replace propensity=0 if g1==1 & year<2021
replace propensity=0 if g2==1 & year<2022
replace propensity=0 if g3==1 & year<2023
```

```

sort id year
bysort id: egen temp = min(year) if propensity==1
bysort id: egen firstyr= max(temp)

tab firstyr

gen     d=propensity
replace d=1     if firstyr<=year

//sort id year
//list sido id year propensity d firstyr if sido==1 & _n<500

tabstat c d, by(sido) stat(mean)
tabstat z d if sido==1, by(year) stat(mean)
tabstat z d if sido==5, by(year) stat(mean)
tabstat z d if sido==7, by(year) stat(mean)
tabstat z d if sido==10, by(year) stat(mean)
tabstat z d if sido==17, by(year) stat(mean)

tab sido if g1==1
tab sido if g2==1
tab sido if g3==1
tab sido if ginf==1

* Generate potential outcomes with common trends imposed.

global a1=-1.0
global a2=-0.7
global a3=-0.5
global a4=-0.3

gen yinf = 20 + .5*f2020 + .5*f2021 + .3*f2022 + .3*f2023 +.1*f2024 + 2*c + v

  gen y1 = yinf
  replace y1 = yinf + d*($a1*f2021 + $a2*f2022 + $a3*f2023 + $a4*f2024) + rnormal(0,2)
  if year >= 2021
  gen y2 = yinf
```

```
92   replace y2 = yinf + d*($a1*f2022 + $a2*f2023 + $a3*f2024) + rnormal(0,2) if year >= 2022
93   gen y3 = yinf
94   replace y3 = yinf + d*($a1*f2023 + $a2*f2024) + rnormal(0,2) if year >= 2023
95
96  * Observed outcome:
97  gen y = ginf*yinf + g1*y1 + g2*y2 + g3*y3
98
99  // correlate sido c d y
100
101 preserve
102 collapse (mean) y d, by(sido year)
103 twoway (connected y year if sido==1, lc(black) mc(black)) ///
104        (connected y year if sido==7, msymbol(T) lc(blue) mc(blue) lp(dash)) ///
105        (connected y year if sido==10, msymbol(S) lc(green) mc(green) lp(longdash)) ///
106        (connected y year if sido==17, msymbol(S) lc(red) mc(red) lp(longdash))
107 restore
108
109 keep sido id year z d y
110
111 save CH_simulation_data, replace
```

위의 시뮬레이션 데이터에서 우리는 개인 특성 변수를 23번 행과 같이 c=rnormal(0,2)로 설정한다. 이 c값은 개인의 코로나 백신 접종 성향을 표시하는 더미변수 propensity=(1*c+u > -1)에 포함된다(50번 행). 즉, c의 값이 클수록 개인은 코로나 백신을 접종받고자 하는 성향이 강하다. 그리고 propensity에는 무작위적인 요소 u가 포함되어 있어서, 개인이 코로나 백신의 접종 자격이 부여된 시도에 거주하면서 높은 백신 접종 성향 c를 보유하고 있다 하더라도 특정 연도에 코로나 백신을 접종받을지의 여부는 확률적으로 결정된다.

백신이 배정된 시도에 거주하는 개인은 백신이 배정된 연도부터 스스로의 선택에 의해 백신을 접종받을 수 있다. 각 연도별로 propensity=1인 사람은 백신을 접종받고, propensity=0인 사람은 백신을 접종받지 않는다. 한 개인이 특정 연도에 백신을 접종받으면 그 이후부터 이 사람은 백신 접종자로 분류되어 백신 접종 더미변수 d는 계속 1로 유지된다(62~63번 행). 한편, 한 개인이 백신 미배정 시도에 살거나, 백신 배정 시도에 거주하더라도 아직 백신을 접종받지 않은 시점인 경우 d=0을 취한다(51~54번 행).

백신 미접종시 개인의 성과변수 yinf = 20 + 0.5*f2020 + 0.5*f2021 + 0.3*f2022 + 0.3*f2023 +0.1*f2024 + 2*c + v로 설정한다(87번 행). 이 성과변수는 연속변수로서 '코로나 감염 취약도' 지수로 해석하자. 즉, yinf의 값이 클수록 코로나19에 감염될 가능성이 높아진다. yinf의 식에는 2020년 이후 각 연도별 연도효과, (백신 접종 성향에도 동시에 영향을 미치는) 개인 특성 변수 2*c, 무작위적 요인 v으로 구성되어 있다. 변수 c가 yinf와 d에 동시에 영향을 미치기 때문에 백신 접종(처치 수혜) 여부는 내생적으로 결정된다. 그러므로 코로나 백신 접종이 코로나 감염 취약도 지수에 미치는 영향을 추정하는 통계모형에서 처치변수를 처치 수혜 변수 d로 설정하면 편향된 추정치가 도출된다. 처치변수를 외생적으로 결정되는 처치 자격 변수 z로 설정해야 코로나 백신의 효과성을 검증하는 적절한 통계모형이 된다(43~46번 행).

본 시뮬레이션 데이터데서 우리는 백신을 접종한 당해인 제1차 연도의 인과효과를 a1=-1.0, 제2차 연도의 효과를 a2=-0.7, 제3차 연도의 효과를 a3=-0.5, 제4차 연도의 효과를 a4=-0.3으로 설정해 백신 접종 이후 시간이 지날수록 인과효과가 점점 약해지도록 데이터를 생성하였다(82~85번 행). 적절한 추정방법을 적용했다면 인과효과 추정치의 절대값은 처치 지속시간에 따라 서서히 감소하는 경향을 보여야 한다.

위와 같은 과정을 통해 생성된 시뮬레이션 데이터는 CH_simulation_ data에 저장한다(111번 행). 이 자료는 전국 17개 시도에 거주하는 총 8,500명(=500명*17개) 개인에 대한 2011년~2024년 기간의 개인 단위 연도별 패널자료이다. 이 자료에는 특정 개인(id)의 거주 시도(sido), 연도별(year) 코로나 백신 배정 여부(z) 및 접종 여부(d)와 코로나 감염 취약도 지수(y)가 포함되어 있다. 이들 6개 변수 이외의 변수들은 시뮬레이션 데이터를 생성하는 중간 과정에서 활용된 변수들로서 실제 상황에서는 관측되지 않는 변수들이다. 그러므로, 최종 단계의 패널자료에서 이들 변수는 제외된다(109번 행).

(2) 통계모형의 설정

당신이 표본 조사를 통해 개인 단위 연도별 패널 자료 CH_simulation_data를 구축했다고 가정하자. 현실의 실증분석에서와 같이 당신은 CH_simulation_data가 생성된 과정에 대해서는 전혀 알지 못한다. 당신이 CH_simulation_data를 활용해 코로나 백신 접종의 인과효과를 추정하고자 하는 연구자라면 당신은 어떤 통계모형을 설정해 실증분석을 진행할 것인가?

가장 간단한 통계모형으로서 아래와 같은 추정식을 생각해 보자.

$$Y_{igt} = \beta_0 + \alpha_i + G_g + \tau_t + \beta_1 d_{igt} + u_{igt} \qquad \text{(IV-35)}$$

위 식에서 Y_{igt}는 시도 g에 거주하는 개인 i의 시점 t 현재 성과변수 값(코로나 감염 취약도 지수)을 표시한다. Y_{igt}가 관측되는 시점은 총 14개(2011, 2012, ⋯, 2024년)이므로 $t=1,2,\cdots,14$의 값을 취한다. (코로나 감염 취약도 지수는 개인의 관측된 특성들을 기반으로 구성하는 지수이므로, 코로나19 발생 이전 시점에 대해서도 그 값을 구할 수 있다.) α_i는 개인 고정효과, τ_t는 연도 고정효과, G_g는 시도 고정효과를 표시한다. 개인들이 시점 1부터 14 사이에 거주 시도를 바꾸지 않았다고 가정하면, G_g는 α_i에 포함되므로 G_g를 따로 구분할 필요는 없다. 그러나 지금까지 우리가 추정식을 설정해 온 관행에 따라 G_g를 제거하지 않고 남겨 놓았다. 식 (IV-35)의 핵심 처치변수는 d_{igt}로서, d_{igt}는 시도 g에 거주하는 개인 i가 시점 t 현재 (또는 그 이전에) 코로나 백신 접종을 받은 상태이면 1, 그렇지 않으면 0을 취하는 더미변수이다. 우리는 식 (IV-35)에 패널 고정효과 추정법을 적용해 처치효과의 적절한 추정치를 계산할 수 있을까?

당신이 이 지점까지 식 (IV-35)에 관해 아무런 문제점을 발견하지 못했다면 당신은 이중차분법의 미묘한 뉘앙스를 아직 구분하고 있지 못하는 듯하다. 평가 연구자가 이중차분법의 이런 미묘한 뉘앙스를 정확히 인식하는 것은 매우 중요하다. 소절 II.4에서 강조했듯이, 이를 올바로 인식하는 것이 이중차분법을 **대체로 해롭지 않은** 방식으로 적용할 수 있는 핵심 포인트이기 때문이다.

식 (IV-35)에서 우리는 처치변수를 d_{igt}로 설정하였다. 우리는 여기에서 다음의 질문을 던져야 한다. 처치변수 d_{igt}는 처치 **수혜** 변수인가, 처치 **자격** 변수인가? 우리는 위에서 d_{igt}를 '시도 g에 거주하는 개인 i가 시점 t 현재 코로나 백신 접종을 받은 상태이면 1, 그렇지 않으면 0을 취하는 더미변수'로 정의하였다. 그러므로 d_{igt}는 시도 g에 거주하는 개인 i가 시점 t 현재 백신을 **수혜** 받았는지를 표시하는 처치 **수혜** 변수이다.

$d_{igt}=1$이 성립하기 위해서는 아래 두 가지 조건이 모두 충족되어야 한다. 첫째, 개인 i의 거주 시도 g에 코로나 백신이 배정되어야 한다. 둘째, 백신이 배정된 시도에 거주하는 개인 i가 백신 접종을 스스로 선택해야 한다. 반대로, 위의 두 가지 조건 중 하나라도 충족하지 않으면 $d_{igt}=0$으로 설정된다. 즉, (1) i의 거주 시도 g에 백신이 배정되지 않았거나, (2) 백신이 배정된 시도에 거주하더라도 i가 백신을 접종받지 않기로 결정했다면 $d_{igt}=0$이 성립한다. 위의 두 가지 조건 중 (1) 거주 시도에 백신의 배정 여부는 개인이 아니라 외부 기관에 의해 추첨을 통해 결정되는 사항이므로 외생성을 가진다. 반면, (2) 백신의 접종 여부는 개인이 직접 판단해 결정하는 사항이므로

개인의 내생적 결정이라고 보아야 한다. 결국 식 (IV−35)의 d_{igt}는 처치 수혜 여부를 표시하는 내생변수이고, TWFE 추정법을 적용해 구한 추정치 $\hat{\beta}_1$은 처치효과의 적절한 추정치라고 보기 어렵다.

그렇다면 외생적인 처치 **자격** 변수를 처치변수로 설정하는 **대체로 해롭지 않은** 추정모형은 무엇인가? 아래와 같이 추정식을 설정해 보자.

$$Y_{igt} = \gamma_0 + \alpha_i + G_g + \tau_t + \gamma_1 z_{gt} + \epsilon_{igt} \qquad \text{(IV−36)}$$

위 식에서 변수 Y_{igt}, α_i, τ_t, G_g는 식 (IV−35)와 동일하다. 유일한 차이점은 핵심 처치변수가 d_{igt}가 아니라 z_{gt}로 교체된 점이다. z_{gt}는 개인 i가 거주하는 시도 g에 시점 t 현재 백신이 배정된 상태이면 1, 그렇지 않으면 0를 취하는 더미변수이다. 시도 g에 대한 백신 배정 여부는 해당 시도에 거주하는 모든 개인들에게 동일하게 적용되므로 z_{gt}에는 하첨자 i가 빠져 있다. 즉 z_{gt}는 개인 i가 처치 자격을 보유하고 있는지 그렇지 않은지를 표시하는 처치 **자격** 변수이다. 처치 자격은 개인 i의 입장에서는 **외생적**으로 결정되었으므로, 식 (IV−36)의 TWFE 추정치 $\hat{\gamma}_1$은 식 (IV−35)의 TWFE 추정치 $\hat{\beta}_1$보다는 코로나 백신의 인과효과를 보여주는 적절한(또는 대체로 해롭지 않은) 추정치이다.

도구변수법에 익숙한 독자는 식 (IV−36)의 TWFE 추정치 $\hat{\gamma}_1$이 처치 의도 효과(intent-to-treat effects, ITT)의 추정치임을 인식할 것이다. 즉 식 (IV−36)을 통해 우리는 처치 **자격** z_{gt}가 Y_{igt}에 미친 처치 **자격**의 인과효과만을 추정할 수 있다. 반면, 처치 **수혜** d_{igt}가 Y_{igt}에 미친 인과효과를 추정하기 위해서는 식 (IV−35)에 도구변수법을 적용해야 한다.[20)]

---

20) 도구변수법에 대한 보다 자세한 사항은 강창희 외(2013), Imbens and Wooldridge (2009), Angrist and Pischke(2009, Ch.4; 2014, Ch.3) 등을 참조하라.

(3) 실습: Stata를 활용한 실증분석

우리는 아래에서 CH_simulation_data 파일을 이용해 식 (IV-35)와 식 (IV-36)의 TWFE 추정치와 도구변수법 추정치를 구한다. 그 명령어는 다음과 같다.

먼저 1번 행에서 CH_simulation_data 파일을 불러들이고, 4번 행에서는 기술 통계량을 확인한다. CH_simulation_data 에 저장되어 있는 변수는 특정 개인(id)의 거주 시도(sido), 연도별(year) 코로나 백신 배정 여부(z) 및 접종 여부(d), 코로나 감염 취약도 지수(y) 등 6개 변수이다. 6~14번 행에 각 변수의 기술 통계량이 제시되어 있다.

16번 행에서는 위에서 불러들인 데이터를 패널 데이터로 선언한다. 원 데이터가 이미 균형 패널 데이터이므로 불균형 패널 데이터를 균형 패널 데이터로 축소시키는 과정이 여기에서는 필요하지 않다.

23~51번 행은 향후 통계분석에 사용하는 4개의 Stata 명령어(ftools, reghdfe, ivreg2, ivreghdfe)를 설치하는 명령어이다. 각 명령어는 수시로 업데이트되고 있으므로 최신 버전을 사용하기 위해 옵션 replace를 적용한다.

```
1 . use CH_simulation_data, clear
2
3 .
4 . sum
5
6     Variable |        Obs        Mean    Std. dev.       Min        Max
7 -------------+---------------------------------------------------------
8         sido |    119,000           9       4.899          1         17
9           id |    119,000      4250.5    2453.749          1       8500
10        year |    119,000      2017.5    4.031146       2011       2024
11           z |    119,000    .1386555    .3455881          0          1
12           d |    119,000    .1074706    .3097119          0          1
```

```
-------------+----------------------------------------------------------
           y ¦    119,000    20.03772    4.509662  -3.375842    40.1857
. xtset id year
Panel variable: id (strongly balanced)
Time variable: year, 2011 to 2024
Delta: 1 unit
.
. * Install ftools (remove the old version and replace it if it already exists.)
. cap ado uninstall ftools
. net install ftools, from("https://raw.githubusercontent.com/sergiocorreia/ftools/master/src/") replace
checking ftools consistency and verifying not already installed...
all files already exist and are up to date.
. * Install reghdfe
. cap ado uninstall reghdfe
. net install reghdfe, from("https://raw.githubusercontent.com/sergiocorreia/reghdfe/master/src/") replace
checking reghdfe consistency and verifying not already installed...
all files already exist and are up to date.
. * Install ivreg2, the core package
. cap ado uninstall ivreg2
. ssc install ivreg2, replace
checking ivreg2 consistency and verifying not already installed...
installing into c:\ado\stbplus\...
installation complete.
. * Finally, install this package
. cap ado uninstall ivreghdfe
. net install ivreghdfe, from(https://raw.githubusercontent.com/sergiocorreia/ivreg
```

```
   hdfe/master/src/) replace
49 checking ivreghdfe consistency and verifying not already installed...
50 installing into c:\ado\stbplus\...
51 installation complete.
52
53 .
54 . gen Y=y
55
56 . gen i=id
57
58 . gen t=year
```

54~58번 행에서는 Stata 추정 명령어들을 향후 유연하게 재활용하기 위해 종속변수(코로나 감염도 취약도 지수 y)는 Y로, 개인 식별변수(id)는 i로, 연도 식별변수(year)는 t로 재정의한다.

61~67번 행에서는 식 (IV−35)와 식 (IV−36)의 TWFE 추정치들을 계산해 표로 정리한다. 위에서 계산한 추정 결과표가 69~85번 행에 제시되어 있다. 결과표의 (1)열에 제시된 식 (IV−35)의 TWFE 추정치 $\hat{\beta}_1^{FE}=-0.679$ (s.e 0.033)이다. 우리는 d_{igt}의 내생성으로 인해 이 추정치가 코로나 백신 접종의 인과효과를 적절히 보여주지 못한다는 점을 알고 있다. 결과표의 (2)열에 제시된 식 (IV−36)의 TWFE 추정치는 $\hat{\gamma}_1^{FE}=-0.528$(s.e 0.031)이고, 이 값은 5% 유의수준에서 통계적으로 유의하다. z_{gt}가 외생적으로 결정되었다는 의미에서 $\hat{\gamma}_1^{FE}$은 인과효과 추정치이다. 구체적으로 말하면, 이 추정치는 처치 **자격**의 인과효과를 보여준다. 위에서 설명한 바와 같이, 처치 **수혜** d_{igt}가 Y_{igt}에 미친 인과효과를 추정하기 위해서는 식 (IV−35)에 도구변수법을 적용해야 한다.

```
61 . eststo: quietly reghdfe Y d, a(i t) cluster(i)
62 (est1 stored)
63
```

```
64 . eststo: quietly reghdfe Y z, a(i t) cluster(i)
65 (est2 stored)
66
67 . esttab, b(%12.3f) se(%12.3f) bracket star(* 0.10 ** 0.05) keep(d z _cons)
68
69 --------------------------------------------
70                      (1)             (2)
71                        Y               Y
72 --------------------------------------------
73 d                 -0.679**
74                  [0.033]
75
76 z                               -0.528**
77                                 [0.031]
78
79 _cons             20.111**        20.111**
80                  [0.004]         [0.004]
81 --------------------------------------------
82 N                 119000          119000
83 --------------------------------------------
84 Standard errors in brackets
85 * p<0.10, ** p<0.05
86
87 . eststo clear
```

이제 도구변수법을 적용해 식 (IV-35)를 추정해 보자. 식 (IV-35)와 같은 TWFE 모형에 도구변수법을 적용하는 Stata 명령어는 `ivreghdfe`이다. 90번 행에서는 이 명령어를 실행하고, 그 결과는 93~142번 행에 제시되어 있다. 추정한 결과에 의하면, 도구변수(IV) 추정치 $\hat{\beta}_1^{IV} = -0.704$ (s.e 0.040)이고(110번 행), 이 값은 5% 유의수준에서 통계적으로 유의하다. 위 소절에서 우리는 백신 접종 제1차 연도의 인과효과 `a1=-1.0`, 제2차 연도의 효과 `a2=-0.7`, 제3차 연도의 효과 `a3=-0.5`, 제4차 연도의 효과 `a4=-0.3`으로 설정하였다. 위의 참값들과 비교할 때, 도구변수 추정치 $\hat{\beta}_1^{IV}$는 처치 후 시점별 인과효과 모수들의 평균값에 근사한다.

```
. xi: ivreghdfe Y (d=z), absorb(i t) cluster(i)
(MWFE estimator converged in 2 iterations)

IV (2SLS) estimation
--------------------

Estimates efficient for homoskedasticity only
Statistics robust to heteroskedasticity and clustering on i

 Number of clusters (i) =         8500                Number of obs =   119000
                                                      F(  1,  8499) =   302.18
                                                      Prob > F      =   0.0000
Total (centered) SS     =  507307.6218                Centered R2   =   0.0053
Total (uncentered) SS   =  507307.6218                Uncentered R2 =   0.0053
Residual SS             =  504624.0335                Root MSE      =    2.059

------------------------------------------------------------------------------
             |               Robust
           Y | Coefficient  std. err.      t    P>|t|     [95% conf. interval]
-------------+----------------------------------------------------------------
           d |  -.7035048   .0404702   -17.38   0.000    -.7828361   -.6241734
------------------------------------------------------------------------------
Underidentification test (Kleibergen-Paap rk LM statistic):           5930.305
                                                   Chi-sq(1) P-val =    0.0000
------------------------------------------------------------------------------
Weak identification test (Cragg-Donald Wald F statistic):              1.8e+05
                         (Kleibergen-Paap rk Wald F statistic):        2.1e+04
Stock-Yogo weak ID test critical values: 10% maximal IV size             16.38
                                         15% maximal IV size              8.96
                                         20% maximal IV size              6.66
                                         25% maximal IV size              5.53
Source: Stock-Yogo (2005).  Reproduced by permission.
NB: Critical values are for Cragg-Donald F statistic and i.i.d. errors.
------------------------------------------------------------------------------
Hansen J statistic (overidentification test of all instruments):         0.000
```

```
125                                                  (equation exactly identified)
126 ------------------------------------------------------------------------------
127 Instrumented:         d
128 Excluded instruments: z
129 Partialled-out:       _cons
130                       nb: total SS, model F and R2s are after partialling-out;
131                           any small-sample adjustments include partialled-out
132                           variables in regressor count K
133 ------------------------------------------------------------------------------
134
135 Absorbed degrees of freedom:
136 -----------------------------------------------------+
137  Absorbed FE | Categories  - Redundant  = Num. Coefs |
138 -------------+---------------------------------------|
139            i |      8500        8500           0    *|
140            t |        14           1          13     |
141 -----------------------------------------------------+
142 * = FE nested within cluster; treated as redundant for DoF computation
```

도구변수의 1단계 적절성을 검증하기 위해 우리는 아래 145번 행의 Stata 명령어를 통해 1단계 추정식을 추정하였다. 148~172번 행에 제시된 추정결과에 의하면, 코로나 백신이 배정된 시도에 거주하는 개인이 백신을 접종받는 확률은 약 0.751(s.e 0.005)이다(161번 행). 이 추정치의 t-값은 143.46이고 이를 제곱해 구한 F-값은 약 20,581이므로, z_{gt}는 d_{igt}의 매우 강한 도구변수임을 확인할 수 있다. 적절한 도구변수가 추가로 충족해야 하는 두 가지 조건(즉, z_{gt}의 외생성과 배제 조건(exclusion restriction))이 모두 충족된다고 가정할 때, 110번 행의 도구변수 추정치 $\widehat{\beta}_1^{IV}=-0.704$(s.e 0.040)는 코로나 백신 접종이 접종자의 코로나 감염 취약도 지수를 낮춰 코로나 감염 가능성을 줄이는 효과가 있음을 보여준다.[21] $\widehat{\beta}_1^{FE}$와 $\widehat{\beta}_1^{IV}$를 비교해 보면, d_{igt}의

---

21) Wald 추정법의 아이디어를 적용하면 $\widehat{\beta}_1^{IV}$ = **처치 의도 효과 추정치 / 1단계 추정치**의 관계를 갖는다. 위의 결과에 의하면, 처치 의도 효과 추정치=-0.528, 1단계 추정치=0.751이고 이 두 수치를 나누면 그 값은 약 -0.703이 된다. 이 추정치는 $\widehat{\beta}_1^{IV}=-0.704$와 매우 유사하다.

내생성으로 인해 $\hat{\beta}_1^{FE}$가 코로나 백신의 효과를 약간 과소 추정하고 있음을 확인할 수 있다.

```
. reghdfe d z, a(i t) cluster(i)
(MWFE estimator converged in 2 iterations)

HDFE Linear regression                            Number of obs   =    119,000
Absorbing 2 HDFE groups                           F(   1,    8499) =   20580.47
Statistics robust to heteroskedasticity           Prob > F        =     0.0000
                                                  R-squared       =     0.7948
                                                  Adj R-squared   =     0.7790
                                                  Within R-sq.    =     0.5980
Number of clusters (i)       =      8,500         Root MSE        =     0.1456

                              (Std. err. adjusted for 8,500 clusters in i)
------------------------------------------------------------------------------
             |               Robust
           d | Coefficient  std. err.      t    P>|t|     [95% conf. interval]
-------------+----------------------------------------------------------------
           z |   .7508763   .0052341   143.46   0.000     .7406162    .7611364
       _cons |   .0033575   .0007257     4.63   0.000     .0019349    .0047801
------------------------------------------------------------------------------

Absorbed degrees of freedom:
-----------------------------------------------------+
 Absorbed FE | Categories  - Redundant  = Num. Coefs |
-------------+---------------------------------------|
           i |      8500        8500           0    *|
           t |        14           1          13     |
-----------------------------------------------------+
* = FE nested within cluster; treated as redundant for DoF computation
```

〈3〉 CH(2024)의 강건형 추정법 적용

위에서 우리는 코로나 백신의 효과성을 추정하면서 처치효과가 처치의 최초 적용 이후 변동하지 않는다는 **처치효과의 동질성**을 가정하였다. 그러나 강건형 이중차분법이 지적하는 바와 같이, 처치효과의 크기는 처치 후 시점별로 상이할 수 있다. 이와 같이 처치효과가 이질적인 경우, 식 (IV-36)에 TWFE 추정법을 적용하거나, 식 (IV-35)에 도구변수 추정법을 적용하면 **음의 가중치** 문제가 발생할 수 있다. 이 문제를 해결하기 위해서는 CH(2024)의 강건형 추정법을 적용해야 한다. CH(2024)는 코로나 백신 정책의 경우와 같이 처치 자격과 처치 수혜가 서로 상이한 상황에서도 적용할 수 있다.

먼저 아래 식 (IV-37)로 표현되는 사건사 분석 TWFE 모형을 고려해 보자. 식 (IV-37)은 식 (IV-36)을 사건사 분석 추정모형으로 확장한 추정식이다.

$$Y_{igt} = \gamma_0 + \alpha_i + G_g + \tau_t + \sum_{l = \underline{l}, l \neq 0}^{\bar{l}} \gamma_1^l z_{gt}^l + \epsilon_{igt} \qquad \text{(IV-37)}$$

위 식에서 z_{gt}^l은 시도 g에 처치 자격(코로나 백신 배정)이 최초로 부여된 시점($l=1$)을 기준으로 절대 시점 t가 어느 상대시점에 해당하는지를 표시하는 더미변수이다. 본 소절에서는 전통적인 TWFE 사건사 분석 모형에서 최초 처치 상대시점을 $l=0$으로 설정하는 관행과는 약간 다르게 처치 최초 상대시점을 $l=1$로 설정한다. 이는 TWFE 추정치들을 CH(2024) 추정치들과 동일한 상대시점을 기준으로 비교하기 위한 목적이다. 소절 IV.3.가에서 살펴본 바와 같이, CH(2024)의 추정법에서 상대시점 l은 최소 음수 $\underline{l}$부터 최대 양수 $\bar{l}$까지의 값을 취하는 정수이고, 상대시점 $l=0$은 추정치 $\widehat{\gamma_1^l}$들을 상대적으로 비교하는 기준 시점이다.

`CH_simulation_data` 파일을 이용해 식 (IV-37)을 추정하는 Stata 명령어는 아래와 같다. 175번 행에서는 관측치들을 정렬하고, 177~180번 행에서는

처치 자격이 부여되는 최초 시점 변수 Ei를 생성한다. 196번 행에서는 처치 자격의 상대시점 l을 설정하는 변수 K를 생성한다.

209~216번 행에서는 TWFE 사건사 분석 추정치를 계산하기 위해 처치 자격 상대시점 l을 표시하는 더미변수들을 생성한다. L#event는 처치 자격 부여 후 #차년도를 표시하는 더미변수이다(209~211번 행). L#event의 추정치는 처치 후 상대시점 $l(\geq 0)$에 대한 추정치 $\widehat{\gamma_1^{l=\#}}$임에 유의하라. F#event는 처치 자격 부여 전 #차년도를 표시하는 더미변수이다(214~216번 행). F#event의 추정치는 처치 전 상대시점 $l(<0)$에 대한 추정치 $\widehat{\gamma_1^{l=-\#}}$임에 유의하라.

```
175 . sort sido year
176
177 . bysort sido: egen aux = min(year) if z==1
178 (102,500 missing values generated)
179
180 . bysort sido: egen Ei= max(aux)
181 (49,000 missing values generated)
182
183 .
184 . tab Ei
185
186          Ei ¦      Freq.     Percent        Cum.
187 ------------+-----------------------------------
188        2021 ¦     35,000       50.00       50.00
189        2022 ¦     21,000       30.00       80.00
190        2023 ¦     14,000       20.00      100.00
191 ------------+-----------------------------------
192       Total ¦     70,000      100.00
193
194 .
195 . * Calculate relative year
196 . gen K = year-Ei+1 // "relative year" following CH (2024)
197 (49,000 missing values generated)
198
```

```
199 . sum Ei K year
200
201     Variable ¦        Obs        Mean    Std. dev.       Min        Max
202 -------------+---------------------------------------------------------
203           Ei ¦     70,000      2021.7    .7810305       2021       2023
204            K ¦     70,000        -3.2    4.106122        -11          4
205         year ¦    119,000      2017.5    4.031146       2011       2024
206
207 .
208 . // drop L* F*
209 . forvalues l = 1/4 {
210   2.          gen L`l'event = (K==`l')
211   3. }
212
213 .
214 . forvalues l = 0/9 {
215   2.          gen F`l'event = (K==-`l')
216   3. }
217
218 .
219 . drop F0event // normalize K=0 to zero
```

223번 행에서는 명령어 **reghdfe**를 실행해 식 (IV-37)의 TWFE 사건사 분석 추정치들을 계산한다. 그 결과는 226~262번 행에 제시되어 있고, 이 추정치들은 〈표 IV-3〉 [패널 I. 처치 자격의 효과]의 (1)열~(3)열에 정리되어 있다. 〈그림 IV-7〉의 패널 A는 이들 TWFE 추정치를 그래프로 표현한다. 〈그림 IV-7〉의 패널 A에 의하면, $\widehat{\gamma_1^{-6}}$, $\widehat{\gamma_1^{-5}}$, $\widehat{\gamma_1^{-4}}$이 5% 유의수준에서 0과 유의하게 다르기는 하지만, 처치 전 시점의 추정치들은 대체로 0으로부터 크게 벗어나 있지 않다. 이는 **CH_simulation_data** 파일에서 (i) 사전 예상 불가 및 (ii) 평행 추세의 가정이 대체로 성립하고 있음을 시사한다.

```
222 . // Event-study estimation
223 . reghdfe Y F*event L*event, a(i t) cluster(i)
224 (MWFE estimator converged in 2 iterations)
```

표 IV-3

TWFE와 CH(2024)의 사건사 분석 추정치 비교

A. TWFE 추정법				B. CH(2024) 강건형 추정법			
상대시점 (ℓ)	추정치	표준오차	T-값	상대시점 (L)	추정치	표준오차	T-값
	(1)	(2)	(3)		(4)	(5)	(6)
	I. 처치 자격의 효과: 비정규화 추정치						
−9	0.009	0.038	0.230		−	−	−
−8	−0.019	0.040	−0.460		−	−	−
−7	0.072	0.041	1.740		−	−	−
−6	0.096	0.043	2.260		−	−	−
−5	0.096	0.042	2.270		−	−	−
−4	0.090	0.042	2.120	−4	0.107	0.099	1.086
−3	−0.011	0.042	−0.250	−3	−0.096	0.056	−1.716
−2	0.006	0.041	0.150	−2	−0.052	0.046	−1.119
−1	0.010	0.039	0.260	−1	−0.007	0.041	−0.181
0	0.000	−	−	0	0.000	−	−
1	−0.617	0.049	−12.560	1	−0.635	0.037	−17.277
2	−0.508	0.051	−10.000	2	−0.546	0.048	−11.451
3	−0.434	0.058	−7.530	3	−0.490	0.053	−9.274
4	−0.156	0.072	−2.170	4	−0.195	0.100	−1.957
	II. 처치 수혜의 효과: 정규화 추정치						
−4	−	−	−	−4	0.034	0.031	1.086
−3	−	−	−	−3	−0.042	0.025	−1.716
−2	−	−	−	−2	−0.036	0.032	−1.119
−1	−	−	−	−1	−0.012	0.065	−0.181
0	−	−	−	0	0.000	−	−
1	−0.704	0.040	−17.38	1	−1.006	0.058	−17.277
2	−0.704	0.040	−17.38	2	−0.384	0.034	−11.451
3	−0.704	0.040	−17.38	3	−0.215	0.023	−9.274
4	−0.704	0.040	−17.38	4	−0.061	0.031	−1.957

```

HDFE Linear regression                                Number of obs   =    119,000
Absorbing 2 HDFE groups                               F(  13,    8499) =      26.39
Statistics robust to heteroskedasticity               Prob > F        =     0.0000
                                                      R-squared       =     0.7912
                                                      Adj R-squared   =     0.7751
                                                      Within R-sq.    =     0.0040
Number of clusters (i)      =      8,500              Root MSE        =     2.1386
```

```

                                (Std. err. adjusted for 8,500 clusters in i)
------------------------------------------------------------------------------
             ¦               Robust
           Y ¦ Coefficient  std. err.      t    P>¦t¦     [95% conf. interval]
-------------+----------------------------------------------------------------
     F1event ¦   .0099932   .0390349     0.26   0.798    -.0665247    .0865111
     F2event ¦   .0062283   .0406117     0.15   0.878    -.0733805    .0858371
     F3event ¦  -.0105105   .0423551    -0.25   0.804    -.0935367    .0725157
     F4event ¦   .0898869   .0423952     2.12   0.034      .006782    .1729918
     F5event ¦   .0960851   .0424155     2.27   0.024     .0129403    .1792298
     F6event ¦    .096291   .0426188     2.26   0.024     .0127478    .1798341
     F7event ¦   .0715482   .0412276     1.74   0.083    -.0092679    .1523642
     F8event ¦  -.0186536   .0401233    -0.46   0.642    -.0973051    .0599979
     F9event ¦   .0087443   .0380038     0.23   0.818    -.0657524     .083241
     L1event ¦  -.6171971   .0491313   -12.56   0.000    -.7135063   -.5208878
     L2event ¦  -.5080537   .0508213   -10.00   0.000    -.6076758   -.4084317
     L3event ¦  -.4343775   .0577216    -7.53   0.000    -.5475259   -.3212291
     L4event ¦  -.1557267   .0719197    -2.17   0.030    -.2967068   -.0147467
       _cons ¦   20.08818    .014054  1429.36   0.000     20.06063    20.11573
------------------------------------------------------------------------------

Absorbed degrees of freedom:
-----------------------------------------------------+
 Absorbed FE ¦ Categories  - Redundant  = Num. Coefs ¦
-------------+---------------------------------------¦
           i ¦      8500        8500           0    *¦
           t ¦        14           1          13     ¦
-----------------------------------------------------+
* = FE nested within cluster; treated as redundant for DoF computation

. event_plot, default_look stub_lag(L#event) stub_lead(F#event) together ///
>       graph_opt(xtitle("Periods since the event") ytitle("Estimates") ///
>       ysc(range(-1.0 0.2)) ylabel(-1.0(.2)0.4) xlabel(-9(1)4,grid angle(45)) ///
>       title("A. TWFE Estimates")) ciplottype(rcap)

. graph save "Graph" "twfe1.gph", replace
```

그림 IV-7

TWFE와 CH(2024)의 사건사 분석 추정치 비교

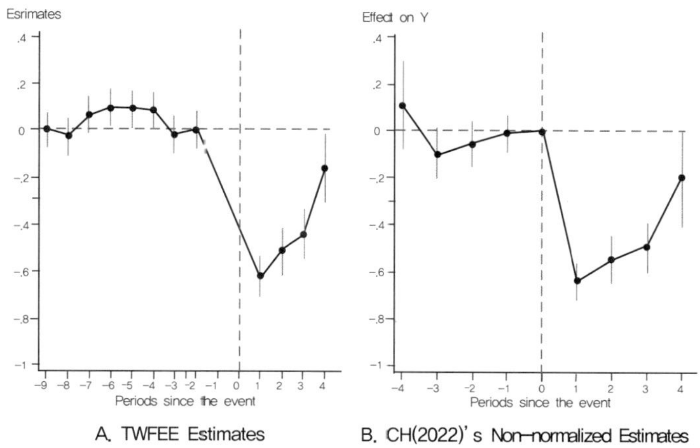

〈표 IV-3〉 [패널 I]의 (1)~(3)열에 의하면, 처치 후 시점별 처치 의도 효과 추정치는 $\widehat{\gamma_1^1}=-0.617$, $\widehat{\gamma_1^2}=-0.508$, $\widehat{\gamma_1^3}=-0.434$, $\widehat{\gamma_1^4}=-0.156$이고 모두 5% 유의수준에서 0과 유의하게 다르다. 이들 TWFE 추정치에 의하면, 코로나 백신 배정은 코로나 감염 취약도 지수를 낮추는 효과가 있고 그 효과의 강도는 백신 배정 이후 순차적으로 작아지는 추세를 보인다. 이는 시뮬레이션 데이터에서 설정한 시점별 처치효과의 변동 양상에 대체로 부합한다. 그러나 TWFE 추정치들은 백신 배정(처치 자격)의 인과효과만을 보여주므로, 백신 접종(처치 수혜)의 인과효과는 도구변수법을 적용해 새롭게 계산해야 한다.

〈표 IV-3〉 [패널 I. 처치 자격의 효과]의 (4)열~(6)열에는 CH(2024)의 **비정규화** 추정치들이 제시되어 있다. 식 (IV-37)의 TWFE 사건사 분석 추정치는 처치 의도 효과(ITT)의 추정치이고, 이에 대응하는 CH(2024)의 추정치는 비정규화 추정치이다. 〈그림 IV-7〉의 패널 B는 이들 비정규화 추정치를 그래프로 표시한다. TWFE 추정치들과 유사하게, CH(2024)의 처치 전 시점별 비정규화 추정치는 $\widehat{\delta_{-4}}=0.107$, $\widehat{\delta_{-3}}=-0.096$ $\widehat{\delta_{-2}}=-0.052$, $\widehat{\delta_{-1}}=-0.007$이고, 이들 추정치 모두 통계적으로 5% 유의수준에서 0을 기각하지 않는다. 이는 (i) 사전 예상 불가 및 (ii) 평행 추세의 가정이 동시에 성립하고 있음을 시사한다.

CH(2024)의 처치 후 시점별 추정치는 $\hat{\delta_1}=-0.635$, $\hat{\delta_2}=-0.546$, $\hat{\delta_3}=-0.490$, $\hat{\delta_4}=-0.195$로서 음수를 취하고 추정치의 절대값이 순차적으로 작아지는 추세를 보인다. 이는 시뮬레이션에서 설정한 처치 후 시점별 인과효과의 변동 양상에 대체로 부합한다. CH(2024)의 비정규화 추정치들은 식 (IV-37)의 TWFE 추정치들에 비해 시뮬레이션에서 설정한 인과효과 값들에 약간 더 가깝다. 이는 음의 가중치 문제로 인해 TWFE 추정치들이 약간씩 편향되어 있음을 시사한다.

이제, (처치 자격의 효과가 아니라) 처치 수혜의 시점별 효과를 추정하기 위해 식 (IV-35)를 확장해 아래와 같이 사건사 분석 추정모형을 설정해 보자.

$$Y_{igt}=\beta_0+\alpha_i+G_g+\tau_t+\sum_{l=\underline{l},l\neq 0}^{\bar{l}}\beta_1^l d_{igt}^l+u_{igt} \qquad \text{(IV-38)}$$

위 식에서 시점별 처치 수혜 변수 d_{igt}^l들은 내생적일 것이므로, 내생성을 적절히 통제하기 위해서는 z_{gt}^l과 같은 도구변수들이 필요하다. 그러나 이런 번거로운 추정법을 적용하지 않고도, CH(2024)의 시점별 '정규화 추정치'를 계산하면 처치 후 시점별로 처치 '수혜' 효과의 추정치들을 구할 수 있다.

`CH_simulation_data` 파일을 활용해 CH(2024)의 시점별 **비정규화 추정치**와 **정규화 추정치**를 계산하는 Stata 명령어는 아래와 같다. (<표 IV-7> [패널 I. 처치 자격의 효과]의 (4)열~(6)열에 제시되어 있는 추정치들은 아래 명령어를

적용해 계산한 **비정규화 추정치**들이다.) CH(2024)의 Web Appendix 1.7절에서 설명하는 바와 같이, 개체의 처치 자격과 수혜가 불일치하는 상황에 CH(2024) 추정법을 적용하기 위해서는 우선 개체 단위 패널자료를 집단 단위 패널자료로 변환시키는 전처리가 필요하다. 우리는 아래 Stata 코드에서 먼저 개인 단위 패널자료 CH_simulation_data를 시도 단위 패널자료로 변환한 후 CH(2024)의 추정법을 적용한다(274번 행).

```
273 . // Convert individual-level data into group-level average data
274 . collapse (mean) Y d z, by(sido t)
275
276 . sum
277
278     Variable ¦        Obs        Mean    Std. dev.       Min        Max
279 -------------+---------------------------------------------------------
280         sido ¦        238           9    4.909304          1         17
281            t ¦        238      2017.5    4.039624       2011       2024
282            Y ¦        238    20.03772    .2820828   19.29776   20.85639
283            d ¦        238    .1074706    .2711758          0       .926
284            z ¦        238    .1386555     .346315          0          1
```

이제 CH(2022) 추정법을 적용해 시점별 비정규화 추정치를 계산해 보자. 이를 계산하는 명령어는 288~289번 행이고, 그 추정결과는 292~328번 행에 제시되어 있다. 위의 명령어를 적용해 구한 CH(2024)의 **비정규화 추정치**들이 〈표 IV-3〉 [패널 I. 처치 자격의 효과]의 (4)~(6)열에 제시되어 있다. 333~337번 행에서는 명령어 event_plot을 이용해 이들 추정치를 그래프로 표현한다. 이때 생성된 그래프가 〈그림 IV-8〉의 패널 A에 제시되어 있다.

```
287 . // Estimation with did_multiplegt_dyn of CH (2024)
288 . did_multiplegt_dyn Y sido t d, ///
289 >                 effects(4)      placebo(4) cluster(sido)
290
```

```

-----------------------------------------------------------------------------
             Estimation of treatment effects: Event-study effects
-----------------------------------------------------------------------------

             |  Estimate         SE      LB CI      UB CI          N  Switchers
-------------+---------------------------------------------------------------
    Effect_1 | -.6353795   .0184887  -.6716166  -.5991424         38         10
    Effect_2 | -.5457086     .02053  -.5859466  -.5054706         33         10
    Effect_3 | -.4896996   .0260432  -.5407433  -.4386559         22          8
    Effect_4 | -.1949427   .0297198  -.2531924   -.136693         12          5
-----------------------------------------------------------------------------
Test of joint nullity of the effects : p-value = 0


-----------------------------------------------------------------------------
               Average cumulative (total) effect per treatment unit
-----------------------------------------------------------------------------

             |  Estimate      SE         LB CI      UB CI     N Switch  x Periods
-------------+---------------------------------------------------------------
  Av_tot_eff | -.6530296   .0232573   -.698613  -.6074461         68         33
-----------------------------------------------------------------------------
Average number of time periods over which a treatment's effect is accumulated = 2.1384784


-----------------------------------------------------------------------------
          Testing the parallel trends and no anticipation assumptions
-----------------------------------------------------------------------------

             |  Estimate         SE      LB CI      UB CI          N  Switchers
-------------+---------------------------------------------------------------
   Placebo_1 | -.0073669   .0179468  -.0425421   .0278082         38         10
   Placebo_2 | -.0516833   .0167743  -.0845604  -.0188062         33         10
   Placebo_3 |  -.096456   .0235841  -.1426799   -.050232         22          8
   Placebo_4 |  .1074335   .0389699   .0310538   .1838132         12          5
-----------------------------------------------------------------------------
Test of joint nullity of the placebos : p-value = 0
```

그림 IV-8

CH(2024)의 비정규화 및 정규화 사건사 분석 추정치

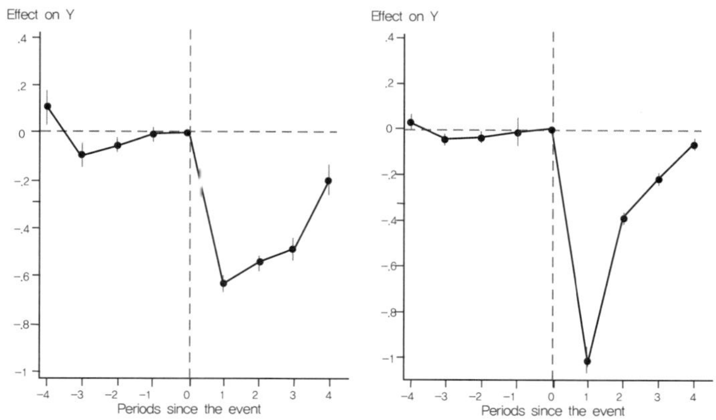

A. Non-normalized Estimates　　　B. Normalized Estimates

```
329
330
331 The development of this package was funded by the European Union (ERC,
    REALLYCREDIBLE,GA N°101043899).
332
333 . event_plot e(estimates)#e(variances), default_look ///
334 >         graph_opt(xtitle("Periods since the event") ytitle("Effects on Y") ///
335 >          title("B. CH's Non-normalized Estimates") ysc(range(-1.0 0.2)) ///
336 >          ylabel(-1.0(.2)0.4)  xlabel(-4(1)4, angle(45))) ///
337 >          ciplottype(rcap) stub_lag(Effect_#) stub_lead(Placebo_#) together
338
339 . graph save Graph "att_Y-1.gph", replace
```

이제 CH(2022) 추정법을 적용해 시점별 정규화 추정치를 계산해 보자. 이를 계산하는 명령어는 343~344번 행이고, 그 추정결과는 347~383번 행에 제시되어 있다. 위의 명령어를 적용해 구한 CH(2024)의 **정규화 추정치**들은 〈표 IV-3〉 [패널 II. 처치 수혜의 효과]의 (4)~(6)열에 제시되어 있다.

388~392번 행에서는 명령어 **event_plot**을 이용해 이들 추정치를 그래프로 표현한다. 이때 생성된 그래프가 〈그림 IV-8〉의 패널 B에 제시되어 있다.

```
343 . did_multiplegt_dyn Y sido t d, ///
344 >               effects(4) normalized placebo(4) cluster(sido)
345
346
347 --------------------------------------------------------------------------------
348             Estimation of treatment effects: Event-study effects
349 --------------------------------------------------------------------------------
350
351              ¦  Estimate        SE      LB CI      UB CI          N  Switchers
352 -------------+------------------------------------------------------------------
353     Effect_1 ¦ -1.006303    .029282  -1.063694   -.948911         38         10
354     Effect_2 ¦ -.3839233   .0144435   -.412232  -.3556146         33         10
355     Effect_3 ¦ -.2149927   .0114337  -.2374024   -.192583         22          8
356     Effect_4 ¦ -.0611182   .0093177  -.0793806  -.0428558         12          5
357 --------------------------------------------------------------------------------
358 Test of joint nullity of the effects : p-value = 0
359
360
361 --------------------------------------------------------------------------------
362               Average cumulative (total) effect per treatment unit
363 --------------------------------------------------------------------------------
364
365              ¦  Estimate      SE        LB CI      UB CI     N Switch  x Periods
366 -------------+------------------------------------------------------------------
367   Av_tot_eff ¦ -.6530296   .0232573   -.698613  -.6074461         68         33
368 --------------------------------------------------------------------------------
369 Average number of time periods over which a treatment's effect is accumulated = 2.1384784
370
371
372 --------------------------------------------------------------------------------
373           Testing the parallel trends and no anticipation assumptions
374 --------------------------------------------------------------------------------
375
376              ¦  Estimate        SE      LB CI      UB CI          N  Switchers
```

```
-------------+------------------------------------------------------------
    Placebo_1 ¦ -.0116676   .0284239  -.0673774   .0440421         38        10
    Placebo_2 ¦ -.0363608   .0118013  -.0594909  -.0132307         33        10
    Placebo_3 ¦  -.042347   .0103541  -.0626407  -.0220534         22         8
    Placebo_4 ¦  .0336824   .0122178    .009736   .0576289         12         5
--------------------------------------------------------------------------
Test of joint nullity of the placebos : p-value = 0


 The development of this package was funded by the European Union (ERC, REALLYCREDIBLE,GA N°101043899).

. event_plot e(estimates)#e(variances), default_look ///
>         graph_opt(xtitle("Periods since the event") ytitle("Effects on Y") ///
>          title("B. Normalized Effects on Y") ysc(range(-1.0 0.2)) ///
>          ylabel(-1.0(.2)0.4)  xlabel(-4(1)4, angle(45))) ///
>          ciplottype(rcap) stub_lag(Effect_#) stub_lead(Placebo_#) together

. graph save Graph "att_Y-2.gph", replace
```

위의 추정결과에 의하면, 처치 전 시점의 정규화 추정치는 $\widehat{\delta^n_{-4}}=0.034$, $\widehat{\delta^n_{-3}}=-0.042$, $\widehat{\delta^n_{-2}}=-0.036$, $\widehat{\delta^n_{-1}}=-0.012$이고, 이들은 모두 5% 유의수준에서 0과 유의하게 다르지 않다. 처치 후 시점의 정규화 추정치는 $\widehat{\delta^n_1}=-1.006$, $\widehat{\delta^n_2}=-0.384$, $\widehat{\delta^n_3}=-0.215$, $\widehat{\delta^n_4}=-0.061$이고, 이들 추정치 모두 5% 유의수준에서 0과 유의하게 다르다.

CH(2024, p.19)의 Lemma 2에 의하면, δ^n_ℓ은 처치집단의 시점 ℓ과 이전 $\ell-1$개 시점에 적용된 처치 1단위당 인과효과의 평균값이다. 그러므로, $\widehat{\delta^n_1}$을 시뮬레이션 데이터에서 설정한 값들(a1=-1.0, a2=-0.7, a3=-0.5, a2=-0.3)과 비교하기 위해서는 $\widehat{\delta^n_1}$에 처치 단위 수를 곱해 주어야 한다. 즉, 'a1=-1.0, a2=-0.7, a3=-0.5, a2=-0.3'에 대응되는 정규화 추정치는 각각 $\widetilde{\delta^n_1}=-1.006\times1$, $\widetilde{\delta^n_2}=-0.384\times2=-0.768$, $\widetilde{\delta^n_3}=-0.215\times3=-0.645$, $\widetilde{\delta^n_4}=-0.061\times4$

$=-0.244$이다. 위의 수치들을 통해 확인할 수 있는 바와 같이, CH(2024)의 정규화 추정치들은 처치 의도 추정치인 TWFE 추정치나 비정규화 추정치들에 비해 시뮬레이션 모수에 더 가깝다.[22] 이는 CH(2024)의 추정법이 처치 수혜의 인과효과를 적절히 추정하고 있음을 시사한다.

아래 398~399번 행에서는 처치 **자격** z_{gt}가 처치 **수혜** d_{igt}에 미친 영향을 CH(2022) 추정법을 적용해 추정한다. 만약 처치 자격과 처치 수혜가 서로 일치한다면, 비정규화 추정치는 모든 상대시점에 대해 1이 될 것이다. 그러나 위 코로나 백신의 사례에서는 처치 자격과 처치 수혜가 서로 일치하지 않으므로, CH(2022) 추정법을 적용해 처치 자격 부여가 처치 수혜에 미치는 영향을 추정할 필요가 있다. 그 추정결과는 402~438번 행에 제시되어 있다. 422번 행에 의하면, 처치 자격이 부여된 집단에서 처치 수혜 확률은 약 0.775이다. 이 값은 161번 행의 TWFE 도구변수법 1단계 추정치 0.751의 값과 유사하다.

```
398 . did_multiplegt_dyn d sido t z, ///
399 >               effects(4)      placebo(4) cluster(sido)
400
401
402 -----------------------------------------------------------------------------
403             Estimation of treatment effects: Event-study effects
404 -----------------------------------------------------------------------------
405
406              ¦ Estimate        SE      LB CI      UB CI         N  Switchers
407 -------------+---------------------------------------------------------------
408     Effect_1 ¦    .6314  .0057149    .620199    .642601        38         10
409     Effect_2 ¦      .79  .0049558   .7802868   .7997132        33         10
410     Effect_3 ¦   .85725  .0078958   .8417745   .8727255        22          8
411     Effect_4 ¦    .9012  .0097693   .8820525   .9203476        12          5
412 -----------------------------------------------------------------------------
```

22) <표 IV-3> [패널 II]의 (1)~(3)열에 제시되어 있는 추정치는 식 (IV-35)의 도구변수 추정치 $\hat{\beta}_1^{IV}=-0.704$ (s.e 0.040)이다.

```
Test of joint nullity of the effects : p-value = 0


--------------------------------------------------------------------------------
              Average cumulative (total) effect per treatment unit
--------------------------------------------------------------------------------

             | Estimate        SE       LB CI       UB CI           N  Switchers
-------------+------------------------------------------------------------------
  Av_tot_eff | .7750909   .0054196   .7644687   .7857131          68          33
--------------------------------------------------------------------------------
Average number of time periods over which a treatment's effect is accumulated = 2.2424242


--------------------------------------------------------------------------------
         Testing the parallel trends and no anticipation assumptions
--------------------------------------------------------------------------------

             | Estimate        SE       LB CI       UB CI           N  Switchers
-------------+------------------------------------------------------------------
   Placebo_1 |        0         0           0           0          38         10
   Placebo_2 |        0         0           0           0          33         10
   Placebo_3 |        0         0           0           0          22          8
   Placebo_4 |        0         0           0           0          12          5
--------------------------------------------------------------------------------
Test of joint nullity of the placebos : p-value = 1


 The development of this package was funded by the European Union (ERC,
 REALLYCREDIBLE,GA N°101043899).

. event_plot e(estimates)#e(variances), default_look ///
>         graph_opt(xtitle("Periods since the event") ytitle("Effects on d") ///
>          title("A. Effects on d") xlabel(-4(1)4, angle(45))) ///
>          ciplottype(rcap) stub_lag(Effect_#) stub_lead(Placebo_#) together
```

4) 경사형 이중차분법의 유래

위 소절에서 우리는 처치 자격과 처치 수혜가 서로 일치하지 않는 경우에 적용하는 추정법을 설명하였다. 처치 자격이 외생적인 과정을 통해 결정되는 경우에도 처치 수혜 여부는 개체의 내생적인 선택을 통해 결정되기 때문에, 이중차분 통계모형의 처치변수는 처치 자격으로 설정해야 **대체로 해롭지 않은** 추정치를 구할 수 있다. Card and Krueger(1994)의 최저임금 연구 디자인과 같이 처치 자격과 수혜가 완벽하게 일치하는 상황에서는 통계모형 설정의 오류가 발생하지 않는다. 그러나 소절 II.4 및 위 소절의 코로나 백신 정책의 사례와 같이, 개체의 처치 자격과 수혜 여부가 서로 일치하지 않는 경우에는 통계모형 설정의 오류가 발생할 가능성이 있다.

처치 자격과 수혜가 불일치하는 경우에도 일반적으로 일정한 규칙성이 있다. 개체의 처치 수혜 여부는 보통 처치 자격을 부여하는 단계보다 나중에 결정된다. 즉 어떤 개체에 처치 자격을 부여할 것인지에 관한 결정이 먼저 이루어지고, 처치 자격이 부여된 개체들의 자율적인 선택에 의해 처치 수혜 여부는 나중에 결정된다. 애초부터 처치 자격을 부여받지 못한 개체들은 처음부터 처치 미수혜 집단으로 분류된다.[23)]

이 경우 우리는 처치 유자격 집단을 대상으로 처치를 수혜받은 개체들의 비율을 계산해 볼 수 있다. 이 비율은 **처치 수혜 수용률**(**treatment take-up rate**)이라고 불린다. 소절 II.4의 코로나 백신 사례에서는 처치 유자격 집단의 처치 수혜 수용률이 50%였고, 처치 무자격 집단의 수혜 수용률은 당연히 0%였다. 본 소절의 코로나 백신 사례의 경우, 처치 유자격 집단의 수혜 수용률은 평균 75.1%이고 처치 무자격 집단의 수용률은 0%이다.[24)]

---

23) 언제나 그렇듯이 이 경우에도 예외는 있다. 행정적인 실수나 의도적인 일탈 행위를 통해 처치 자격이 없는 개체가 처치를 수혜 받는 경우도 있다. 우리는 단순한 논의를 위해 이런 경우를 따로 고려하지는 않는다. 그러나 다행스럽게도 위에서 설명한 도구변수법과 CH(2024)의 추정법은 이런 경우에도 처치 수혜의 인과효과 추정에 별다른 수정 없이 사용될 수 있다.

CH(2024)의 **비정규화 추정치**는 (처치 수혜 수용률을 고려하지 않고) 처치 자격 여부를 처치변수로 설정해 계산한 처치 **자격** 효과의 추정치이다. 반면, **정규화 추정치**는 처치 유자격 집단에서 처치 수혜 수용률이 100%보다 작다는 점을 명시적으로 고려해 계산한 처치 **수혜** 효과의 추정치이다. 이것은 식 (IV-28)에서 이중차분 추정치(DID)가 처치 강도에 의해 나누어져 있음을 통해 확인할 수 있다.

만약 처치 유자격 집단의 처치 수혜 수용률이 100%(즉, 1)라면, $\ell=1$일 때 $\delta^n_{g,1}=\dfrac{\delta_{g,1}}{\delta^D_{g,1}}$와 $\delta^D_{g,1}=1$이 성립하므로 $\delta^n_{g,1}=\delta_{g,1}$이 성립한다. 즉 비정규화 모수 $\delta_{g,1}$가 곧 정규화 모수 $\delta^n_{g,1}$이 된다. 처치 수혜 수용률이 100%인 경우 처치 자격 효과와 처치 수혜 효과는 서로 같다.

반면, 처치 유자격 집단의 처치 수혜 수용률이 100%보다 작다면, 처치 수혜 효과의 추정치와 처치 자격 효과의 추정치는 서로 달라지게 된다. 〈표 IV-3〉의 패널 I에 의하면 위 소절 코로나 백신의 사례에서 비정규화 추정치 $\widehat{\delta_{g,1}}=-0.6354$이고 $\delta^D_{g,1}=0.6314$(408번 행)이므로 $\dfrac{\widehat{\delta_{g,1}}}{\delta^D_{g,1}}=-1.006$이다. 〈표 IV-3〉의 패널 II에 의하면, 정규화 추정치 $\widehat{\delta^n_{g,1}}=-1.006$이고, 이 값은 $\dfrac{\widehat{\delta_{g,1}}}{\delta^D_{g,1}}$와 같다.

이와 같이 처치 자격의 효과 추정치를 처치 수혜 수용률로 나누어주는 계산법은 도구변수법의 일종인 Wald 추정법의 아이디어를 활용한 것이다. 그리고 Wald 추정법의 이런 아이디어는 회귀단절모형(regression discontinuity design, RDD)을 적용할 때에도 등장한다. 회귀단절모형은 배정변수(running variable)의 임계치(threshold, cutoff)에 의해 처치 자격 여부가 '외생적으로' 결정될 때 적용할 수 있는 추정법이다.[25)]

---

24) 처치 유자격 집단의 수혜 수용률은 식 (IV-35)에 대한 도구변수법 추정의 1단계 추정식에서 도구변수(**Z**)의 추정치를 통해 확인할 수 있다.

회귀단절모형은 크게 두 종류로 분류된다. 첫 번째 모형은 배정변수의 임계치를 경계로 처치 자격이 0에서 1로 급격히(sharp) 변동하는 경우로서, 이 모형은 Sharp RDD라고 불린다. 임계치를 경계로 처치 자격 확률이 0%에서 100%로 수직 상승하는 현상이 계단의 모양을 닮아서 강창희 외(2013)은 Sharp RDD를 **계단형 회귀단절모형**이라고 번역하였다. 예를 들어, 학교에서 학생들에게 성적 장학금을 배정할 때 이전 학기 평점 평균의 특정 수치(예를 들어, 3.0)만을 이용해 장학금 수혜 여부를 결정하는 사례가 이에 해당한다.

두 번째 모형은 배정변수의 임계치를 경계로 처치 자격이 **계단형**이 아니라 **경사형**처럼 완만하게 변동하는 경우이다. 두 번째 상황에서는 임계치의 한쪽이 처치 무자격 영역이지만 처치 수혜 확률이 0%보다는 클 수 있다. 위의 성적 장학금 배정의 예를 들면, 평점 평균이 3.0에 미달하더라도 전반적인 사정을 고려해 일부 학생들에게는 장학금을 수여하는 경우가 이에 해당한다. 반대로, 임계치의 다른 한쪽은 처치 유자격 영역이지만 처치 수혜확률이 100%보다 작을 수 있다. 예를 들어, 평점 평균이 3.0을 초과하더라도 일부 학생들이 장학금을 수혜 받지 못하는 경우가 이에 해당한다. 이런 회귀단절모형은 Fuzzy RDD라고 불린다. 임계치를 경계로 처치 자격 확률이 경사로 모양으로 완만하게 변한다는 점에 착안해 강창희·박상곤(2013)은 Fuzzy RDD를 **경사형 회귀단절모형**이라고 번역하였다.

이중차분법에서도 처치 자격과 처치 수혜가 불일치하는 경우 Fuzzy RDD와 유사한 상황이 발생한다. 처치 유자격 집단에서 처치 수혜 수용률이 100% 미만이 되면 경사형 회귀단절모형에서와 같이 처치 자격과 처치 수혜 확률 사이에 **경사형** 관계가 성립한다. CH(2018)는 이런 상황에 적용하

25) 회귀단절모형에 대한 보다 자세한 설명은 강창희 외(2013) 및 Imbens and Lemieux (2008) 등을 참조하라.

는 이중차분법을 제안하면서 자신들의 추정법에 **Fuzzy DID**라는 이름을 붙였다. 우리도 강창희 외(2013)이 Fuzzy RDD를 경사형 회귀단절모형으로 번역한 사례를 차용해 Fuzzy DID를 경사형 이중차분법이라고 번역한다. 그에 따라 본 소절의 제목이 〈2〉 **경사형 이중차분법**으로 지정되었다.

V
평행 추세 가정의 점검

단순형, 일반형, 연속형, 강건형 등 모든 이중차분 추정법은 공통적으로 **처치 개체와 통제 개체 사이에서 미처치 상태의 잠재적 성과변수 평균 값 (untreated average potential outcomes)이 서로 평행한 추세를 갖는다**는 가정(평행 추세의 가정)에 기반을 두고 있다. 이중차분 추정법은 기본적으로 처치집단 성과값의 시점별 변동 추세를 통제집단 성과값의 시점별 변동 추세와 비교함으로써 처치의 인과효과를 구한다. 만약 평행 추세가 성립하지 않으면 처치 이후 시점에 관측된 처치집단과 통제집단 사이의 차분값이 인과효과를 반영하는지 아니면 두 집단 사이의 상이한 추세 차이에 불과한지를 구분할 수 없다. III장의 소절 3에서 우리는 집단들 사이에 성과의 평균값이 서로 상이한 추세를 갖는 경우 집단별 고유 추세를 고려해 인과효과 추정치를 구하는 방법을 다루었다. 그러나 이 방법은 이질적인 추세를 고려하는 하나의 방법일 뿐 평행 추세가 성립하지 않는 상황에 항상 대응할 수 있는 완벽한 해결책은 아니다.

이중차분법을 적용하는 실증 연구에서는 대체로 TWFE 모형이나 강건형 추정법을 적용해 사건사 분석 추정치들을 구한 후 처치 전 시점의 사건사 분석 추정치 하나 하나 또는 추정치들 모두가 0과 유의하게 다른지를 검정하는 방법으로 **평행 추세의 가정**이 성립하는지를 확인한다. 처치 전 시점의 사건사 분석 추정치들이 대체로 0을 기각하지 않는 경우 연구자들은 분석 표본에서 대체로 **평행 추세의 가정**이 성립하는 것으로 판정한다.[26)]

최근의 계량경제학 연구들은 이런 관행이 **평행 추세의 가정**을 검정하는 데 크게 효과적이지 않다고 지적한다(Freyaldenhoven et al., 2019; Bilinski and Hatfield, 2020; Kahn-Lang and Lang, 2020; Roth, 2022). Roth(2022)는 이와 같은 사전 추세 검정법은 평행 추세 가설에 대한 검정력(power)이 낮고 처치효과의 추정과 추론을 왜곡시킬 가능성이 있다고 설명한다. 통상적인 사전 추세 검정법의 한계점을 극복하는 대안으로서 최근 Rambachan and Roth(RR, 2023)는 평행 추세의 가정을 확인하는 새로운 방법을 제안하였다. 본 절에서는 이들이 제안한 방법을 소개한다.

1. Rambachan and Roth(RR, 2023)의 추정법

먼저, 연구자가 아래와 같은 사건사 분석 모수 벡터 β를 추정하고자 한다고 가정하자.

$$\beta = \begin{pmatrix} \beta_{pre} \\ \beta_{post} \end{pmatrix} = \begin{pmatrix} 0 \\ \tau_{post} \end{pmatrix} + \begin{pmatrix} \delta_{pre} \\ \delta_{post} \end{pmatrix}$$

26) 최근의 논의(예. CH(2024))에 의하면, 이런 검정법은 사실 **평행 추세**와 **사전 예상 불가(no anticipation)**라는 두 개의 결합 가정을 동시에 검정하고 있다고 알려져 있다. 우리는 이하에서 이 두 개의 가정을 따로 구분하지 않고 **평행 추세**라는 하나의 가정으로 통합해 명명한다. 명시적인 언급이 없다면 이하에서 언급하는 **평행 추세**의 가정에는 **사전 예상 불가**의 가정도 함께 포함되어 있음에 유의하라.

위 식에서 $\beta_{pre}(\in R^{\underline{T}})$와 $\beta_{post}(\in R^{\overline{T}})$는 각각 $\underline{T}$개의 처치 전 시점과 $\overline{T}$개의 처치 후 시점들의 모수 벡터를 표시한다. $\tau := \begin{pmatrix} 0 \\ \tau_{post} \end{pmatrix}$는 처치효과 모수 벡터로서 처치 전 시점들에서는 $0(\in R^{\underline{T}})$, 처치 후 시점들에서는 $\tau_{post}(\in R^{\overline{T}})$을 취한다. $\delta := \begin{pmatrix} \delta_{pre} \\ \delta_{post} \end{pmatrix}$는 처치집단과 통제집단 간 비처치 잠재성과(untreated potential outcomes)의 추세 차이를 표시하는 벡터이다.

평행 추세의 가정은 $\boldsymbol{\delta_{post}} = 0$으로 표현된다. 연구자들은 보통 $\boldsymbol{\delta_{pre}} = 0$이 성립하는지를 확인하는 사전 추세 검정(pre-trends tests)을 통해 $\boldsymbol{\delta_{post}} = 0$이 성립하는지를 간접적으로 유추한다. 그런데 최근의 연구들은 이런 간접적인 검정법이 $\boldsymbol{\delta_{post}} = 0$의 성립 여부에 대해 정확한 정보를 주지 못할 수 있다고 지적한다. RR(2023)은 $\widehat{\delta_{pre}}$을 이용해 $\boldsymbol{\delta_{post}} = 0$을 간접적으로 검정하는 대신 평행 추세가 성립할 때 δ_{post}가 취할 수 있는 값의 범위를 설정하는 방법을 통해 평행 추세 가정의 성립 여부를 판정하는 방법을 제안하였다.

먼저 시점별 (추세 차분) 모수 벡터를 $\delta_{pre} := (\delta_{-\underline{T}}, \cdots, \delta_{-1})'$, $\delta_{post} := (\delta_1, \cdots, \delta_{\overline{T}})'$로 표시하자. 처치효과의 식별을 위해 $\delta_0 = 0$으로 설정한다. 즉, 처치 시작 직전 시점의 고수값을 0으로 지정한다. RR(2023)은 평행 추세 가정이 성립할 때 벡터 δ가 취할 수 있는 값의 범위를 설정하는 두 가지 방법을 제안한다.

첫 번째 범위는 상대 규모(relative magnitudes, RM) 기준 범위로서, 아래의 식으로 표현된다.

$$\Delta^{RM}(\overline{M}) = \left\{\delta : \forall t \geq 0, \mid \delta_{t+1} - \delta_t \mid \ \leq \overline{M} \cdot \max_{s<0} \mid \delta_{s+1} - \delta_s \mid \right\},$$
$$\overline{M} \geq 0 \qquad \text{(V-1)}$$

$\Delta^{RM}(\overline{M})$은 시점별 모수 벡터 δ의 요소들로 구성된 집합으로서, 처치 후 시점들($t \geq 0$)에서 평행 추세를 교란시키는 요인들의 상대적 규모(relative magnitudes)는 처치 전 시점들($s < 0$)에서 평행 추세를 교란시키는 요인들과 비교할 때 과도하게 크지는 않을 것이라고 가정을 통해 구축한다. 이 가정에 의하면, **처치 후**(post-treatment) 추정치가 평행 추세로부터 이탈하는 정도(즉 $|\delta_{t+1} - \delta_t|$)는 **처치 전**(pre-treatment) 시기에 발생한 평행 추세 이탈 규모(즉 $|\delta_{s+1} - \delta_s|$) 최대값의 $\overline{M}(\geq 0)$배를 초과하지 않도록 그 범위가 제한된다.

$\underline{T}$와 $\overline{T}$의 값이 유사한 경우 $\overline{M}$의 자연스런 기준 값은 1이 될 것이다. 왜냐하면 처치 후 시기에 발생하는 평행 추세 이탈의 규모가 처치 전 시기의 평행 추세 이탈의 규모를 초과하지는 않을 것이라고 가정할 수 있기 때문이다. 예를 들어, 3기 이중차분 모형의 경우($\underline{T} = \overline{T} = 1$), $\Delta^{RM}(\overline{M}) = \{(\delta_{-1}, \delta_1)' : |\delta_1| \leq \overline{M} \cdot |\delta_{-1}|\}$이다. (식 (V-1)에 $t=0, s=-1, \delta_0 = 0$을 대입해 보라.) 그러므로, δ_1의 범위는 δ_{-1}의 크기의 영향을 받는다. $\overline{M}=1$인 경우 δ_1의 절대값은 δ_{-1}의 절대값보다 작거나 같다는 조건이 부과된다.

논문의 소절 6.2의 실제 적용 사례에서 RR(2023)은 시점별 처치효과 추정치 $\hat{\tau}_\ell (\ell > 0)$(또는 시점별 추정치들의 선형 함수 $\hat{\theta} := l' \hat{\tau}_{post}$)의 95% 신뢰구간에 0이 포함되기 시작하는 $\overline{M}$의 최소값이 얼마인지를 탐색한다. 그 최소값이 1보다 크다면 처치효과 추정치 $\hat{\tau}_\ell$ (또는 $\hat{\theta}$)은 평행 추세의 이탈에 대해 강건하다고 판정할 수 있을 것이다. 반면, 그 최소값이 1보다 작다면 처치효과 추정치 $\hat{\tau}_\ell$ (또는 $\hat{\theta}$)은 평행 추세의 이탈에 대해 그리 강건하지는 않다고 유추할 수 있다.

RR(2023)이 제안하는 두 번째 범위는 평탄성(smoothness restrictions) 기준 범위로서, 아래의 식으로 표현된다.

$$\Delta^{SD}(M) := \{\delta : |(\delta_{t+1} - \delta_t) - (\delta_t - \delta_{t-1})| \leq M, \forall t\}, M \geq 0 \quad \text{(V-2)}$$

$\Delta^{SD}(M)$도 마찬가지로 시점별 모수 벡터 δ의 요소들로 구성된 집합으로서, $\Delta^{SD}(M)$은 성과변수가 시간에 따라 평탄하게(또는 매끄럽게, smoothly) 변동하는 추세를 보이면서 평행 추세 이탈이 발생하는 경우를 고려하고자 한다. 성과변수가 시간에 따라 평탄한 추세를 보이는 경우에는, III장 소절 3에서 설명한 바와 같이, 집단별 선형 추세(group-specific linear time trends)를 추정식에 추가하는 방법을 적용해볼 수도 있다. 시간 추세의 차분 값이 선형인 경우(즉, $\Delta=\{\delta : \delta_t = \gamma \cdot t, \gamma \in R\}$), 집단별 선형 추세 통제법은 적절한 추정법이 될 수 있다. 그러나 이와 같은 선형 모형의 설정이 부정확할 수도 있기 때문에, RR(2023)은 인접한 두 시점 사이에 추세 기울기의 차분 값이 (특정 수치가 아니라) 일정한 범위 내에 있도록 설정함으로써 시간 추세가 비선형적인 경우를 포괄하고자 한다.

식 (V-2)에서 $M(\geq 0)$은 인접한 두 시점 사이에서 δ의 기울기가 변동하는 분량의 최대값을 지정한다. $\Delta^{SD}(M)$의 상첨자로 SD가 표시되어 있는 이유는 M이 기울기(1계 차분 값)의 차분 값, 즉 2계 차분 값(second differences or second derivatives)의 척도이기 때문이다. $M=0$인 경우 $\Delta^{SD}(0)$은 처치집단과 통제집단 사이 시간 추세의 차분 값이 정확히 선형임을 의미한다. 예를 들어, 처치집단의 선형 추세가 $\gamma_T \cdot t$이고 통제집단의 선형 추세가 $\gamma_C \cdot t$인 경우 두 집단 사이 시간 추세의 차분 값은 $(\gamma_T - \gamma_C) \cdot t$이므로 이때의 $M=0$이 된다. $M=0$은 실증분석 연구에서 집단별 선형 추세 변수(예. $\gamma_g \cdot t$)를 TWFE 추정식에 추가하는 모형 설정에 해당한다.

3기 이중차분 모형($\underline{T} = \overline{T} = 1$)의 사례에서 집단별 고유 추세가 정확히 선형이라는 가정은 $\Delta=\{(\delta_{-1}, \delta_1)' : \delta_1 = -\delta_{-1}\}$로 표현된다. (식 (V-2)에 $t=0, \delta_0=0, M=0$을 대입해 보라.) 그러므로 $\delta \in \Delta^{SD}(M)$이라는 가정에 의하면, 처치 전 선형 추세를 이용해 처치 후 추세에 외삽(extrapolation)하는 방법은 $\delta_1 \in [-\delta_{-1} - M, -\delta_{-1} + M]$과 같이 근사적으로만 정확하게 된다. 즉,

$M=0$인 경우에는 $\delta_1=-\delta_{-1}$이므로 외삽법을 통해 δ_1이 식별되지만, $M>0$인 경우에는 δ_1의 범위만이 식별된다. 통상적인 평행 추세는 선형 추세의 기울기가 0인 경우이므로, $M=0$은 통상적인 평행 추세의 가정을 포괄한다.

상대 규모 기준 범위의 경우와 마찬가지로, RR(2023)은 소절 6.2의 실제 적용 사례에서 시점별 처치효과 추정치 $\hat{\tau}_\ell(\ell>0)$(또는 이 추정치들의 선형 함수 $\hat{\theta}:=l'\hat{\tau}_{post}$)의 95% 신뢰구간에 0이 포함되기 시작하는 M의 최소값이 얼마인지를 탐색한다. 아울러 분석 대상 처치효과 추정치(추정치 A)의 95% 신뢰구간(신뢰구간 A)과 주어진 M값에서 구한 95% (강건형) 신뢰구간(신뢰구간 B(M))을 비교한다.[27] M이 0으로부터 크게 벗어나지 않은 상태에서 신뢰구간 A가 강건형 신뢰구간 B(M)와 유사한 경우, 연구자는 평행 추세의 가정이 대체로 성립하는 것으로 유추할 수 있다. 그러나 $M=0$일 때의 신뢰구간 A와 강건형 신뢰구간 B(M)이 서로 매우 상이한 경우 연구자는 평행 추세의 가정 및 집단별 선형 추세의 가정이 성립하지 않을 가능성이 높다고 유추한다.

실제 실증분석에서 $\Delta^{RM}(\overline{M})$와 $\Delta^{SD}(M)$ 중 어느 방법을 사용할 것인가는 평행 추세가 성립하지 않도록 만드는 교란요인들이 무엇인지를 이론적으로 생각해 연구자가 직접 판단해야 한다. 처치집단과 통제집단 사이에 서로 다른 '규모'의 경제적 충격이 발생하기 때문에 평행 추세의 가정이 성립하지 않게 되는 경우에는 $\Delta^{RM}(\overline{M})$이 적절하다. 반면, 처치와는 무관한 '추세 변동'이 처치집단과 통제집단 사이에 서로 상이함으로 인해 평행 추세가 성립하지 않는 경우에는 $\Delta^{SD}(M)$이 적절하다. 연구자는 자신이 분석하고자 하는 사례가 이들 두 경우 중 어디에 해당하는지를 이론적으로 검토해보고

27) RR(2023)의 제3절과 제4절에서는 각 추정방법으로부터 구한 추정치의 강건형 신뢰구간을 계산하는 방법을 다룬다. 이들은 $\Delta^{RM}(\overline{M})$를 적용할 때에는 C-LF(conditional-least favourable hybrid test) 방법을 통해, 그리고 $\Delta^{SD}(M)$를 적용할 때는 FLCI(fixed length confidence intervals) 방법을 통해 추정치의 강건형 신뢰구간을 구한다. 이들 강건형 신뢰구간을 계산하는 자세한 방법은 RR(2023)의 제3절과 제4절을 참조하라.

$\Delta^{RM}(\overline{M})$와 $\Delta^{SD}(M)$ 중 하나를 선택한다. 연구자가 이들 중 하나만을 선택하기 어려운 상황이라면 두 방법을 모두 적용해 본 후 평행 추세의 성립 여부를 정성적으로 판단해야 할 것이다.

RR(2022)의 추정법을 적용하는 Stata 명령어는 honestdid이고, 이 명령어의 대략적인 체계는 아래와 같다.

```
honestdid, pre(numlist) pcst(numlist) mvec(numlist) delta(str) l_vec(str)
```

위 명령어에서 pre(numlist)는 처치 전 시점들의 리스트(예. 1,2,3,4,5)를, post(numlist)는 처치 후 시점들의 리스트(예. 7,8)를 설정한다. mvec(numlist)는 M값(또는 $\overline{M}$값)의 리스트(예. 0(0.5)2)를 표시한다. delta(str)은 추정 방법으로 RM(delta(rm))과 SD(delta(sd)) 중 하나를 선택하는 옵션이다. l_vec(str)은 처치 후 추정치들의 선형 함수 $\hat{\theta} := l'\hat{\tau}_{post}$에서 벡터 l을 정의하는 옵션이다.[28]

2. RR(2023) 추정법의 적용

본 소절에서는 이수은·강창희(2018)의 데이터를 이용해 RR(2023) 추정법을 적용해 본다. RR(2023) 추정법을 적용하는 Stata 명령어 체계는 다음과 같다.

먼저 1번 행에서 소절 IV.2.나의 Stata 명령어 218번 행에서 저장한 균형 패널 데이터 파일 Lee_Kang4.dta을 불러들인다. 4번 행에서는 기술 통계량

28) 명령어 honestdid를 적용하는 방법에 대한 보다 자세한 설명은 아래 사이트에 제시되어 있다: https://github.com/mcaceresb/stata-honestdid

을 구하고, 6~11번 행을 통해 불러들인 데이터가 이전에 구축했던 것과 동일한 균형 패널 데이터임을 확인한다.

CS(2021)의 추정을 위한 명령어 및 추정 결과는 15~35번 행까지의 내용과 같다. 반복을 피하기 위해 15번 행에서는 csdid에 quietly를 적용하였다. 추정이 완료된 후 17번 행의 명령어 csdid_estat event를 통해 도출한 결과는 20~35번 행에 제시되어 있고, 이들 추정치는 옵션 estore(csdidout)를 통해 csdidout이라는 이름으로 저장된다. 37번 행에서는 명령어 event_plot을 이용해 csdidout에 저장된 추정치들을 그래프로 표현한다.

```
1 . use Lee_Kang4, clear
2
3 .
4 . sum Ei K t gvar
5
6    Variable ¦        Obs        Mean    Std. dev.       Min        Max
7 -------------+---------------------------------------------------------
8          Ei ¦         50      2013.4    .4948717       2013       2014
9           K ¦         50        -3.9    2.943343         -9          1
10          t ¦        560      2009.5    2.874849       2005       2014
11       gvar ¦        560    179.7679    574.6458          0       2014
12
13 .
14 . // Estimation with csdid of Callaway and Sant'Anna (2020)
15 . quietly csdid Y, ivar(i) time(t) gvar(gvar) notyet long2
16
17 . csdid_estat event, window(-9 1) estore(csdidout)
18 ATT by Periods Before and After treatment
19 Event Study:Dynamic effects
20 ------------------------------------------------------------------------------
21              ¦ Coefficient  Std. err.      z    P>¦z¦     [95% conf. interval]
22 -------------+----------------------------------------------------------------
23      Pre_avg ¦  -.3227197   .1989181    -1.62   0.105    -.7125919    .0671525
24     Post_avg ¦   .3209206   .0795728     4.03   0.000     .1649607    .4768805
25          Tm9 ¦  -1.196911   .2738893    -4.37   0.000    -1.733724   -.6600975
```

```
26          Tm8 ¦  -.3210808   .3510871    -0.91   0.360    -1.009199    .3670372
27          Tm7 ¦  -.3010357   .2940384    -1.02   0.306    -.8773404     .275269
28          Tm6 ¦   -.200571   .2420902    -0.83   0.407     -.675059     .273917
29          Tm5 ¦  -.2264288   .2096178    -1.08   0.280    -.6372722    .1844146
30          Tm4 ¦  -.1545437   .1477851    -1.05   0.296    -.4441972    .1351099
31          Tm3 ¦  -.1115445   .1406152    -0.79   0.428    -.3871451    .1640562
32          Tm2 ¦  -.0696425   .0876076    -0.79   0.427    -.2413502    .1020653
33          Tp0 ¦   .2186107   .0861426     2.54   0.011     .0497743    .3874471
34          Tp1 ¦   .4232305    .097118     4.36   0.000     .2328828    .6135782
35 ------------------------------------------------------------------------------
36
37 . event_plot csdidout, default_look graph_opt(xtitle("Periods since the event") yti-
   tle("Average causal effect") xlabel(-9(1)1) xscale(range(-9 1)) ///
38 >         title("A. CS(2021) 추정치")) stub_lag(Tp#) stub_lead(Tm#) together
39
40 . graph save Graph "did_plot_cs.gph", replace
41 file did_plot_cs.gph saved
42
43 .
44 . estimates restore csdidout
45 (results csdidout are active now)
```

RR(2023)의 방법을 적용하는 명령어 **honestdid**는 특정 추정법을 적용해 계산한 사건사 분석 추정치들에 대해 평행 추세의 가정이 성립하는지의 여부를 검토한다. 이하에서는 CS(2021)의 사건사 분석 추정치들에 대해 RM 기준과 SD 기준을 적용한 추정결과를 제시한다.

RR(2023)의 방법을 적용하는 Stata 명령어가 48번 행과 67번 행에 제시되어 있다. 48번 행은 RR(2024)의 방법 중 RM 기준을 적용하는 명령어이고, 67번 행은 SD 기준을 적용하는 명령어이다.

〈그림 V-1〉은 **csdid**를 적용해 구한 **Tp0** 추정치에 명령어 **honestdid**를 적용한 결과이다. 〈그림 V-1〉의 패널 A는 명령어 **csdid**를 적용해 구한 CS(2021) 추정치들이고, 패널 B는 **Tp0** 추정치에 대해 명령어 **honestdid**의 옵션 **delta(rm)**을, 그리고 패널 C는 옵션 **delta(sd)**를 적용한 결과이다.[29)]

```
. honestdid, pre(3/10) post(11 12) mvec(0(0.5)2)    delta(rm) coefplot xtitle(Mbar)
  ytitle(95% Robust CI)  title(B. delta(1): RM 기준)
Warning: M = 0 with Delta^RM imposes exact parallel trends in the
post-treatment period, even if pre-treatment parallel trends is violated

|    M    |   lb   |   ub   |
| ------- | ------ | ------ |
|       . |  0.050 |  0.387 | (Original)
|  0.0000 |  0.053 |  0.385 |
|  0.5000 | -0.616 |  0.899 |
|  1.0000 | -1.333 |  1.609 |
|  1.5000 | -1.723 |  1.723 | (*)
|  2.0000 | -1.723 |  1.723 | (*)
(method = C-LF, Delta = DeltaRM, alpha = 0.050)
(*) CI is open at both endpoints; CI length may not be accurate.

. graph save "Graph" "honestdid_csdid_rm1.gph", replace
file honestdid_csdid_rm1.gph saved

.
. honestdid, pre(3/10) post(11 12) mvec(0(0.01)0.04) delta(sd) coefplot xtitle(M)
  ytitle(95% Robust CI)  title(C. delta(1): SD 기준)

|    M    |   lb   |   ub   |
| ------- | ------ | ------ |
|       . |  0.050 |  0.387 | (Original)
|  0.0000 |  0.038 |  0.179 |
|  0.0100 |  0.015 |  0.233 |
|  0.0200 | -0.050 |  0.228 |
|  0.0300 | -0.090 |  0.242 |
|  0.0400 | -0.122 |  0.260 |
(method = FLCI, Delta = DeltaSD, alpha = 0.050)
```

---

29) 명령어 **honestdid**에서 옵션 **l_vec()**을 명시적으로 지정하지 않으면 분석 대상 디폴트 추정치는 처치 후 최초 시점 추정치(**delta(1)**)가 된다.

그림 V-1

CH(2024) 추정치와 RR(2023) 추정법의 결합

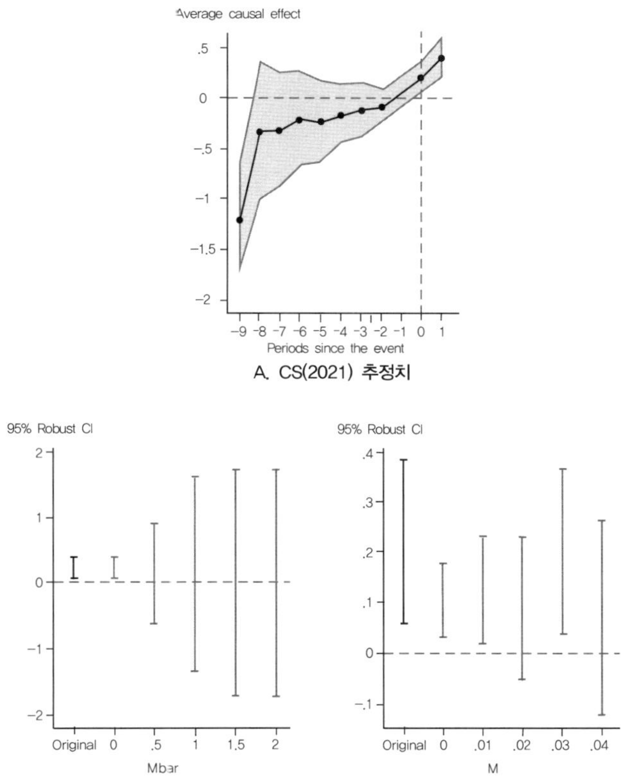

A. CS(2021) 추정치

B. delta(1): RM 기준

C. delta(1): SD 기준

```
. graph save "Graph" "honestdid_csdid_sm1.gph", replace
file honestdid_csdid_sm1.gph saved

. graph combine "did_plot_cs.gph" "honestdid_csdid_rm1.gph" "honestdid_csdid_sm1.gph",
  ysize(9) hole(2)

. graph save Graph "honestdid_csdid_combine.gph", replace
file honestdid_csdid_combine.gph saved
```

54번 행에 제시된 추정결과에 의하면, honestdid가 적용되는 Tp0 추정치의 95% 신뢰구간(Original)은 [0.050, 0.387]로서 명령어 csdid를 적용해 구한 Tp0 추정치의 95% 신뢰구간과 같다. Tp0 추정치에 대해 RR(2023)의 RM 기준 추정법을 적용한 결과(52~61번 행)에 의하면, $\overline{M}=0$일 때의 95% 강건형 신뢰구간은 [0.053, 0.385]이고, $\overline{M}=1$일 때의 95% 강건형 신뢰구간은 [−1.333, 1.609]이다. $\overline{M}=1$일 때의 95% 신뢰구간이 0을 포함하고 있으므로, RM 기준에 의하면 Tp0 추정치는 평행 추세 가정의 불성립에 대해 강건하지 못한 것으로 보인다.

한편, Tp0 추정치에 대해 RR(2023)의 SD 기준 추정법을 적용한 결과(69~77번 행)에 의하면, $M=0$일 때의 95% 신뢰구간은 [0.038, 0.179]이고, $M=0.01$일 때의 95% 신뢰구간은 [0.015, 0.233]이다. $M=0.02$일 때 95% 신뢰구간이 0을 포함하게 된다. RM 기준의 결과와는 대조적으로, SD 기준의 결과는 Tp0 추정치가 평행 추세의 이탈에 대해 어느 정도 강건성을 보이고 있음을 시사한다. 평행 추세 및 선형 추세가 엄격하게는 성립하지 않아 이로부터 약간 이탈한다고 하더라도 Tp0 추정치의 95% 강건형 신뢰구간이 여전히 0을 배제하고 있기 때문이다.

〈그림 V-1〉의 패널 A의 CS(2021) 추정치들을 살펴보면, 상대시점이 처치 시작 시점($\ell=0$)에 근접함에 따라 시점별 추정치들이 추세적으로 상승하고 있음을 확인할 수 있다. 상대시점 $\ell=-9$의 추정치를 제외시키면, 시점별 추정치들은 대체로 선형에 가까운 모양을 띠고 추세적으로 상승하고 있다고 말할 수 있다.[30] 이런 관측은 이수은·강창희(2018)의 데이터에서는 RR(2023)의 추정법 중 RM 기준보다는 SD 기준을 사용하는 것이 더 적절할

30) 만약 연구자가 상대시점 $\ell=-9$의 추정치를 RR(2023) 추정법에서 제외하고자 한다면, 명령어 honestdid의 옵션 pre()에서 이 시점을 아래와 같이 제외시키면 된다:

```
honestdid, pre(4/10) post(11 12) mvec(0(0.5)2) delta(rm) coefplot xtitle(Mbar) ytitle
(95% Robust CI) title(B. delta(1): RM 기준)
```

가능성을 시사한다. 〈그림 V-1〉의 패널 C의 SD 기준 결과에 의하면 이수은·강창희(2018)의 **Tp0** 추정치는 평행 추세의 불성립에 대해 어느 정도 강건성을 보인다.

위에서는 처치 후 최초 시점 추정치(**Tp0**)에 대해 RR(2023) 추정법을 적용하는 방법을 다루었다. 명령어 **honestdid**의 옵션 **l_vec( )**을 적절히 설정하면, 시점 추정치들의 선형 함수 $\hat{\theta} := l' \hat{\tau}_{post}$에 대해서도 RR(2023) 추정법을 적용할 수 있다. CS(2021) 추정치들의 선형 함수 [0.5*Tp0+0.5* Tp1](즉 처치 후 시점 추정치들의 평균 값)에 대해 RR(2023) 추정법을 적용하는 Stata 명령어 체계는 다음과 같다.

```
. matrix l_vec = 0.5 \ 0.5

.
. honestdid, pre(3/10) post(11 12) mvec(0(0.5)2) delta(rm) l_vec(l_vec) coefplot xti-
  tle(Mbar) ytitle(95% Robust CI) title(A. 0.5*delta(1)+0.5*delta(2): RM 기준)
Warning: M = 0 with Delta^RM imposes exact parallel trends in the
post-treatment period, even if pre-treatment parallel trends is violated

¦    M    ¦   lb   ¦   ub   ¦
¦ ------- ¦ ------ ¦ ------ ¦
¦       . ¦  0.165 ¦  0.477 ¦ (Original)
¦  0.0000 ¦  0.167 ¦  0.473 ¦
¦  0.5000 ¦ -0.830 ¦  1.400 ¦
¦  1.0000 ¦ -1.591 ¦  1.591 ¦ (*)
¦  1.5000 ¦ -1.591 ¦  1.591 ¦ (*)
¦  2.0000 ¦ -1.591 ¦  1.591 ¦ (*)
(method = C-LF, Delta = DeltaRM, alpha = 0.050)
(*) CI is open at both endpoints; CI length may not be accurate.

. graph save "Graph" 'honestdid_csdid_rm2.gph", replace
file honestdid_csdid_rm2.gph saved

.
```

```
112 . honestdid, pre(3/10) post(11 12) mvec(0(0.01)0.04) delta(sd) l_vec(l_vec) coefplot
    xtitle(M) ytitle(95% Robust CI) title(B. 0.5*delta(1)+0.5*delta(2): RM 기준)
113
114 ¦    M     ¦   lb   ¦   ub   ¦
115 ¦ ------- ¦ ------ ¦ ------ ¦
116 ¦       . ¦  0.165 ¦  0.477 ¦ (Original)
117 ¦  0.0000 ¦  0.083 ¦  0.277 ¦
118 ¦  0.0100 ¦  0.051 ¦  0.352 ¦
119 ¦  0.0200 ¦ -0.050 ¦  0.345 ¦
120 ¦  0.0300 ¦ -0.143 ¦  0.336 ¦
121 ¦  0.0400 ¦ -0.200 ¦  0.355 ¦
122 (method = FLCI, Delta = DeltaSD, alpha = 0.050)
123
124 . graph save "Graph" "honestdid_csdid_sm2.gph", replace
```

참고로, 아래에서는 전통적인 TWFE 모형의 사건사 분석 추정치들에 대해 RR(2023)의 추정법을 적용하는 Stata 명령어를 예시한다.

먼저 131~139번 행에서는 TWFE 사건사 분석 추정법을 적용하기 위해 변수들을 생성한다. 142행은 reghdfe를 실행하는 명령어이고, 그 추정결과는 145~178번 행에 제시되어 있다.

RR(2023)의 방법을 적용하는 Stata 명령어는 190번 행과 204번 행에 제시되어 있다. 190번 행은 RR(2024)의 방법 중 RM 기준을 적용하는 명령어이고, 204번 행은 SD 기준을 적용하는 명령어이다.

명령어 reghdfe의 추정결과표는 F2event부터 F9event의 순서로 정렬되어 있어 처치 전 상대시점 추정치들이 csdid의 추정치들과는 반대 순서로 정렬되어 있다. reghdfe의 TWFE 추정치들에 대해 honestdid를 적절히 적용하기 위해서는 명령어의 옵션을 pre(8 7 6 5 4 3 2 1)로 설정해 주어야 함에 유의하라.

```
129 . // TWFE OLS estimation
130 .
```

```
. forvalues l = 0/1 {
  2.         gen L`l'event = K==`l'
  3. }

. forvalues l = 1/9 {
  2.         gen F`l'event = K==-`l'
  3. }

. drop F1event // normalize K=-1 to zero

.
. reghdfe Y F*event L*event, a(i t) cluster(i)
(MWFE estimator converged in 2 iterations)

HDFE Linear regression                            Number of obs   =        560
Absorbing 2 HDFE groups                           F(  10,      55) =      50.90
Statistics robust to heteroskedasticity           Prob > F        =     0.0000
                                                  R-squared       =     0.9779
                                                  Adj R-squared   =     0.9746
                                                  Within R-sq.    =     0.0275
Number of clusters (i)       =         56         Root MSE        =     0.4052

                                     (Std. err. adjusted for 56 clusters in i)
------------------------------------------------------------------------------
             |               Robust
           Y | Coefficient  std. err.      t    P>|t|     [95% conf. interval]
-------------+----------------------------------------------------------------
     F2event |  -.0731562   .0883796    -0.83   0.411    -.2502729    .1039605
     F3event |  -.1196816   .1453261    -0.82   0.414    -.4109216    .1715585
     F4event |  -.1651246   .1560382    -1.06   0.295    -.4778321     .147583
     F5event |  -.2376376   .2159313    -1.10   0.276    -.6703737    .1950984
     F6event |  -.2185738   .2530243    -0.86   0.391    -.7256458    .2884982
     F7event |  -.3213933   .3075903    -1.04   0.301    -.9378179    .2950314
     F8event |  -.3562019   .3609574    -0.99   0.328    -1.079577    .3671729
     F9event |  -.8713218   .2123681    -4.10   0.000    -1.296917   -.4457265
     L0event |   .2141941   .0878094     2.44   0.018     .0382202     .390168
     L1event |   .1667751   .1849589     0.90   0.371    -.2038907     .537441
       _cons |   9.882875   .0149029   663.15   0.000     9.853009    9.912741
```

```
---------------------------------------------------------------------------

Absorbed degrees of freedom:
-----------------------------------------------------+
 Absorbed FE | Categories  - Redundant  = Num. Coefs |
-------------+---------------------------------------|
           i |        56          56           0    *|
           t |        10           1           9     |
-----------------------------------------------------+
* = FE nested within cluster; treated as redundant for DoF computation

. event_plot, default_look stub_lag(L#event) stub_lead(F#event) ///
>   together graph_opt(xtitle("Periods since the event") ///
>   ytitle("TWFE Estimates") xlabel(-9(1)1) title("TWFE"))

.
. graph save Graph "did_plot_twfe.gph", replace
file did_plot_twfe.gph saved

. // matrix list e(b)
.
. honestdid, pre(8 7 6 5 4 3 2 1) post(9 10) mvec(0(0.01)0.04) delta(rm) coefplot
  xtitle(M) ytitle(95% Robust CI)
Warning: M = 0 with Delta^RM imposes exact parallel trends in the
post-treatment period, even if pre-treatment parallel trends is violated

|    M    |   lb   |   ub   |
| ------- | ------ | ------ |
|       . | 0.042  | 0.386  | (Original)
|  0.0000 | 0.047  | 0.381  |
|  0.0100 | 0.044  | 0.385  |
|  0.0200 | 0.037  | 0.389  |
|  0.0300 | 0.030  | 0.392  |
|  0.0400 | 0.026  | 0.396  |
(method = C-LF, Delta = DeltaRM, alpha = 0.050)

. honestdid, pre(8 7 6 5 4 3 2 1) post(9 10) mvec(0(0.01)0.04) delta(sd) l_vec(l_vec)
  coefplot xtitle(M) ytitle(95% Robust CI)
```

```
205
206 ¦    M     ¦   lb   ¦   ub   ¦
207 ¦ ------- ¦ ------ ¦ ------ ¦
208 ¦        . ¦ -0.041 ¦  0.422 ¦ (Original)
209 ¦  0.0000 ¦ -0.133 ¦  0.073 ¦
210 ¦  0.0100 ¦ -0.213 ¦  0.132 ¦
211 ¦  0.0200 ¦ -0.337 ¦  0.120 ¦
212 ¦  0.0300 ¦ -0.411 ¦  0.146 ¦
213 ¦  0.0400 ¦ -0.481 ¦  0.170 ¦
214 (method = FLCI, Delta = DeltaSD, alpha = 0.050)
```

3. 평행 추세 검토

최근 Freyaldenhoven et al.(2024)은 TWFE 사건사 분석법을 적용하면서 평행 추세가 성립하는지를 확인하고 평행 추세가 성립하지 않는 경우 TWFE 추정치들을 교정하는 Stata 명령어 xtevent를 제안하였다. 명령어 xtevent의 대략적인 체계는 다음과 같다.

```
xtevent depvar indepvars, policyvar(varname) panelvar(varname) ///
timvar(varname)
```

위 명령어에서 depvar는 종속변수(성과변수), 그리고 indepvars는 공변량 변수 리스트를 표시한다. indepvars는 생략할 수 있다. 위 명령어의 필수 옵션은 처치변수를 지정하는 policyvar(varname), 개체 식별변수를 지정하는 panelvar(varname), 시간 식별변수를 지정하는 timevar(varname)이다.

위 소절에 이어서 우리는 이수은·강창희(2018)의 균형 패널 데이터를 사용해 명령어 xtevent의 사용법을 아래와 같이 예시한다.

아래 218번 행이 xtevent를 실행하는 명령어이다. 이 명령어는 위 소절

142번 행의 명령어 reghdfe와 동일하게 식 (III-5)로 표현되는 TWFE 모형의 사건사 분석 추정치들을 계산한다. xtevent를 실행한 추정결과는 222~258번 행에 제시되어 있다.

이 추정결과를 살펴보면 위에서 reghdfe를 실행한 결과에 동일하게 관측치의 총 수는 560개이고 개체 수는 56개이다. 각 상대시점의 사건사 분석 추정치들도 동일하다. 즉 $\hat{\gamma}_1^1$=_k_eq_p1=L1event=0.1668, $\hat{\gamma}_1^0$=_k_eq_p0=L0event=−0.2142, $\hat{\gamma}_1^{-2}$=_k_eq_m2=F2event=−0.0732, ..., $\hat{\gamma}_1^{-9}$=_k_eq_m9=F9event=−0.8713과 같이 서로 대응되는 추정치의 값은 동일하다. 그러나 각 추정법이 사용하는 표준오차의 계산 방법이 서로 상이하기 때문에 각 추정치의 표준오차는 약간 차이가 난다. 대체로 reghdfe의 표준오차가 xtevent의 표준오차보다 약 1.055배 정도 크다.

```
217 . // XTEVENT
218 . xtevent Y, panelvar(i) timevar(t) policyvar(d) window(-8 0) cluster(i) impute(stag)
219
220 No proxy or instruments provided. Implementing OLS estimator
221
222 Linear regression, absorbing indicators            Number of obs     =    560
223 Absorbed variable: i                               No. of categories =     56
224                                                    F(13, 55)         =      .
225                                                    Prob > F          =      .
226                                                    R-squared         = 0.9779
227                                                    Adj R-squared     = 0.9746
228                                                    Root MSE          = 0.4027
229
230                                        (Std. err. adjusted for 56 clusters in i)
231 ------------------------------------------------------------------------------
232              |               Robust
233            Y | Coefficient  std. err.      t    P>|t|     [95% conf. interval]
234 -------------+----------------------------------------------------------------
235     _k_eq_m9 |  -.8713218   .2240863    -3.89   0.000    -1.320401   -.4222427
236     _k_eq_m8 |  -.3562019   .3808746    -0.94   0.354    -1.119492    .4070878
```

```
237     _k_eq_m7 |  -.3213933   .3245627   -0.99   0.326   -.9718314    .3290449
238     _k_eq_m6 |  -.2185738   .2669858   -0.82   0.417   -.7536254    .3164777
239     _k_eq_m5 |  -.2376376   .2278461   -1.04   0.302   -.6942515    .2189762
240     _k_eq_m4 |  -.1651246   .1646482   -1.00   0.320   -.4950869    .1648378
241     _k_eq_m3 |  -.1196816    .153345   -0.78   0.438   -.4269918    .1876287
242     _k_eq_m2 |  -.0731562   .0932563   -0.78   0.436    -.260046    .1137335
243     _k_eq_p0 |   .2141941   .0926546    2.31   0.025    .0285102    .3998781
244     _k_eq_p1 |   .1667751   .1951647    0.85   0.397   -.2243436    .5578939
245              |
246            t |
247         2006 |   .1994158   .0466291    4.28   0.000    .1059691    .2928625
248         2007 |   .3304119   .0651436    5.07   0.000    .1998613    .4609626
249         2008 |    .322072   .0974231    3.31   0.002    .1268318    .5173122
250         2009 |   .1047154   .1152623    0.91   0.368   -.1262753    .3357062
251         2010 |   .3131692   .0915953    3.42   0.001    .1296081    .4967304
252         2011 |   .4866049    .093657    5.20   0.000     .298912    .6742977
253         2012 |   .6057907   .1053581    5.75   0.000    .3946484     .816933
254         2013 |   .6204742   .1327805    4.67   0.000    .3543761    .8865724
255         2014 |   .7295734   .1294517    5.64   0.000    .4701463    .9890004
256              |
257        _cons |   10.30518   .2672516   38.56   0.000    9.769593    10.84076
258 ------------------------------------------------------------------------------
```

〈그림 V-2〉의 패널 A는 222~258번 행에 제시되어 있는 xtevent의 추정치들을 요약한다. 패널 A의 추정치들은 **평행 추세**가 모든 개체 국가들에 대해 성립한다고 가정한다. 그러나 위 소절에서 이미 언급한 바와 같이, 평행 추세의 가정이 이 정도로 엄격하게는 성립하지 않을 가능성이 있다. 평행 추세가 성립하지 않을 경우에는 이런 상황을 고려해 TWFE 사건사 분석 추정치들을 교정할 필요가 있다.

Freyaldenhoven et al.(2024)은 Dobkin et al.(2018)이 제안한 방식을 따라 처치 전 추정치들의 선형 추세를 처치 후 시점까지 확장해 외삽하는(extra- polate) 방법을 적용한다. 〈그림 V-2〉의 패널 A에는 사건사 분석 추정치들 위에 실선이 그어져 있다. (패널 A의 그림을 생성하는 명령어는 303번 행이다.)

그림 V-2

평행 추세 및 외삽된 선형 추세를 고려하는 경우의 TWFE 추정치

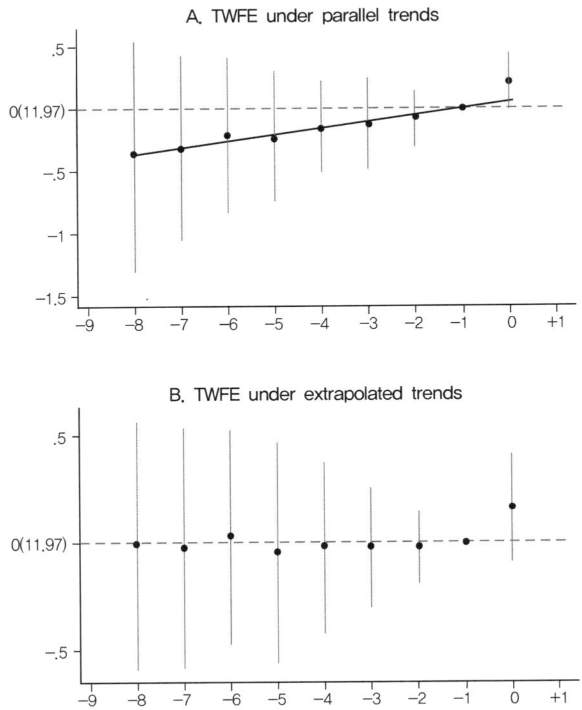

이 실선이 식 (III−5)의 사건사 분석 추정치들 중 $\hat{\gamma}_1^{-5}, \hat{\gamma}_1^{-4}, \cdots, \hat{\gamma}_1^{-2}, \hat{\gamma}_1^{-1}(=0)$을 이용해 그린 선형 추세선이다. 우리는 처치 6년 이전의 추세는 처치 후 추정치에 영향을 미치지 못한다고 가정하고 $\hat{\gamma}_1^{-5}$까지의 처치 전 추정치들만을 활용해 처치 전 선형 추세선을 도출하였다. 이 실선은 아래 261~262번 행에서 명령어 `xtevent`에 옵션 `trend(-5, method(gmm) saveoverlay)`을 적용해 도출하였다.

〈그림 V−2〉의 패널 A에 의하면, 통계적 유의성은 분명하지 않지만 처치 국가의 한국인 방문객 수는 처치 5년 이전부터 추세적으로 증가하는 경향을 보인다. 이와 같은 처치 전 추세는 식 (III-5)가 기반하고 있는 **평행 추세**의 가정이 엄격하게는 성립하지 않을 가능성을 시사한다.

이와 같이 평행 추세가 성립하지 않는 상황에서 Dobkin et al.(2018)과 Freyaldenhoven et al.(2021)는 식 (III-5)의 사건사 분석 추정치에서 외삽 사전 추세 추정치(즉 <그림 V-2> 패널 A의 노란색 실선)를 차분하여 새로운 사건사 분석 추정치들을 구할 것을 제안한다. 이 아이디어를 실행하는 명령어가 261~262번 행이고, 그 추정결과는 266~301번 행에 제시되어 있다. 이 새로운 사건사 분석 추정치가 〈그림 V-2〉의 패널 B에 요약되어 있다. (패널 B의 그림을 생성하는 명령어는 309번 행이다.)

외삽법을 통해 처치 전 선행 추세를 제외시킨 후 도출한 사건사 분석 추정치 $\hat{\gamma}_1^0$와 $\hat{\gamma}_1^1$은 평행 추세를 가정한 경우의 추정치에 비해 작아졌음을 확인할 수 있다. 이는 양의 기울기를 갖는 처치 전 선행 추세가 원래의 추정치로부터 차감되었기 때문이다. 〈그림 V-2〉의 패널 B에 제시된 추정치들에 의하면, 꽃보다 시리즈 방영은 방영 당해 해당 국가의 한국인 방문객 수는 증가시키지만, 2년 이후의 한국인 방문객 수에는 별다른 영향을 미치지 못한다.

```
261 . xtevent Y, panelvar(i) timevar(t) policyvar(d) window(-8 0) cluster(i) ///
262 >             trend(-5, method(gmm) saveoverlay) impute(stag) plot
263
264 No proxy or instruments provided. Implementing OLS estimator
265
266 Linear regression, absorbing indicators                Number of obs     =    560
267 Absorbed variable: i                                   No. of categories =     56
268                                                        F(13, 55)         =      .
269                                                        Prob > F          =      .
270                                                        R-squared         = 0.9779
271                                                        Adj R-squared     = 0.9746
272                                                        Root MSE          = 0.4027
273                                            (Std. err. adjusted for 56 clusters in i)
```

```
------------------------------------------------------------------------------
             |               Robust
           Y | Coefficient  std. err.      t    P>|t|     [95% conf. interval]
-------------+----------------------------------------------------------------
    _k_eq_m9 |  -.4727872   .2824314    -1.67   0.100    -1.038792     .093218
    _k_eq_m8 |  -.0074841    .239069    -0.03   0.975    -.4865891    .4716209
    _k_eq_m7 |  -.0224923   .2300612    -0.10   0.922    -.4835452    .4385606
    _k_eq_m6 |   .0305103   .2079698     0.15   0.884    -.3862706    .4472912
    _k_eq_m5 |  -.0383703   .2089328    -0.18   0.855    -.4570809    .3803403
    _k_eq_m4 |  -.0156741   .1624223    -0.10   0.923    -.3411757    .3098275
    _k_eq_m3 |  -.0200479    .114779    -0.17   0.862    -.2500701    .2099743
    _k_eq_m2 |  -.0233394    .068727    -0.34   0.735    -.1610715    .1143927
    _k_eq_p0 |   .1643773   .1035503     1.59   0.118    -.0431422    .3718968
    _k_eq_p1 |   .0671415   .2629022     0.26   0.799    -.4597263    .5940093
             |
           t |
       2006  |   .1994158   .0466291     4.28   0.000     .1059691    .2928625
       2007  |   .3304119   .0651436     5.07   0.000     .1998613    .4609626
       2008  |    .322072   .0974231     3.31   0.002     .1268318    .5173122
       2009  |   .1047154   .1152623     0.91   0.368    -.1262753    .3357062
       2010  |   .3131692   .0915953     3.42   0.001     .1296081    .4967304
       2011  |   .4866049    .093657     5.20   0.000      .298912    .6742977
       2012  |   .6057907   .1053581     5.75   0.000     .3946484     .816933
       2013  |   .6204742   .1327805     4.67   0.000     .3543761    .8865724
       2014  |   .7295734   .1294517     5.64   0.000     .4701463    .9890004
             |
       _cons |   10.30518   .2672516    38.56   0.000     9.769593    10.84076
------------------------------------------------------------------------------

. xteventplot, overlay(trend) title(A. TWFE under parallel trends)

. graph save "Graph" "xtevent_plot1.gph",replace
file xtevent_plot1.gph saved

.
. xteventplot, title(B. TWFE under extrapolated trends)

. graph save "Graph" "xtevent_plot2.gph",replace
```

```
file xtevent_plot2.gph saved
.
. graph combine "xtevent_plot1.gph" "xtevent_plot2.gph", ysize(9) col(1)

. graph save Graph "xtevent_plot_combine.gph", replace
```

VI
맺으며

우리는 이 책에서 단순형, 일반형, 강건형 이중차분 추정법과 평행 추세 가정을 점검하는 방법을 차례로 살펴보았다. 이중차분법의 구체적인 적용 방법을 이해하는 것도 필요하지만, 이중차분법을 정확히 적용하기 위해서는 먼저 이 방법이 실험 기반 접근법이라는 점을 기억할 필요가 있다. 그렇지 않으면 이중차분법 적용을 위해 집단을 구분하는 과정에서 오류가 발생하기 때문이다.

II장에서 코로나 백신 정책의 사례를 통해 확인한 바와 같이, 이중차분법의 정신에 부합하는 집단 구분의 기준은 내생적으로 결정되는 **처치 수혜** 여부가 외생적으로(또는 실험적으로) 결정되는 **처치 자격** 여부이다. 이중차분법의 구체적인 기법들을 아무리 잘 적용했다고 하더라도 집단 구분이 내생적이면 이중차분 추정치는 인과효과 추정치로서 해석되지 못한다. 다시 한번 강조하듯이, 이중차분법은 실험 기반 추정법이기 때문이다.

우리는 이 책에서 **처치 자격**과 **처치 수혜**가 일치해 서로 구분되지 않는 상황을 위주로 이중차분법의 다양한 적용 방법을 설명하였다. 그러나 현실의 정책 평가 상황에서는 **처치 자격**과 **처치 수혜**가 분리되어, **처치 자격**을 기준으로 집단을 먼저 구분한 후 도구변수법을 적용해 처치효과 추정치를 구해야 하는 경우가 있다. 이 경우에는 CH(2024) 추정법의 $DID_{\ell}^{n} = \frac{DID_{\ell}}{\delta_{\ell}^{D}}$ 이 적절한 대안이 될 수 있다. 정규화를 통해 성과변수에 대한 비정규화 처치효과가 처치 강도에 의해 나누어지기 때문이다. 이 추정법은 도구변수법의 일종인 Wald 추정법을 응용한 방법으로 이해할 수 있다. 우리는 IV장. 3.다.<2>에서 처치 자격과 수혜가 구분되는 상황에 적용하는 CH(2018, 2024)의 경사형 이중차분법에 대해 자세히 살펴보았다. 연구자들은 경사형 이중차분법을 통해 처치 수혜의 인과효과를 보여주는 사건사 분석 추정치들을 계산할 수 있을 것이다.

이 책은 연구자들이 정책 평가를 진행하는 상황 중에서도 비교적 단순명료한 상황을 중심으로 이중차분법의 개괄적인 내용을 설명하였다. 그러나 실증 연구자들이 직면하는 실제 상황은 이 책에서 설정한 것보다 훨씬 더 복잡하고 처치·통제집단의 구분도 전혀 명확하지 않을 수 있다. 이런 경우 연구자는 이 책에서 설명한 이중차분법의 핵심적인 아이디어들을 기억하면서 자신이 직면하고 있는 난해한 상황에 이중차분법을 적절히 응용해야 한다. 이것은 정석 연주법을 마스터한 악기 연주자가 주변의 소리와 어울리도록 악기를 연주하는 것과 같고, 모든 기본기를 마스터한 축구 선수가 실제 축구 경기 중에 스루패스를 넣어주는 것과 같다. 이런 응용들 모두 정석의 방법에 대한 이해 없이는 불가능하다. 정석을 이해해야 적절한 응용이 가능하기 때문이다. 이 책이 이중차분법의 정석을 이해하고자 하는 연구자들에게 유용한 길잡이가 될 수 있기를 희망한다.

참고문헌

강창희·강지원·김성아(2022), “지역화폐가 지역의 고용에 미치는 영향”, 「노동경제논집」, 제45집 2호, pp.69~110.

강창희·박상곤(2023), “주 52시간 근로 상한제가 근로시간과 고용에 미친 영향”, 「경제학연구」, 제71집 4호, pp.39~82.

강창희·박상곤·이환웅(2023), “이중차분법의 최근 동향”, 한치록 외(2023) 편 ,「조세·재정제도 분석 관련 방법론의 학습 및 활용」, 2023 재정전문가 네트워크 정책연구방법론 분과, 한국조세재정연구원.

강창희·이정민·이석배·김세움(2013), 「관광정책 및 관광사업 프로그램 평가방법」, 문화체육관광부.

김미루·오윤해(2021), “The Impact of COVID-19 Regional Cash Subsidies on the Sales of Local Businesses in South Korea,” KDI Journal of Economic Policy, 43(2), 103-123.

김대일·이정민(2019), “2018년 최저임금 인상의 고용효과”, 「경제학연구」, 제67권 4호, pp.5~35.

박윤수(2014), “학교선택과 학교생산성에 관한 실증연구 (An Empirical Study on School Choice and School Productivity),” KDI Policy Study 2014-18, 1-46

박윤수 외(2018), 『사회정책 효과성 평가를 위한 정책실험 도입방안 연구』, 정책연구시리즈 2018-01, 한국개발연구원.

박윤수·강창희·고영우(2018), 『대학규제와 사교육에 관한 연구』, KDI 연구보고서 2018-09.

송경호·이환웅(2021), “지역화폐(지역사랑상품권)의 경제적 효과: 소상공인 매출액에 미친 영향을 중심으로”, 「한국경제의 분석」, 제27권 3호, pp.1~53.

유경준·강창희·최바울(2016), “사회보험료 지원사업(두루누리 사업)의 효과: 현대 성과평가론의 적용”, 「경제학연구」, 제64집 1호, pp.73~106.

오영민·박노욱·강희우(2015), 『재정사업사전검증체계 강화를 위한 연구: RCT 도입방안을 중심으로』, 연구보고서 15-17, 한국조세재정연구원.

이수은·강창희(2018), “여행 예능 TV 프로그램을 통한 관광지 노출이 방문 관광객 수에 미치는 영향 : tvN “꽃보다 시리즈”의 사례”, 「응용경제」, 제20권 4호, pp.5~35.

이영욱·이호준·한요셉·권정현(2020), 『재정성과 향상을 위한 증거기반 정책평가 연구』, 용역보고서, 기획재정부·한국개발연구원.

정희진·강창희(2022), “2013년 법정 정년 연장이 사업체의 고용규모에 미친 영향: ”사업체패널조사 “자료를 이용한 분석”, 「한국경제의 분석」, 제28권 2호, pp.149~186.

최훈·이영석(2024), 「2023 경기도 예술인 기회소득 시범사업의 정책효과 분석 연구」, 경기연구원 정책연구 2024-03.

홍민기(2019), “2018년 최저임금 인상의 효과 추정”, 「경제발전연구」, 제25권 2호, pp. 1-28

홍민기(2020), “코로나19와 긴급재난지원금이 소비지출에 미친 영향”, 「노동리뷰」, 제189호, pp. 21-38.

Abadie, Alberto, Alexis Diamond, and Jens Hainmueller (2010), “Synthetic Control Methods for Comparative Case Studies: Estimating the Effect of California’s Tobacco Control Program,” *Journal of the American Statistical Association*, 105(490), 493−505.

Abadie, A., A. Diamond, and J. Hainmueller (2011), synth: Stata module to implement synthetic control methods for comparative case studies. Statistical Software Components S457334, *Department of Economics*, Boston College. (https://ideas.repec.org/c/boc/bocode/s457334.html)

Abadie, A., and Gardeazabal, J. (2003), “The Economic Costs of Conflict: A Case Study of the Basque Country,” *American Economic Review*, 93 (1), 112−132.

Acemoglu, Daron, Simon Johnson, Amir Kermani, James Kwak and Todd Mitton (2016), “The value of connections in turbulent times: Evidence from the United States”, *Journal of Financial Economics*, 121(2), 368-391.

Ahn, Taehyun (2016), Reduction of Working Time: Does It Lead to a Healthy Lifestyle?, *Health Economics*, 25(8), 969-983

Athey, Susan and Guido Imbens (2017), The State of Applied Econometrics: Causality and Policy Evaluation, *Journal of Economic Perspectives* 31(2), pp.3-32.

Angrist, Joshua D. and Jorn-Steffen Pischke (2009), Mostly Harmless Econometrics: An Empiricist's Companion, NJ: *Princeton University Press* [강창희·박상곤 역(2014), 『대체로 해롭지 않은 계량경제학』, 경문사]

Angrist, Joshua D. and Jorn-Steffen Pischke (2014), Mastering `Metrics: The Path from Cause to Effect, NJ: *Princeton University Press* [강창희·박상곤 역(2017), 『고수들의 계량경제학: 인과관계란 무엇인가』, 시그마프레스]

Arkhangelsky, Athey, Hirshberg, Imbens, and Wager (2021), "Synthetic Difference-in-Differences", *American Economic Review*, 111(12), 4088-4118.

Baek, Jisun and WooRam Park (2018), Firms' Adjustments to Employment Protection Legislation: Evidence from South Korea, *ILR Review*, 71(3), 733-759

Bartik, T.J. (1991), Who benefits from state and local economic development policies?, *W.E. Upjohn Institute for Employment Research*.

Bhuller, Havnes, Leuven and Mogstad (2013), Broadband Internet: An Information Superhighway to Sex Crime?, *Review of Economic Studies*, 80(4), 1237-1266.

Bilinski, A. and L.A. Hatfield (2018), Nothing to see here? Non-inferiority approaches to parallel trends and other model assumptions, preprint arXiv:1805.03273

Borusyak, K., P. Hull and X. Jaravel (2022), Quasi-Experimental Shift-Share Research Designs, *Review of Economic Studies*, 89(1), 181-213

Borusyak, K., Jaravel, X. and Spiess, J. (2024), Revisiting event study designs: Robust and efficient estimation, *Review of Economic Studies*, forthcoming.

Braghieri, Luca, Ro'ee Levy and Alexey Makarin (2022), Social Media and Mental Health, *American Economic Review*, 112(11), 3660-3693.

Callaway, B. and Sant'Anna, P. H. (2021), 'Difference-in-differences with multiple time periods', *Journal of Econometrics* 225, 200–230.

Card, David (1990), The Impact of the Mariel Boatlift on the Miami Labor Market, *ILR Review*, vol. 43, issue 2, 245-257.

Card, David (1992), Do Minimum Wages Reduce Employment? A Case Study of California, 1987 – 89, *ILR Review*, vol. 46, issue 1, 38-54.

Card, David and Alan B. Krueger (1994), "Minimum Wages and Employment: A Case Study of the Fast-Food Industry in New Jersey and Pennsylvania," *American Economic Review*, 84(4), 772-793.

Cho, Chun and Lee (2015), How does the entry of large discount stores increase retail employment? Evidence from Korea, *Journal of Comparative Economics*, 43(3), 559-574.

Choi, Moon and Ridder(2014), Estimation of an Education Production Function under Random Assignment with Selection, *American Economic Review*, 104(5), 206-11.

Ciccia, D. (2024), A Short Note on Event-Study Synthetic Difference-in-Differences Estimators, Mimeo

Clarke, D., D. Pailañir, S. Athey and G. Imbens (2023), Synthetic Difference-in-Differences Estimation, IZA DP No. 15907.

de Chaisemartin, Clement and Xavier D'Haultfoeuille (2018), 'Fuzzy Difference-in-differences', *Review of Economic Studies* 85, 999–1028.

de Chaisemartin, Clement and Xavier D'Haultfoeuille (2020), 'Two-way fixed effects estimators with heterogeneous treatment effects', *American Economic Review* 110(9), 2964–2996.

de Chaisemartin, Clement and Xavier D'Haultfoeuille (2023), Two-Way Fixed Effects And Differences-In-Differences With Heterogeneous Treatment Effects: A Survey, *Econometrics Journal*, vol. 26, pages C1-C30.

de Chaisemartin, Clement and Xavier D'Haultfoeuille (2024), Difference-in-Differences Estimators of Intertemporal Treatment Effects, *Review of Economics and Statistics*, forthcoming. (NBER Working Paper Series No.29873, Revised in July 2023)

Dobkin, C., A. Finkelstein, R. Kluender, and M. J. Notowidigdo (2018), The economic consequences of hospital admissions. *American Economic Review* 108(2): 308–352.

Donohue, John J., Abhay Aneja, and Kyle D. Weber (2019), "Right-to-Carry Laws and Violent Crime: A Comprehensive Assessment Using Panel Data and a State-Level Synthetic Control Analysis", *Journal of Empirical Legal Studies*, 16(2), 198–247.

Draca, Mirko, Stephen Machin and John van Reenen (2011), Minimum Wages and Firm Profitability, American Economic Journal: *Applied Economics*, vol. 3, issue 1, pages 129-51

Fetzer, Thiemo (2019), Did Austerity Cause Brexit?, *American Economic Review*, 109(11), 3849-86.

Freyaldenhoven, Simon, Christian Hansen and Jesse Shapiro (2019), Pre-event Trends in the Panel Event-Study Design, *American Economic Review*, 109(9), 3307-38.

Freyaldenhoven, S., C. Hansen, J. P. P´erez, and J. M. Shapiro (2021), Visualization, Identification, and Estimation in the Linear Panel Event-Study Design, *NBER Working Paper* 29170.

Freyaldenhoven, S., C. Hansen, J.P. Pérez, J. Shapiro and C. Carreto (2024), "xtevent: Estimation and Visualization in the Linear Panel Event-Study Design", *Working Papers* 24-15, Federal Reserve Bank of Philadelphia.

Fuest, Clemens, Andreas Peichl, and Sebastian Siegloch. 2018. "Do Higher Corporate Taxes Reduce Wages? Micro Evidence from Germany". *American Economic Review*, 108 (2): 393-418.

Goodman-Bacon, Andrew (2021), "The Long-Run Effects of Childhood Insurance Coverage: Medicaid Implementation, Adult Health, and Labor Market Outcomes". *American Economic Review* 111 (8): 2550–93.

Hahn and Wang(2018), The Effectiveness of Single-Sex Schools through Out-of-School Activities: Evidence from South Korea, *Oxford Bulletin of Economics and Statistics*, 81(2), 369-393

Hahn, Wang and Yang (2018), Does greater school autonomy make a difference? Evidence from a randomized natural experiment in South Korea, *Journal of Public Economics*, 161, 15-30

Hong, S.C. and Jungmin Lee (2017), Who is sitting next to you? Peer effects inside the classroom, *Quantitative Economics* 8(1), 239-275.

Huber, Kilian (2018), Disentangling the Effects of a Banking Crisis: Evidence from German Firms and Counties, *American Economic Review* 2018, 108(3), 868-898.

Imbens, Guido W. and Thomas Lemieux (2008), "Regression discontinuity designs: A guide to practice," *Journal of Econometrics* 142(2) 615-635.

Imbens, G. and J. Wooldridge (2009), "Recent Development in the Econometrics of Program Evaluation," *Journal of Economic Literature*, 47(1), 5-86.

Kahn-Lang, Ariella and Kevin Lang (2020), The Promise and Pitfalls of Differences-in-Differences: Reflections on 16 and Pregnant and Other Applications, *Journal of Business & Economic Statistics*, 38(3), 613-620.

Kang, C. (2007), "Classroom Peer Effects and Academic Achievement: Quasi-Randomization Evidence from South Korea," *Journal of Urban Economics*, 61(3), 458-495

Kang, S., C. Kang and S. Park (2024), "Home Sharing, Crime, and Public Safety: Evidence from Airbnbs in South Korea," *Unpublished manuscript.*

Kim, Seonghoon and Koh, Kanghyock and Lyou, Wonjun, (2023), Spend as you were told: Evidence from labeled COVID-19 stimulus payments in South Korea, *Journal of Public Economics*, Volume 221, 104867.

Kim, Ji Hwan, Jungmin Lee, Kyungho Lee (2023), Minimum wage, social insurance mandate, and working hours, *Journal of Public Economics*, Volume 225, September 2023

Lee, Jungmin and Yong-Kwan Lee (2016), Can working hour reduction save workers?, *Labour Economics*, 40(C), 25-36

Lee, Youngju and Nobuhiko Nakazawa (2022), Does single-sex schooling help or hurt labor market outcomes? Evidence from a natural experiment in South Korea, *Journal of Public Economics*, Volume 214(C), October 2022.

Lim and Meer (2017), The Impact of Teacher–Student Gender Matches: Random Assignment Evidence from South Korea, *Journal of Human Resources*, 52(4), 979-997.

Miller, Douglas L. (2023), An Introductory Guide to Event Study Models, *Journal of Economic Perspectives*, 37(2), 203–230.

Miller, S., N. Johnson and L.R. Wherry (2021), "Medicaid and Mortality: New Evidence From Linked Survey and Administrative Data Get access Arrow", *Quarterly Journal of Economics* 136(3), 1783-1829.

Mundlak, Y. (1978), "On the Pooling of Cross Section and Time Series Data," *Econometrica* 46, 69-85.

Park H., Behrman, J. R. and Choi, J. (2013). 'Causal effects of single-sex schools on college entrance exams and college attendance: random assignment in Seoul high schools', *Demography*, Vol. 50, pp. 447-469.

Park, WooRam and Yoonsoo Park (2019), When Less is More: The Impact of the Regulation on Standard Workweek on Labor Productivity in South Korea, *Journal of Policy Analysis and Management*, 38(3), 681-705.

Park , S., C. Park and C. Kang (2018), "Effects of a Holiday Trip on Health and Quality of Life: Evidence from a Natural Experiment in South Korea," *Applied Economics*, 50(42), 4556-4569.

Priks, Mikael (2015), "The Effects Of Surveillance Cameras On Crime: Evidence From The Stockholm Subway," *Economic Journal*, 125 (November), F289-F305.

Rambachan, A. and J. Roth (2023), A More Credible Approach to Parallel Trends, *Review of Economic Studies* 90(5), 2555-2591.

Roth, Jonathan (2022), Pretest with Caution: Event-Study Estimates after Testing for Parallel Trends, *American Economic Review*: Insights, 4(3), 305-22.

Schmidheiny, K. and S. Siegloch (2023), On event studies and distributed-lags in two-way fixed effects models: Identification, equivalence, and generalization, *Journal of Applied Econometrics*, forthcoming.

Sun, L. and Abraham, S. (2021), 'Estimating dynamic treatment effects in event studies with heterogeneous treatment effects', *Journal of Econometrics* 225, 175-199.

Wooldridge, Jeffrey M. (2013), Introductory Econometrics: A Modern Approach (5th Ed), South-Western, [박상수/한치록 역, 계량경제학, 박영사, 2016]

Wooldridge, Jeffrey (2021). Two-Way Fixed Effects, the Two-Way Mundlak Regression, and Differences-in-Differences estimators. *Working paper.*

Yan, G. and Q. Chen (2023), synth2: Synthetic control method with placebo tests, robustness test and visualization. *Stata Journal* 23: 597-624.

Yoo, Gyeongjoon and Changhui Kang (2012), The Effect of Protection of Temporary Workers on Employment Levels: Evidence from the 2007 Reform of South Korea, *ILR Review*, 65(3), 578-606

찾아보기

Stata data

대체로 해롭지 않은 **이중차분법**

저 자 강창희·박상곤
발행자 한헌주
발행처 도서출판 **경문사**
서울특별시 서대문구 독립문로 21-9
전화 738-7035 FAX. 722-4678
E-mail : kmsp@kcrea.com
홈페이지 : http://www.kmsp.co.kr
등 록 1995년 11월 9일 제300-1995-138호

2025년 5월 15일 초판 1쇄 발행
2026년 2월 25일 초판 2쇄 발행

정가 34,000원
ISBN 978 89-420-0081-4 93320